"十二五"普通高等教育本科国家级规划教材
普通高等教育"十一五"国家级规划教材
高等学校工程管理系列教材

建设项目管理

（第4版）

刘伊生　编著

北京交通大学出版社
·北京·

内容简介

本书站在工程项目建设单位及其委托的工程监理单位角度，按照工程建设基本程序，从工程项目投资决策至建设实施（融资、设计、施工及竣工验收）全过程，全面介绍了建设项目管理的内容和方法。在编写过程中充分结合我国工程建设管理体制改革及工程建设实施模式变革内容，同时考虑建设项目管理集成化、数字化、智能化等发展趋势。

全书共分13章，主要内容包括：建设项目管理概述、建设项目投资决策、建设项目融资、建设项目实施组织方式、建设项目设计管理、建设项目监理、建设项目招标管理、建设项目合同管理、建设项目施工准备、建设项目施工过程管理、建设项目竣工验收及保修、建设项目后评价、建设项目管理发展趋势。

本书可作为高等院校工程管理、工程造价、土木工程、建筑学等专业的课程教材或教学参考书，也可供政府建设主管部门、建设单位、工程咨询及监理单位、设计单位、施工单位、物资供应单位等有关工程管理人员参考。

图书在版编目（CIP）数据

建设项目管理 / 刘伊生编著. —4版. —北京：北京交通大学出版社，2022.10
高等学校工程管理系列教材
ISBN 978-7-5121-4801-7

Ⅰ. ① 建… Ⅱ. ① 刘… Ⅲ. ① 基本建设项目–项目管理–高等学校–教材 Ⅳ. ① F284

中国版本图书馆CIP数据核字（2022）第173803号

建设项目管理
JIANSHE XIANGMU GUANLI

责任编辑：孙秀翠
出版发行：北京交通大学出版社　　电话：010-51686414　　http://www.bjtup.com.cn
地　　址：北京市海淀区高梁桥斜街44号　　邮编：100044
印 刷 者：北京时代华都印刷有限公司
经　　销：全国新华书店
开　　本：185 mm×260 mm　　印张：16.75　　字数：418千字
版 印 次：2001年12月第1版　　2022年10月第4版　　2022年10月第1次印刷
印　　数：1～2 000册　　定价：49.00元

本书如有质量问题，请向北京交通大学出版社质监组反映。对您的意见和批评，我们表示欢迎和感谢。
投诉电话：010-51686043，51686008；传真：010-62225406；E-mail：press@bjtu.edu.cn。

前　言

“建设项目管理”（或工程项目管理）是高等学校工程管理专业的一门主干课程，同时也是工程造价、土木工程、建筑学等专业的一门重要课程。为满足教学与实际工作的需要，编著者在总结多年教学与实践经验的基础上，按照建设项目管理教学大纲和实际工作的要求，于 2001 年编撰出版了《建设项目管理》一书，2004 年出版了本书的第 2 版，2008 年出版了《建设项目管理》（第 2 版修订本），2014 年出版了本书的第 3 版，2021 年出版了《建筑项目管理》（第 3 版修订本）。《建设项目管理》一书自出版以来，因其系统性、实用性、可操作性较强，受到了广大读者的欢迎，取得了良好的社会反响。2008 年，本书入选普通高等教育“十一五”国家级规划教材；2012 年，本书又入选 “十二五”普通高等教育本科国家级规划教材。

在本次修订过程中，编著者始终遵循理论与实际相结合的原则，力求做到内容系统全面，表达简洁实用。修订后的《建设项目管理》仍站在工程项目建设单位及其委托的工程监理单位角度，更加全面地阐述了建设项目投资决策和建设实施（融资、设计、施工、竣工验收）全过程现代管理理论和方法，更加充分地体现了国际上项目管理新理念和我国工程建设实施新模式。此外，本书还专门阐述了建设项目管理发展的集成化、数智化趋势。每章后在保留复习思考题的基础上，还增加了案例分析题和知识拓展题。

本书可配合中国大学 MOOC“工程项目管理”（网址：http：//www.icourse163.org/course/_1207BJTU091-1207213806？outvandor=zw_mooc_pclszykctj）使用。

由于编著者水平所限，书中缺点和谬误在所难免，敬请各位读者批评指正，不胜感激。

编著者

2022 年 9 月

目录

第1章　建设项目管理概述

学习建设项目管理，首先需要了解建设项目的含义、组成及分类，理解工程建设程序及各阶段工作内容，掌握建设项目管理的概念、类型和任务，达到对建设项目管理有总体理解的目的。

1.1　建设项目及其分类

1.1.1　项目及其特征

1. 项目

何谓项目，国际上尚未形成一个统一、权威的定义。以下仅介绍几种较具代表性的观点：

（1）美国项目管理学会的观点

美国项目管理学会（Project Management Institute，PMI）在其《项目管理知识体系》（*Project Management Body of Knowledge*）中认为，项目是用来创造唯一产品、服务或结果的一项临时性任务。这里的临时性是指每一个项目都具有一个明确的起点和一个明确的终点；唯一性是指任何一个项目的产品、服务或结果总会在某些方面与其他项目的产品、服务或结果不同。

（2）世界银行的观点

世界银行在其相关著作中，对项目的观点可以归纳为以下几点：

① 项目是一次性的投资方案或执行方案；

② 项目是一个系统的有机整体；

③ 项目有明确的起点和终点；

④ 项目有明确的目标。

综上所述，有关项目定义的表述形式虽有所不同，但其本质内容基本相同，区别仅在于对具体特征的认识。这里给出的项目定义如下。

项目是指在一定的约束条件下（主要是限定时间、限定资源），具有明确目标的一次性任务。项目包括许多内容：可以是建设一项工程，如建造一栋大楼、一座饭店、一座工厂、一座电站、一条铁路、一条公路；也可以是完成某项科研课题、开发一个计算机软件系统或研制一套设备，甚至是撰写一篇论文、召开一次会议。这些都是一个项目，都有一定的时间、质量要求，也都是一次性任务。

2. 项目特征

项目作为被管理对象，具有以下主要特征。

（1）项目的单件性或一次性

单件性或一次性是项目的最主要特征。所谓单件性或一次性，是指就任务本身和最终成果而言，没有与这项任务完全相同的另一项任务。例如，建设一项工程或开发一种新产品，不同于其他工业产品的批量性，也不同于其他生产过程的重复性。又如制定一项新的管理办法，也不同于其他管理，如企业财务管理的重复性和经常性等。只有认识项目的一次性，才能有针对性地根据项目的特殊情况和要求进行科学、有效的管理。

（2）项目具有一定的约束条件

项目都有一定的约束条件，项目只有在满足约束条件下才能获得成功。因此，约束条件是项目目标完成的前提。在通常情况下，项目的约束条件是指限定的质量、限定的时间和限定的投资，通常称这 3 个约束条件为项目的三大目标。对一个项目而言，这些目标应是具体、可检查的，实现目标的措施也应是明确、可操作的。因此，合理、科学地确定项目的约束条件，对保证项目的完成十分重要。

（3）项目具有生命期

项目的单件性和项目过程的一次性决定了每个项目都具有生命期（life cycle）。任何项目都有其产生时间、发展时间和结束时间，在不同的阶段中都有特定的任务、程序和工作内容。掌握项目的生命期，就可以有效地对项目实施科学的管理。成功的项目管理是对项目全过程的管理，是对整个项目生命期的管理。

只有同时具备上述 3 项特征的任务才称得上项目。与此相对应，大批量、重复进行、目标不明确、局部性任务，不能称作项目。

1.1.2 建设项目及其特点

1. 建设项目

建设项目是以实物形态表示的具体项目，例如，建造一栋大楼或公共游乐场，建造一条高速铁路或高速公路、大坝或输油管道等。在我国，建设项目是固定资产投资项目的简称。它包括基本建设项目和更新改造项目。

基本建设项目一般是指在一个总体设计或初步设计范围内，由一个或几个单项工程组成，在经济上进行统一核算，在行政上有独立的组织形式，实行统一管理的建设对象。

更新改造项目是指具有独立设计文件的技术改造工程，或企事业单位制订的技术改造计划中能独立发挥效益的工程。

2. 建设项目组成

建设项目可分为单项工程、单位（子单位）工程、分部（子分部）工程和分项工程。

（1）单项工程

单项工程一般是指有独立设计文件，建成后可以独立发挥生产能力或效益的一组配套齐全的工程项目。从施工角度而言，单项工程也就是一个独立的交工系统，在建设项目总体施工部署和管理目标的指导下，形成自身的项目管理方案和目标，按其投资和质量要求，如期建成交付生产和使用。

单项工程是建设项目的组成部分，有的建设项目仅包含一个单项工程，也可包含多个单项工程。在生产性建设项目中的单项工程，一般是指能独立生产的车间，它包括厂房建筑、设备安装及设备、工器具购置等。

单项工程的施工条件往往具有相对独立性，因此，通常是单独组织施工和竣工验收。单项工程体现了建设项目的主要建设内容，是新增生产能力或投资效益的基础。

（2）单位（子单位）工程

单位工程是单项工程的组成部分，是指具备独立施工条件并能形成独立使用功能的建筑物及构筑物。单位工程通常指一个单体建筑物或构筑物。对民用住宅工程而言，可能包含一栋以上同类设计、位置相邻、同时施工的房屋建筑工程，或一栋主体建筑及其附属辅助建筑物。

随着经济发展和施工技术进步，目前已涌现出大量建筑规模较大的单体工程和具有综合使用功能的综合性建筑物，几万 m^2 的建筑物比比皆是，10 万 m^2 以上的建筑物也不少。这些建筑物的施工周期一般较长，受多种因素影响，诸如后期建设资金不足，部分停建、缓建，已建成可使用部分需投入使用，以发挥投资效益等；投资者为追求最大的投资效益，在建设期间需要将其中一部分工程提前建成使用；规模特别巨大的工程，不便于一次性验收等。考虑上述情况，我国《建筑工程施工质量验收统一标准》（GB 50300—2013）规定，可将此类工程根据需要划分为若干个子单位工程，以便进行验收。

具有独立施工条件和能形成独立使用功能是单位（子单位）工程划分的基本要求。

（3）分部（子分部）工程

分部工程是单位工程的组成部分，分部工程的划分应按专业性质、工程部位或工程特点、功能、工程量确定。根据《建筑工程施工质量验收统一标准》（GB 50300—2013），建筑工程可划分为地基与基础、主体结构、装饰装修、屋面、给水排水及供暖、通风与空调、建筑电气、智能建筑、建筑节能、电梯等分部工程。

当分部工程较大或较复杂时，可按材料种类、工艺特点、施工程序、专业系统及类别等划分为若干子分部工程。例如，地基与基础分部工程又可细分为地基、基础、基坑支护、地下水控制、土方、边坡、地下防水等子分部工程；主体结构分部工程又可细分为混凝土结构、砌体结构、钢结构、钢管混凝土结构、型钢混凝土结构、铝合金结构、木结构等子分部工程；建筑装饰装修分部工程又可细分为建筑地面、抹灰、外墙防水、门窗、吊顶、轻质隔墙、饰面板（砖）、幕墙、涂饰、裱糊与软包、细部等子分部工程；智能建筑分部工程又可细分为智能化集成系统、信息接入系统、用户电话交换系统、信息网络系统、综合布线系统、移动通信室内信号覆盖系统、卫星通信系统、有线电视及卫星电视接收系统、会议系统、信息导引及发布系统、建筑设备监控系统、火灾自动报警系统、应急响应系统等子分部工程。

（4）分项工程

分项工程是分部工程的组成部分，也是形成建筑产品基本构件的施工过程。分项工程应按主要工种、材料、施工工艺、设备类别等进行划分。例如，土方开挖工程、土方回填工程、场地平整工程、钢筋工程、模板工程、混凝土工程、砖砌体工程、钢结构安装工程、木门窗安装工程、给（排）水管道安装工程等。分项工程是建筑施工生产活动的基础，也是计量工程用工用料和机械台班消耗的基本单元，同时又是工程质量形成的直接过程。分项工程既有其作业活动的独立性，又有相互联系、相互制约的整体性。

3. 建设项目特点

建设项目除具备一般项目的特征外，还具有以下特点。

（1）投资额巨大，建设周期长

建设项目投资规模巨大，动辄几千万元、几十亿元、几百亿元，甚至超过千亿元。同时，由于建设规模大、技术复杂、涉及专业多，从项目设想到施工、投入使用，少则需要几年，多则需要十几年。这就要求项目建设只能成功，不能失败，否则将造成严重后果，甚至影响国民经济和社会发展。

（2）组成内容多，整体性强

一个建设项目通常会包含若干单项工程、单位工程，分部工程、分项工程众多，而且这些工程需要按照一个总体设计进行建设，是可以形成生产能力或使用价值的一个整体。

（3）建设地点固定，受环境影响大

建设项目（建筑产品）规模大，需要在使用地点进行建造，决定其设计只能单独进行，不能成批生产（建设）。而且，由于受环境影响大，管理复杂，从而给工程建设带来难度。

1.1.3 建设项目分类

由于建设项目种类繁多，为了适应科学管理需要，从不同角度反映建设项目的性质、行业特点等，建设项目可以从不同角度进行分类。

1. 按管理需要划分

按照管理需要，建设项目可分为基本建设项目和更新改造项目。基本建设项目一般是以扩大生产能力（或新增投资效益）为主要建设内容和目的；更新改造项目则以节约资源、增加产品品种、提高质量、节能环保、劳保安全、节约资源为主要目的。

需要说明的是，划分基本建设项目和更新改造项目，主要是针对政府及国有企业投资的建设项目；对于其他建设项目，一般不做这种划分。此外，随着近年来我国城市更新的发展，维修保养项目也在快速增加。

2. 按建设性质划分

根据建设性质不同，建设项目可分为新建项目、扩建项目、改建项目、迁建项目和恢复项目。

（1）新建项目

新建项目是指根据国民经济和社会发展规划，按照规定程序立项，从无到有、“平地起家”，新开始建设的项目。

（2）扩建项目

扩建项目是指既有企业在原有场地内或其他地点，为扩大产品生产能力或增加经济效益而增建的生产车间、独立生产线或分厂项目；事业和行政单位在原有业务系统基础上扩大规模而进行的新增固定资产投资项目。

（3）改建项目

改建项目是指既有企事业单位为调整产品结构、改革生产技术工艺、改善生产条件或生活福利条件，而对原有设施进行技术改造或更新的辅助性生产项目和生活福利设施项目。

（4）迁建项目

迁建项目是指原有企事业单位根据自身生产经营和事业发展需求，按照国家调整生产力布局的经济发展战略需求或因环境保护等其他特殊要求，搬迁到异地而建设的项目。在迁建项目中符合新建、扩建、改建条件的，应分别视为新建、扩建或改建项目。

（5）恢复项目

恢复项目是指由于自然灾害、战争等原因使原有固定资产全部或部分报废，需要进行投资重建来恢复生产能力和业务工作条件、生活福利设施等的建设项目。这类项目，不论是按原有规模恢复建设，还是在恢复过程中同时进行扩建，都属于恢复项目。但对尚未建成投产或交付使用的项目，在受到破坏后，若仍按原设计重建的，原建设性质不变；如果按新设计重建，则根据新设计内容来确定其性质。

建设项目按其性质分为上述 5 类，一个建设项目只能有一种性质，在项目按总体设计全部建成之前，其建设性质是始终不变的。

3. 按建设规模划分

为正确反映建设项目规模，适应建设项目分级管理需求，基本建设项目可分为大型、中型、小型 3 类；更新改造项目可分为限额以上和限额以下两类。不同等级标准的建设项目，国家规定的审批机关和报建程序不尽相同。划分项目等级的原则如下。

① 按批准的可行性研究报告（初步设计）所确定的总设计能力或投资总额大小，依据国家颁布的《基本建设项目大中小型划分标准》进行分类。

② 凡生产单一产品的项目，一般以产品的设计生产能力划分；生产多种产品的项目，一般按其主要产品的设计生产能力划分；当产品分类较多，不易分清主次、难以按产品的设计能力划分时，可按投资总额划分。

③ 对国民经济和社会发展具有特殊意义的项目，虽然设计能力或全部投资不够大、中型项目标准，经国家批准已列入大、中型计划或国家重点建设工程的项目，也按大、中型项目管理。

④ 更新改造项目一般只按投资额分为限额以上和限额以下项目，不再按生产能力或其他标准划分。

⑤ 基本建设项目大、中、小型和更新改造项目限额的具体划分标准，根据各个时期经济发展和实际工作需要会有所变化。

4. 按投资效益和特点划分

根据建设项目的经济效益、社会效益和市场需求等基本特性，建设项目可分为竞争性项目、基础性项目和公益性项目 3 种。

（1）竞争性项目

竞争性项目主要是指投资回报率比较高、竞争性比较强的一般性建设项目。例如，商务办公楼、酒店、度假村、高档公寓等项目。这类建设项目应以企业作为基本投资主体，由企业自主决策、自担投资风险。

（2）基础性项目

基础性项目主要是指具有自然垄断性、建设周期长、投资额大而收益低的基础设施和需要政府重点扶持的一部分基础工业项目，以及直接增强国力的符合经济规模的支柱产业项目。例如，交通、通信、能源、水利、城市公用设施等。对于这类项目，主要应由政府集中必要的财力、物力通过经济实体进行投资。同时，还应广泛吸收地方、企业参与投资，有时还可吸收外商直接投资。

（3）公益性项目

公益性项目主要是指为社会发展服务、难以产生直接经济回报的项目。例如，科技、文教、卫生、体育和环保等设施，公、检、法等政权机关及政府机关、社会团体办公设施，国防建设等。公益性项目的投资主要由政府用财政资金安排。

5. 按投资来源划分

按投资来源划分，建设项目可分为政府投资项目和非政府投资项目。

（1）政府投资项目

政府投资项目在国外也称为公共工程，是指为了适应和推动国民经济或区域经济发展，满足社会文化、生活需要，以及出于政治、国防等因素考虑，由政府通过财政投资、发行国债或地方财政债券、利用外国政府赠款及国家财政担保的国内外金融组织贷款等方式独资或合资兴建的工程项目。

（2）非政府投资项目

非政府投资项目是指国内外企业、集体单位及私人投资兴建的工程项目。

1.2 工程建设程序

1.2.1 工程建设程序的含义

工程建设程序是指国家按照工程建设客观规律制定的项目从设想、选择、评估、决策，到设计、施工、投入生产或交付使用整个过程中，各项工作必须遵循的先后次序。工程建设程序是工程建设过程客观规律的反映，是建设项目科学决策和顺利实施的重要保证。

尽管世界各国和国际组织在工程建设程序上可能存在某些差异，如世界银行为保证其在各国的投资有较高的成功率，规定的项目周期包括项目选定、项目准备、项目评估、项目谈判、项目实施和项目总结评价等阶段。但一般来说，按照工程建设的内在规律，每一建设项目都要经过投资决策和建设实施两个发展时期。这两个发展时期又可分为若干阶段，各阶段之间存在着严格的先后次序，可以进行合理交叉，但次序不能任意颠倒。

按照我国现行规定，政府投资项目建设程序可分为以下几个阶段，如图 1－1 所示。

① 根据国民经济和社会发展长远规划，结合行业和地区发展规划要求，提出项目建议书。

② 在勘察、试验、调查研究及详细技术经济论证的基础上编制可行性研究报告。

③ 根据咨询评估情况，对建设项目进行决策。

④ 根据可行性研究报告，编制设计文件。

⑤ 初步设计经批准后，进行施工图设计及其审查，并做好施工前各项准备工作。

⑥ 组织施工，并根据施工进度做好生产或动用前准备工作。

⑦ 按批准的设计内容完成施工和安装，经验收合格后正式投产或交付使用。

⑧ 在生产运营一段时间（一般为 1 年）后，可根据需要进行项目后评价。

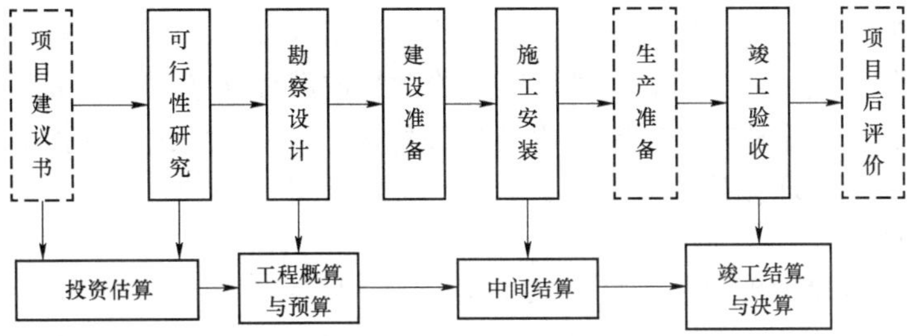

图 1－1　政府投资项目建设程序

1.2.2　工程建设各阶段工作内容

1. 投资决策阶段工作内容

（1）编报项目建议书

项目建议书是建设单位（或项目法人）向政府主管部门提出的要求建设某一项目的建议文件，是对建设项目的轮廓设想。项目建议书的主要作用是推荐一个拟建项目，论述其建设必要性、建设条件可行性和获利可能性，供政府主管部门选择并确定是否进行下一步工作。

项目建议书内容视项目不同而有繁有简，但一般应包括以下内容：

① 项目提出的必要性和依据；

② 规划和设计方案、产品方案、拟建规模和建设地点的初步设想；

③ 资源情况、建设条件、协作关系和设备技术引进等的初步分析；

④ 投资估算和资金筹措及还贷方案设想；

⑤ 项目进度安排；

⑥ 经济效益和社会效益初步估计；

⑦ 环境影响的初步评价。

对于政府投资项目，项目建议书按要求编制完成后，应根据建设规模和限额划分报送有关部门审批。项目建议书经批准后，可进行可行性研究工作，但并不表明项目非上不可，批准的项目建议书不是项目的最终决策。

（2）编报可行性研究报告

建设项目可行性研究是指在项目决策前，通过对与项目有关的工程、技术、经济等各方面条件和情况调查、研究和分析，对各种可能的建设方案进行比较论证，并对项目建成后的综合效益进行预测和评价的一种科学分析方法。可行性研究主要评价项目技术上的先进性和适用性，经济上的盈利性和合理性，建设的可能性和可行性。可行性研究是项目投资决策工作的重要内容，它从项目建设和生产经营全寿命期考察分析项目的可行性。目的是回答项目是否有必要建设，是否可能建设和如何进行建设的问题，其结论为投资者最终决策提供直接依据。

建设项目可行性研究阶段需要编写可行性研究报告。凡经可行性研究未通过的项目，不得向主管部门报送可行性研究报告和进行下一步工作。

2. 建设实施阶段工作内容

1）勘察设计

（1）工程勘察

工程勘察是根据建设项目初步选址建议，进行拟建场地的岩土、水文地质、工程测量、工程物探等方面的勘察，提出勘察报告，为设计做好充分准备。勘察报告主要包括拟建场地的工程地质条件和水文地质条件，场地、地基的建筑抗震设计条件，地基基础方案分析评价及相关建议，地下室开挖和支护方案评价及相关建议，降水对周围环境的影响，桩基工程设计与施工建议，其他合理化建议等内容。

（2）工程设计

工程设计是对拟建工程的实施在技术上和经济上所进行的全面而详尽的安排，是工程建设计划的具体化，是组织项目施工的依据。一般项目按两阶段设计，即初步设计和施工图设计。对于重大和技术复杂项目，可根据需要增加技术设计阶段。

① 初步设计。初步设计是根据可行性研究报告提出具体实施方案，目的是阐明在指定的地点、时间和投资控制额内，拟建项目的技术可能性和经济合理性，并通过对拟建项目所作出的基本技术经济规定，编制项目初步设计概算。

初步设计不得随意改变被批准的可行性研究报告所确定的建设规模、产品方案、工程标准、建设地址和总投资等控制目标。如果初步设计提出的总概算超过可行性研究报告总投资10%以上或者其他主要指标需要变更时，应说明原因和计算依据，并重新向原审批单位报批可行性研究报告。

② 技术设计。根据初步设计和更详细的调查研究资料，进一步解决初步设计中的重大技术问题，如工艺流程、建筑结构、设备选型及数量确定等，使建设项目的设计更具体、更完善，技术指标更优。

③ 施工图设计。根据初步设计或技术设计要求，结合现场实际情况，完整地表现建筑物外形、内部空间分割、结构体系、构造状况及建筑群组成和周围环境的配合。它还包括各种运输、通信、管道系统、建筑设备的设计。在工艺方面，应具体确定各种设备的型号、规格及各种非标准设备的制造加工图。

2）建设准备

项目在开工建设之前要切实做好各项准备工作，其主要内容包括：

① 征地、拆迁和场地平整；

② 完成施工用水、电、通信、道路等接通工作；

③ 准备必要的施工图纸；

④ 组织招标选择工程监理、施工及设备、材料供应等单位；

⑤ 办理施工许可证、工程质量监督等手续。

3）施工安装

建设项目经批准开工建设，即进入施工安装阶段。项目新开工时间，是指在建设项目设计文件中规定的任何一项永久性工程第一次正式破土开槽开始施工的时间。不需开槽的工程，正式开始打桩的时间就是开工时间。铁路、公路、水库等需要进行大量土石方工程的，以正式开始进行土方、石方工程的时间作为正式开工时间。工程地质勘察、平整场地、既有建筑物拆除、临时建筑、施工用临时道路和水、电等工程开始施工不能算作正式开工。分期建设的项目分别以各期工程开工的时间作为正式开工时间，如二期工程应根据工程设计文件规定的永久性工程开工时间作为正式开工时间。

施工安装活动应按照工程设计要求、施工合同及施工组织设计，在保证工程质量、工期、成本及安全、环保等目标的前提下进行，在达到竣工验收标准后，由施工单位移交给建设单位。

4）生产准备

对于生产性建设项目而言，生产准备是项目投产前由建设单位进行的一项重要工作。它是衔接建设与生产的桥梁，是由工程建设转入生产经营的必要条件。建设单位应适时组成专门机构做好生产准备工作，确保工程建成后能及时投产。

生产准备工作内容根据企业及项目不同而存在差异，但一般应包括以下内容。

① 招收和培训生产人员。在招收工程运营过程中所需要的人员，应采用多种方式进行培训。特别是要组织生产人员参加设备安装、调试和工程验收工作，使其能尽快掌握生产技术和工艺流程。

② 组织准备。主要包括生产管理机构设置、管理制度和有关规定制定、生产人员配备等。

③ 技术准备。主要包括国内装置设计资料汇总，有关国外技术资料的翻译、编辑，各种生产方案、岗位操作法的编制及新技术准备等。

④ 物资准备。主要包括落实原材料、协作产品、燃料、水、电、气等来源和其他需协作配合的条件，并组织工装、器具、备品、备件等制造或订货。

⑤ 其他必需的生产准备。

5）竣工验收

当建设项目按设计文件规定内容和施工图纸要求全部建完后，便可组织竣工验收。竣工验收是工程建设过程的最后一个环节，是投资成果转入生产或使用的标志，也是全面考核工程建设成果、检验工程质量的重要步骤。竣工验收对于促进建设项目及时投产，发挥投资效益及总结建设经验，都有重要的作用。通过竣工验收，可以检查建设项目实际形成的生产能力或效益，也可避免工程建成后继续消耗建设费用。

3. 项目后评价

项目后评价是工程建设实施管理的延伸。工程竣工验收交付使用，只是工程建设完成的标志，而不是建设项目管理的终结。工程建设和运营是否达到投资决策时所确定的目标，只有经过生产运营取得实际投资效果后，才能进行正确判断。也只有在这时，才能对建设项目进行总结评价，综合反映工程建设及项目管理各环节工作成效和存在的问题，为以后改进建设项目管理、提高投资决策和建设实施水平提供依据。

建设项目后评价是在工程竣工投产、生产运营一段时间后，对建设项目立项决策、设计施工、竣工投产、生产运营等全过程进行系统评价的一种技术经济活动。通过建设项目后评价，可以达到肯定成绩、总结经验、研究问题、吸取教训、提出建议、改进工作，不断提高建设项目投资决策水平和投资效果的目的。

1.3　建设项目管理类型和任务

1.3.1　建设项目管理概念

1. 项目管理

项目管理是指在一定的约束条件下，为达到项目目标（在规定的时间和预算费用内，达到所要求的质量）而对项目所进行的计划、组织、指挥、协调和控制过程。最新出版的《项目管理知识体系》特别强调了项目管理中的“价值交付体系”。

一定的约束条件既是制定项目目标的依据，也是对项目进行控制的依据。项目管理的目的首先是保证项目目标的实现。项目管理的对象是项目，由于项目具有单件性或一次性特点，要求项目管理具有针对性、系统性、程序性和科学性。只有用系统工程的观点、理论和方法对项目进行管理，才能保证项目的顺利完成。

一个成功的项目，不仅仅是实现项目的时间、费用和质量目标，还要使项目利益相关者满意和培养项目团队等。由此可见，项目管理最终要实现价值交付有丰富的内涵。

2. 建设项目管理

建设项目管理是项目管理的一个重要分支，它是指通过一定的组织形式，用系统工程的观点、理论和方法对建设项目投资决策和建设实施全过程所有工作，包括项目建议书、可行性研究、评估决策、设计、施工、竣工验收等系统运动过程进行计划、组织、指挥、协调和控制的过程，以达到保证工程质量、缩短工期、提高投资效益的目的。由此可见，建设项目管理是以建设项目目标控制（质量控制、进度控制和投资控制）为核心的管理活动。

建设项目管理与企业管理同属于管理活动范畴，但两者之间有明显的区别。

① 管理对象不同。建设项目管理的对象是一个具体的建设项目——一次性任务；而企业管理的对象是一个企业——一个持续稳定的经济实体。

② 管理目标不同。建设项目管理是以具体项目的质量、进度和投资为目标，一般是以效益为中心，项目的目标是短期的、临时的；而企业管理是以持续稳定的利润为目标，企业的目标是长远的、稳定的。

③ 运行规律不同。建设项目管理是一项一次性多变的活动，其规律性是以项目生命期和项目内在规律为基础的；而企业管理是一种持续稳定的活动，其规律性是以现代企业制度和企业经济活动内在规律为基础的。

④ 管理内容不同。建设项目管理活动贯穿于一个具体项目生命期的全过程，包括项目立项、论证决策、规划设计、采购施工、总结评价等活动，这是一种任务型管理，需要按科学的项目管理方法进行管理；而企业管理则是一种职能管理和作业管理的综合，其本质是一种实体型管理，主要包括企业综合性管理、专业性管理和作业性管理。

⑤ 实施主体不同。建设项目管理实施的主体是多方面的，包括建设单位（或项目法人）及其委托的工程咨询（监理）公司、承包商等；而企业管理实施的主体仅是企业自身。

1.3.2 建设项目管理类型

在建设项目投资决策和建设实施过程中，由于各阶段的任务和实施主体不同，构成了建设项目管理的不同类型，如图 1–2 所示。从系统角度分析，每一类型项目管理都是在特定条件下，为实现整个建设项目总目标的一个管理子系统。

1. 工程业主方项目管理

工程业主方项目管理是全过程的，包括项目投资决策和建设实施阶段各个环节。由于建设项目属于一次性任务，因此，建设单位（或项目法人）自行进行项目管理往往存在很大的局限性。首先，在技术和管理方面，建设单位（或项目法人）缺乏配套的专业化力量；其次，即使建设单位（或项目法人）设有完善的管理机构，没有连续的工程任务也是不经济的。在计划经济体制下，每个建设单位都建立一个筹建处或基建处来管理工程建设，这样无法做到资源的优化配置和动态管理，而且也不利于建设经验的积累和应用。在市场经济体制下，建设单位（或项目法人）完全可以依靠社会化的工程咨询单位或项目管理单位，为其提供全过程（或若干阶段）的工程咨询或项目管理服务。当然，在我国工程建设管理体制下，工程监理单位接受建设单位（或项目法人）委托，为其提供的服务也属于项目管理服务，如图 1－2 所示。与一般的工程项目管理服务不同的是，我国法律法规赋予工程监理单位、监理工程师更多的社会责任，特别是建设工程质量管理、安全生产管理方面的责任。

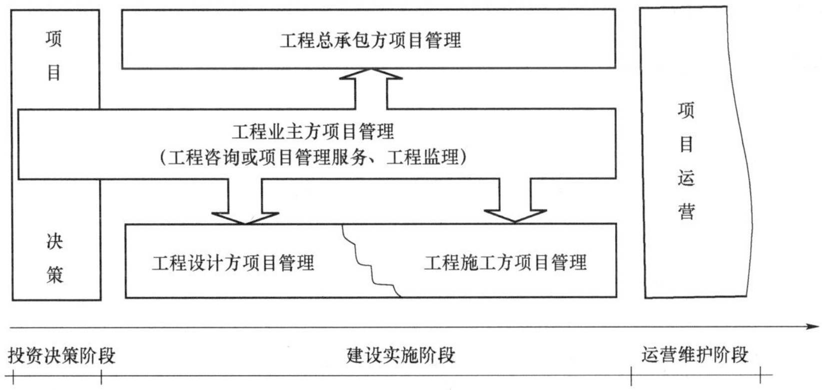

图 1－2　建设项目管理类型

2. 工程总承包方项目管理

在工程总承包情形下，建设单位（或项目法人）在项目决策之后，通过招标择优选定工程总承包单位全面负责建设项目实施过程，直至最终交付使用功能和质量标准符合合同文件规定的工程项目。因此，工程总承包方项目管理是贯穿于项目实施全过程的全面管理，既包括设计阶段，也包括施工安装阶段。工程总承包单位为取得预期经营效益，必须在合同条件约束下，依靠自身的技术和管理优势（或实力），通过优化设计及施工方案，在规定的时间内，按质按量地全面完成工程建设任务，全面履行工程总承包合同。从交易角度看，建设单位（或项目法人）是买方，总承包单位是卖方，因此，两者的地位和利益追求是不同的。

3. 工程设计方项目管理

工程设计方项目管理是指设计单位承揽到工程设计任务后，根据设计合同所界定的工作目标及义务，对建设项目设计阶段的工作所进行的自我管理。设计单位通过设计项目管理，综合考虑技术和经济因素，对建设项目实施进行全面而详尽的安排，引进先进技术和科研成果，形成设计图纸和说明书，并在施工过程中进行监督和验收。设计项目管理包括：设计投标或方案竞赛、签订设计合同、设计条件准备、设计计划编制与实施、设计文件验收与归档、设计工作总结、施工过程中的设计控制与监督、参与竣工验收等。由此可见，设计项目管理不仅仅局限于工程设计阶段，而是会延伸到施工阶段和竣工验收阶段。

4. 工程施工方项目管理

工程施工方项目管理是指施工承包单位根据施工合同所界定的工程范围，依靠企业技术和管理综合实力，在实行施工项目经理责任制的基础上，对工程施工全过程进行计划、组织、指挥、协调和控制的系统管理活动。在一般情况下，施工项目是指施工总承包单位承包的完整工程项目，既包括其中的土建工程施工，也包括建筑设备安装，最终成功地形成具有独立使用功能的建筑产品。然而，由于分部工程、子单位工程、单位工程等是构成建设项目的子系统，按子系统定义项目，既有其特定的约束条件和目标要求，也是一次性任务。因此，建设项目按专业、按部位分解发包时，施工承包单位仍可将施工合同界定的局部施工任务作为项目管理对象，这就是广义的施工项目管理。

施工项目管理目标包括施工质量、进度、成本和安全。在可持续发展理念下，环境保护乃至绿色施工也成为施工项目管理目标。显然，这一目标体系既与建设项目的目标相联系，又有很强的施工项目管理自主性特征。

5. 物资供应方项目管理

从建设项目管理系统角度看，工程物资供应也是建设项目实施的一个子系统，有其明确的任务和目标、明确的制约条件及内在联系。因此，制造厂、供应商同样可将加工生产制造和供应合同所界定的任务，作为项目进行目标管理和控制，以适应建设项目总目标控制的要求。

1.3.3　建设项目管理任务

尽管建设项目类型众多，特点各异，但建设项目管理的主要任务就是在建设项目可行性研究、投资决策的基础上，对勘察设计、建设准备、施工至竣工验收等全过程一系列活动，通过合同管理、组织协调、目标控制、风险管理和信息管理等措施，保证建设项目质量、进度、投资目标得到最佳匹配地实现。

建设项目质量、进度和投资三大目标是一个相互关联的整体，三大目标之间既存在矛盾的方面，又存在统一的方面。进行建设项目管理，必须充分考虑建设项目三大目标之间的对立统一关系，注意统筹兼顾，合理确定三大目标，防止发生盲目追求单一目标而冲击或干扰其他目标的现象。

① 三大目标之间的对立关系。在通常情况下，如果对工程质量有较高要求，就需要投入较多的资金和花费较长的建设时间；如果要抢时间、争进度，以极短的时间完成建设项目，势必会增加投资或者使工程质量下降；如果要减少投资、节约费用，势必会考虑降低项目的功能要求和质量标准。所有这些都表明，建设项目三大目标之间存在矛盾和对立的一面。

② 三大目标之间的统一关系。在通常情况下，适当增加投资数量，为采取加快进度的措施提供经济条件，即可加快项目建设进度，缩短工期，使项目尽早动用，投资尽早回收，项目全寿命期经济效益将得到提高；适当提高项目功能要求和质量标准，虽然会造成一次性投资和建设工期的增加，但能够节约项目动用后的日常费用和维修费用，从而获得更好的投资经济效益；如果项目进度计划制定得既科学又合理，使工程进展具有连续性和均衡性，不但可以缩短建设工期，而且有可能获得较好的工程质量和降低工程费用。所有这一切都说明，建设项目三大目标之间存在统一的一面。

1. 合同管理

建设项目合同，包括勘察设计合同、施工合同、材料设备采购合同、咨询监理合同及建设项目实施过程中所必需的其他合同，都是建设单位（或项目法人）与其他参建主体之间明确责权利关系的具有法律效力的协议文件，也是在市场经济体制下实施建设项目的基本手段。事实上，建设项目实施过程就是建设项目合同订立和履行的过程，相关合同所赋予的责权利履行到位之日，也就是建设项目实施完成之时。

合同管理主要是指对各类合同的依法订立和履行过程的管理，包括合同文本选择，合同条件协商、谈判，合同书签署；合同履行、检查，变更、索赔及纠纷处理；总结评价等。

由于建设单位（或项目法人）和参建单位在合同关系中所处的地位、责任、利益不同，各自对合同管理的视点和着力点不尽相同。业主方合同管理，服务于项目实施总目标控制，视点在于合同结构策划，以便通过科学合理的合同结构，理顺项目内部管理关系，避免产生相互矛盾、脱节和混乱失控的项目组织管理状态；其着力点在于支付条件、质量目标和进度目标。施工方合同管理，其视点在于工程价款及支付条件、质量标准及验收办法，不可抗力造成损害的承担原则、第三者损害的承担原则，设计变更、施工条件变更及工程中止损失的补偿原则；其着力点则在于施工索赔。

建设项目合同管理不仅需要具备系统的合同法律知识，而且需要熟悉工程建设领域生产经营、交易活动和经济管理的基本特点及基础业务知识，因此通常需要由合同管理专业人员或委托专业化工程咨询单位来承担。同时，也需要建设项目管理人员学习和掌握合同法律基本知识，学会应用法律和合同手段，指导项目管理工作，正确处理好相关合同关系。

2. 组织协调

组织协调是建设项目管理的职能，是管理技能和艺术，也是实现项目目标必不可少的方法和手段。在项目实施过程中，建设单位（或项目法人）及各参建单位需要处理和调整众多复杂的业务组织关系，主要包括以下内容。

（1）外部环境协调

外部环境协调是指与政府管理部门之间的协调，如规划、城建、市政、消防、人防、环保、城管等部门的协调；资源供应方面的协调，如供水、供电、供热、电信、网络、运输和排水等方面的协调；生产要素方面的协调，如图纸、材料、设备、劳动力和资金等方面的协调；社区环境方面的协调等。

（2）项目参建单位之间的协调

项目参建单位之间的协调主要是指建设单位（或项目法人）、监理单位、设计单位、施工单位、供货单位、加工单位等之间的协调。

（3）项目参建单位内部协调

项目参建单位内部协调是指项目参建单位内部各部门、各层次之间及个人之间的协调。

围绕着建设项目总目标，建设项目各参建单位及各级管理人员，都要采用科学有效的方法，积极参与并主动承担各级工作范围内的组织协调工作：

① 设立专门的协调机构和专职人员；

② 建立协调工作制度，对经常性事项制定专门程序，事先确定协调时间、内容、方式和具体负责人；

③ 明确工作职责范围，处理好集中调度与分散处理的关系，充分发挥各级各类管理人员的作用；

④ 根据不同对象，采用不同的协调方法。如宣传、指令、监督、交流、会议等多种

形式；

⑤ 考虑建设项目整体效益，分清各要素之间的联系和制约，实现综合协调和总体优化。

3. 目标控制

目标控制是建设项目管理的重要职能，它是指项目管理人员在不断变化的动态环境中为保证既定目标的实现而进行的一系列检查和调整活动。即项目管理机构按预先设定的目标值，在项目实施过程中不断进行调查和分析，将项目实际状况与计划目标进行比较，发现有偏差时采取措施加以调节和纠正，以使其满足预定目标要求。项目目标控制过程如图 1－3 所示。

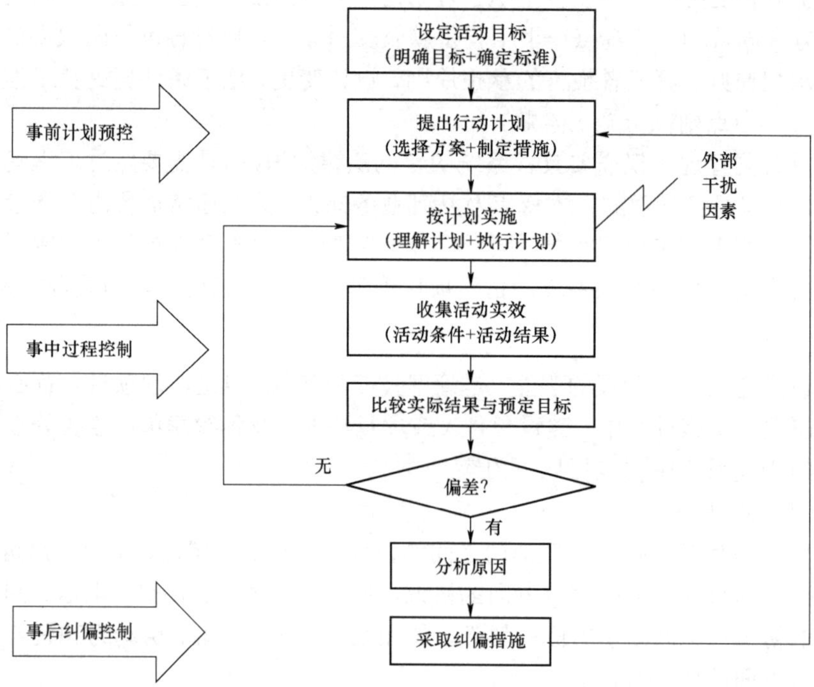

图 1－3　项目目标控制过程

项目目标控制的具体内容如下。

（1）设定预定目标值

预定目标一般用一系列计划指标值来反映，如项目工期、质量、投资或成本等数值。为了便于控制，有时还需要将控制目标值按不同对象、不同层次、不同内容等进行分解。

（2）调查和收集信息

调查和收集信息，是实现信息反馈的主要步骤，也是实施控制的依据。它既包括项目已发生的实际状况、外部环境变化等信息，还应包括对未来事态发展趋势的预测信息。

（3）进行比较分析

通过将预定目标值与实际状况进行对比，可以找出项目实施过程中的目标偏差，并分析其产生的原因，以便进一步采取措施。

（4）纠偏与调整

根据偏差程度，采取相应措施，以保证实现既定目标；或者调整预定目标，重新制订新的实施方案。

建设项目目标控制的主要任务就是采用规划、组织、协调等手段，从多方面采取措施，包括组织措施、技术措施、经济措施、合同措施等，确保项目总目标的实现。

项目目标控制的任务贯穿于项目策划决策、勘察设计、施工及竣工交付等各个阶段。建设单位（或项目法人）需根据工程性质、任务和特点，制订详细的目标规划，明确控制要求。

4. 风险管理

随着工程建设规模日趋巨大、技术日益复杂，建设项目所面临的风险越来越多。大量工程建设实践证明，要保证建设项目投资效益，就必须建立一套完整的项目风险管理程序，对项目风险进行综合分析和系统评价，并提出有效的风险应对策略。

（1）风险及风险因素

风险是一种客观存在、损失的发生具有不确定性的状态。风险具有客观性、损失性和不确定性等特征。风险可从不同角度划分为多种类型：按风险损害对象不同，可分为人身风险、财产风险和责任风险；按风险性质不同，可分为主观风险和客观风险；按项目环境不同，可分为外部环境风险和内部机制风险。

风险因素是指促使和增加损失发生概率或严重程度的任何事件。构成风险因素的条件越多，发生损失的可能性就越大，损失就会越严重。按风险来源不同，建设项目风险因素可分为自然风险、技术风险、设计风险、施工风险、财经风险、市场风险、政策法律风险和环境风险。

（2）风险管理程序

风险管理是一个确定和度量项目风险，并制订、选择和管理风险应对方案的过程。其目标是减少项目决策的不确定性，并在项目实施阶段保证目标控制的顺利进行，更好地实现项目质量、进度和投资目标。风险管理主要包括以下环节。

① 目标确立。风险管理的目标是选择最经济和有效的方法使风险成本最小，它可以分为损失前的管理目标和损失后的管理目标，前者是想方设法减少和避免损失的发生；后者则是在风险事件发生后，尽可能减少直接损失和间接损失，使其尽快恢复到损失前的状况。

② 风险识别。要应对风险事件，首先必须识别风险。风险管理人员应根据自身的知识、经验和丰富的信息资料，结合项目性质、规模和技术条件，选择多种方法和途径，尽可能全面地辨识所面临的各种风险，并进行分类。

③ 风险分析和评价。风险分析和评价是对项目风险发生概率及风险事件发生后造成损失进行定量化分析和评价的过程。

④ 规划并决策。识别和分析项目风险后，就应规划各种风险应对策略，并根据项目风险管理总体目标，就应对项目风险的最佳策略组合进行决策。一般而言，风险应对策略有：风险回避、风险控制、风险转移和风险自担。

⑤ 计划实施。当风险管理人员作出风险应对选择后，就需要制订具体计划，如安全计划、损失控制计划、应急计划等，并付诸实施。当在选择购买工程保险时，应确定合理的保费，并选择满意的保险公司等。

⑥ 检查和总结。通过检查和总结，可使风险管理人员及时发现偏差、纠正错误，调整工作方式，降低成本。还可总结经验，不断提高风险管理水平。

（3）风险应对策略

① 风险回避。风险回避是彻底规避风险的一种做法，即断绝风险来源。对建设项目而言，意味着可能彻底改变方案甚至否定该项目建设。需要指出的是，回避风险在某种程度上意味着会丧失获利的机会。因此，只有当风险因素可能造成的损失相当严重或者采取措施防范风险的代价过于昂贵、得不偿失时，才会采用风险回避策略。

② 风险控制。风险控制是对可控制的风险提出降低风险发生可能性和减少风险损失程度的措施，并从技术和经济相结合的角度论证拟采取的控制措施的可行性与合理性。

③ 风险转移。风险转移是将项目风险较大的一部分转移给他人。风险转移可分为保险转移和非保险转移两种。保险转移是指向保险公司投保，将项目的部分风险损失转移给保险公司；非保险转移是指将项目的部分风险转移给承包方（包括总承包单位将项目风险转移给分包单位），如项目技术、设备、施工等可能存在风险，在签订合同时可将部分风险损失转移给承包方。

④ 风险自担。风险自担是指将可能的风险损失留给自己承担。这种方式适用于已知有风险存在，但可获高利回报且甘愿冒险的项目；或者风险损失较小，可以自行承担风险损失的项目。

5. 信息管理

信息管理是建设项目管理的基础工作，是实现项目目标控制的根本保证。信息管理工作的好坏，将会直接影响项目管理的成败。只有不断提高信息管理水平，才能更好地实施项目管理。

建设项目信息管理是指对建设项目有关各类信息的收集、加工、整理、存储、传递及应用等一系列工作的总称。信息管理的主要任务是及时准确地向项目管理各参加单位、各部门及各类人员提供综合程度不同的信息，以便在项目进展全过程中，动态地进行项目规划，及时进行科学决策，并跟踪检查决策执行结果，反映项目实施中暴露的各类问题，为控制项目总目标服务。

随着大数据、云计算、物联网、区块链、人工智能等新一代信息技术的快速发展，以及建筑信息建模（building information modeling，BIM）及地理信息系统（geographic information system，GIS）的推广应用，数字建造、智能建造应用领域日趋广泛，建设项目管理也会朝着数智化方向发展。

6. 绿色环保

为了应对全球气候变化和能源短缺问题，促进经济社会低碳发展，绿色环保日益成为项目管理的重要任务之一。工程建设中的绿色发展涉及建设工程规划、设计、施工及使用全寿命期。在投资决策阶段，需要贯彻落实绿色发展理念；在建设实施阶段，要严格执行工程建设标准，设计绿色建筑，实施绿色施工，确保建设项目满足绿色要求。

工程建设既可以改造环境为人类造福，优秀的设计作品还可以增添社会景观，给人们带来观赏价值。但建设项目的实施过程和结果，同时也存在影响甚至恶化环境的种种因素。因此，应在工程建设中强化环保意识，切实有效地将环境保护和克服损害自然环境、破坏生态平衡、污染空气和水质、扰动周围建筑物和地下管网等现象的发生，作为项目管理的重要任务之一。对于环境影响大的建设项目，在投资决策阶段，必须编制环境影响评价报告，提出环保对策措施，严格按建设程序向环保管理部门报批；在建设实施阶段，要做到主体工程与环保措施工程同步设计、同步施工、同步投入运行。在工程施工承发包中，必须将依法做好环保工作列为重要的合同条件加以落实，并在施工方案的审查和施工过程中，始终将落实环保措施、克服建设公害作为重要内容予以密切关注。

除以上任务外，安全生产管理也是项目管理的重要任务。对建设单位（或项目法人）而言，在编制工程概算时，要确定建设工程安全作业环境及安全施工措施所需费用；还要向施工单位提供施工现场及毗邻区域内供水、排水、供电、供气、供热、通信、广播电视等地下管线资料，气象和水文观测资料，相邻建筑物和构筑物、地下工程的有关资料，并保证资料的真实、准确、完整。

复习思考题

1. 何谓项目？其特征有哪些？
2. 何谓基本建设项目和更新改造项目？建设项目组成有哪些？
3. 建设项目有哪些类型？
4. 在工程建设程序中各阶段的工作内容有哪些？
5. 何谓建设项目管理？与企业管理有何区别？
6. 建设项目管理的类型和任务有哪些？
7. 建设项目管理数智化的含义是什么？

案例分析题

1. 港珠澳大桥是我国境内一座连接香港、珠海和澳门的桥隧工程，位于珠江口伶仃洋海域内。桥隧全长 55 km，其中主桥 29.6 km、香港口岸至珠澳口岸 41.6 km；桥面为双向六车道高速公路，工程建设总投资额为 1 269 亿元。港珠澳大桥于 2009 年 12 月 15 日动工建设，于 2017 年 7 月 7 日实现主体工程全线贯通，2018 年 10 月 24 日上午 9 时开通运营。港珠澳大桥因其超大的建筑规模、空前的施工难度和顶尖的建造技术而闻名世界。

试分析港珠澳大桥工程的建设意义、建设及运营风险。

2. 英吉利海峡隧道，又称英法海底隧道、欧洲隧道。它由 3 条长 51 km 的平行隧洞组成，总长度为 153 km，其中海底段隧洞长度为 3×38 km，是一条英国通往法国的铁路隧道，位于英国多佛（Dover）港与法国加来（Calais）港之间。工程建设实际总投资约 106 亿英镑，1987 年 12 月 1 日海峡隧道英国段正式开挖，于 1994 年 5 月 6 日开通。

试分析英吉利海峡隧道工程投资、建设及运营风险。

知识拓展题

学习《项目管理知识体系》（*Project Management Body of Knowledge*）的主要内容，理解价值交付含义。

第 2 章　建设项目投资决策

投资者通常需要根据建设项目可行性研究结果对是否实施建设项目进行决策。建设项目策划是可行性研究的重要前提，同时也是可行性研究的主要工作。建设项目可行性研究不仅要进行项目经济评价，而且还要进行社会评价和环境影响评价，进而从经济效益、社会效益和环境效益等方面综合分析评价建设项目的可行性。

2.1　建设项目策划

2.1.1　建设项目策划的含义和作用

每一建设项目的提出，都有其特定的政治、经济及社会背景。从简单而抽象的建设意图产生，到具体复杂的工程建成，其间每一环节、每一过程的活动内容、方式及所要达到的预期目标，都离不开计划的指导。而计划的前提就是行动方案的策划。

建设项目策划是指将建设意图转换成定义明确、系统清晰、目标具体且具有策略性运作思路的高智力系统活动。它包括建设前期项目系统构思策划、建设期间项目管理策划和项目建成后运营策划等。项目策划以项目管理理论为指导，并服务于项目管理全过程。项目策划的作用主要有以下几个方面。

1. 构思项目系统框架

建设项目策划的首要任务是根据建设意图进行项目定义和定位，全面构想一个待建项目系统。项目定义是指明确界定项目的用途、性质，如某类工业项目、交通运输项目、公共建筑项目、房地产开发项目等，具体描述项目的主要用途和目的。项目定位是指根据市场需求，综合考虑投资能力和最有利的投资方案，决定项目规格和档次。例如，设想建设一幢高层写字楼，根据需求和建设条件，可以建成普通办公大楼，也可以建成多功能办公楼宇或建筑综合体。总之，建设项目必须通过策划作出准确定位。

在明确项目定义和定位的基础上，提出建设项目系统框架，进行项目功能分析，确定项目系统组成。例如，要建设一个现代化钢铁工业项目，其系统构成应包括从原料投入到各类钢材产品产出全过程的若干单项工程——原材料输送系统，炼铁系统，炼钢系统，轧钢系统，产成品包装和储存系统等。再如，要新建一所学校，其系统构成应包括教学楼、实验室、办公楼、食堂、体育设施，以及必要的教师宿舍、学生集体宿舍和浴室等其他生活设施。通过策划建设项目系统框架，可使项目基本设想变为具体而明确的建设内容和要求。

2. 奠定项目决策基础

通常，建设项目投资决策是建立在可行性研究基础之上的，而建设项目可行性研究不仅包含建设方案，而且需要充分考虑建设项目所赖以生存和发展的社会经济环境和市场。而建设方案的产生，并不是由投资主体的主观愿望和某种意图的简单构想就能完成的，必须通过专家的总体策划和若干重要细节的策划（如项目定位、系统构成、目标设定及管理运作等具体策划）并进行实施可能性和可操作性的分析，才能使建设方案建立在可运作的基础上。例如，项目融资方案、项目建设总进度目标等都对项目可行性研究结论产生重要影响，如果仅是从理想条件出发作出决定，在此条件下的可行性研究所得出的结论虽很乐观，但在项目实施过程中却不能按预想的融资方案运作，不能按预想总进度目标进行建设，项目实施结果可能会与可行性研究的预期结论相悖。因此，只有经过科学、缜密的项目策划，才能为可行性研究和项目决策奠定客观而具有运作可能性的基础。

3. 指导项目管理工作

由于项目策划需要密切结合具体项目系统的整体特征，不仅把握和揭示项目系统总体发展的条件和规律，而且深入到项目系统构成的各个层面，还要针对各个阶段的发展变化对项目管理的运作方案提出系统而具有可操作性的构想，因此，项目策划将直接成为指导项目实施和项目管理的基本依据。

项目管理的中心任务是进行项目目标控制，项目策划是项目管理的前提。没有策划的项目管理，将会陷入管理事务的盲目和被动之中，没有科学管理作支撑的项目策划也将成为纸上谈兵，缺乏实用价值。

2.1.2 建设项目策划的主要内容

建设项目策划分为总体策划和局部策划两种。项目总体策划一般是指在项目投资决策过程中所进行的全面策划，而项目局部策划可以是对全面策划任务进行分解后的一个单项性或专业性问题的策划，例如一个生产子系统的工艺策划或设备选型配置策划等。局部策划既可在项目投资决策阶段进行，也可在项目实施过程中进行。根据策划工作的对象和性质不同，策划内容、依据、深度和要求也不一样。

1. 项目构思策划

建设项目的提出，一般根据国家经济社会发展的近远期规划及提出者（单位或个人）生产经营或社会物质文化生活的实际需要。因此，项目构思策划必须以法律法规和有关政策方针为依据，结合实际建设条件和地区经济社会环境进行。如果已确定在特定的地点建设，还必须与地区或城市规划要求相适应。项目构想策划的主要内容如下。

① 项目定义。即描述项目性质、用途和基本内容。

② 项目定位。即描述项目的建设规模、建设水准，项目在社会经济发展中的地位、作用和影响力，并进行项目定位依据及必要性和可能性分析。

③ 项目系统构成。描述系统的总体功能，系统内部各单项工程的构成、各自的作用和相互联系，内部系统与外部系统的协调、协作和配套的思路及方案的可行性分析。

④ 其他。与项目实施及运行有关的重要环节策划，均可列入项目构思策划范畴。

2. 项目实施策划

项目实施策划旨在将体现建设意图的项目构思，变成有实现可能性和实际可操作性的行动方案，提出带有谋略性和指导性的设想。

（1）项目组织策划

对于经营性政府投资建设项目，需要实行项目法人责任制。投资者按照《公司法》组建项目法人后，由项目法人负责项目策划、融资、报建、实施、运营、还贷及资产的保值增值。对于非经营性政府投资建设项目，可以实行工程代建制。是否实行工程代建制，以及如何实施工程代建，均需要进行分析策划。显然，这既是项目总体构思策划的重要内容，也是对项目实施过程产生重要影响的策划内容。

（2）项目融资策划

资金是建设项目实施的物质基础，建设项目投资额大、建设周期长，资金的筹措和运用对项目的成败关系重大。建设资金来源渠道广泛，各种融资方式有其不同的特点和风险因素。融资方案的策划是控制资金使用成本，进而控制项目投资、降低项目风险所不可忽视的环节。项目融资策划具有很强的政策性、技巧性和谋略性，它取决于项目性质和项目实施运作方式。竞争性项目、基础性项目和公益性项目的融资有不同的特点，只有通过策划才能确定和选择最佳融资方案。

（3）项目目标策划

建设项目必须有明确的使用目的和要求、明确的建设任务量和时间界限、明确的项目系统构成和组织关系，才能进行有效的项目目标控制。也就是说，确定项目的质量目标、进度目标和投资目标是项目管理的前提，同时还要兼顾安全生产和绿色环保目标。由于建设项目目标之间的内在联系和制约，使得建设项目目标的设定变得复杂和困难。为此，需要在项目系统构成和定位策划过程中做到项目目标之间的最佳匹配。

项目目标策划包括项目总目标体系设定和总目标按项目组成、参建主体、实施阶段等进行分解的子目标体系设定。

（4）项目实施过程策划

项目实施过程策划是对项目实施的任务分解和组织工作的策划，包括设计、采购、施工任务的招投标，合同结构，项目管理机构设置、工作程序、制度及运行机制，项目管理组织协调，项目信息收集、加工处理和应用等。视项目系统规模和复杂程度不同，项目实施过程策划应分层次、分阶段地展开，从总体轮廓性概略策划到局部实施性详细策划逐步深化。

项目实施过程策划着力于提出行动方案和管理界面设计。行动方案解决做什么（what）、为何要做（why）、何时做（when）、何地做（where）、谁去做（who）、如何做（how），即5W1H；而管理界面设计则是对不同功能子系统之间的衔接面或对各子系统内部不同性质活动过程相互联系所提出的规范性要求。前者一般被称为动态界面，即前一子系统为后一个子系统创造工作条件，作为后一子系统的输入。这种输入的变化将导致后一子系统活动条件和结果的相应变化。为保证子系统之间的有效衔接，实现最终结果和目标，必须强化动态界面管理措施。例如，对于建设项目设计单位和施工单位两个子系统，前者为后者提供施工依据、确定质量规格标准，两者通过设计交底、图纸会审制度及变更程序等来实现界面管理，以防止前者的差错和失误波及后者的系统活动，直至影响最终结果。同样，设计单位与物资供应单位子系统之间、物资供应单位子系统与施工单位子系统之间等，都存在着动态界面管理。

静态界面则反映各子系统内部的职能分工和界定，以及它们之间相互联系方式和活动标准的明确规定。例如，在设计子系统中的建筑设计、结构设计、设备系统设计、工艺设计及概预算编制等，它们相互之间有明确的职能分工、相互联系方式和工作标准，从而形成静态界面。在施工子系统中各专业施工活动之间，同样也存在静态界面。需要指出的是，当静态界面中存在的相互联系具有互为条件和前因后果的特点时，也就转化成动态界面。因此，动态界面往往寓于静态界面中，随着系统分解的细化，动态界面的特征就会凸显出来。

（5）项目目标控制策划

项目目标控制是对项目实施系统及项目全过程的控制，其基本方法是动态控制。项目目标控制必须是具有健全反馈机制的闭环控制，必须具有完整的反馈控制系统。因此，合理的项目目标控制应具有以下几个基本步骤。

① 建立项目目标控制子系统。作为一个控制系统，应拥有全面深入的信息反馈渠道和完整有效的控制手段，保证其控制的及时和有效。此外，还应与其他子系统建立和谐的工作界面，以保证整个系统协调运转。

② 建立目标控制子系统信息库。收集、分类和处理项目目标、项目构成、项目过程、项目环境等方面的信息，这些信息将作为系统控制的原始信息和系统控制启动的依据与基础。

③ 实施系统控制。在项目实施过程中，由于原始信息错误或环境因素严重干扰，系统实际状态与原定状态之间可能会出现较大偏差且不可恢复到原定状态，为此，需要不断收集反馈信息，对原始信息进行充实或对出现的系统偏差进行调整，使其达到新的均衡状态。在通常情况下，应尽量避免变动系统目标值。否则，将引起系统状态的多方面变化。

应当说明的是，以上工作步骤是高度概括和原则性的，对一个具体项目进行控制，需要在此基础上进行大量的实际工作。

2.2 建设项目可行性研究

2.2.1 可行性研究的作用和阶段

1. 可行性研究的作用

在建设项目投资决策前进行可行性研究，是保证建设项目以最少投资耗费取得最佳综合效益的科学手段。可行性研究的作用主要体现在以下几个方面。

① 作为建设项目投资决策依据。项目投资决策者主要根据可行性研究结论决定一个项目是否应投资及如何投资。可行性研究结论是项目投资的主要依据。

② 作为建设项目融资依据。金融机构在接受项目借贷申请时，对项目进行分析评估后，确认项目具有偿债能力，不会承担过大风险时，才有可能同意贷款。其他投资者也是如此。

③ 进行工程设计、设备订货等依据。在可行性研究中对产品方案、建设规模、厂址、工艺流程、主要设备选型和总图布置等方案论证的结果，可作为工程设计、设备订货等工作依据。

④ 作为审查项目环境影响、节能节水等的依据。在可行性研究中关于项目环境影响、节能节水等的分析论证，可作为有关部门审查项目环境影响、节能节水等的依据。

2. 可行性研究的阶段

可行性研究是一个由粗到细的分析研究过程，按照国际惯例，可行性研究可分为投资机会研究、初步可行性研究和详细可行性研究 3 个阶段。

（1）投资机会研究

投资机会研究为项目的投资方向和设想提出建议。根据国民经济长远发展规划和行业地区规划、经济建设方针、建设任务和技术经济政策，在一个确定的地区和部门内，利用对自然资源和市场的调查、预测，寻找最有利的投资机会，提出项目投资建议。

在投资机会研究阶段，需要编制项目建议书，提出项目的大致设想，初步分析项目建设的必要性和可行性。

（2）初步可行性研究

当项目建议书经政府投资主管部门批准后，对于投资规模较大、工艺技术复杂的项目，在进行全面分析研究之前，往往需要先进行初步可行性研究。

初步可行性研究是介于投资机会研究和详细可行性研究的中间阶段。其目的是对项目初步评估进行专题辅助研究，广泛分析、筛选方案，鉴定项目的选择依据和标准，初步确定项目的可行性。通过编制初步可行性研究报告，判定是否有必要进行下一步详细可行性研究。

（3）详细可行性研究

详细可行性研究为项目决策提供技术、经济、社会及商业方面的依据，是项目投资决策的基础。详细可行性研究的目的是对建设项目进行深入细致的技术经济论证，重点对建设项目的经济效益、社会效益及环境影响进行分析评价，经过多方案比选提出最佳方案，确定建设项目的最终可行性。本阶段的最终成果是可行性研究报告。

在可行性研究的不同阶段，由于基础资料的掌握程度、研究深度及可靠程度要求不同，决定了不同阶段的工作内容和投资估算精度也各不相同，详如表 2－1。

表 2－1　可行性研究阶段

工作阶段	投资机会研究	初步可行性研究	详细可行性研究
工作性质	项目设想	项目初选	项目拟定
工作内容及成果	鉴别投资方向，寻找投资机会，提出项目建议，为初步选择项目提供依据	对项目进行专题辅助研究，编制初步可行性研究报告，确定是否有必要进行详细可行性研究，进一步判明建设项目的生命力	对项目进行深入细致的技术经济论证，编制可行性研究报告，提出结论性意见，作为项目投资决策的重要依据
投资估算精度	±30%	±20%	±10%
费用占投资总额百分比/%	0.1～1.0	0.25～1.25	大项目 0.2～1.0 小项目 1.0～3.0
所需时间/月	1～3	4～6	6～12 或更长

2.2.2 可行性研究报告的主要内容

建设项目类别不同，其可行性研究的内容不尽一致，但通常应包括以下 3 方面内容。

① 进行市场研究，以解决项目建设的必要性问题；

② 进行工艺技术方案研究，以解决项目建设的技术可能性问题；

③ 进行财务和经济分析，以解决项目建设的合理性问题。

当可行性研究工作完成后，需要编写反映其全部工作成果的“可行性研究报告”。

1. 联合国工业发展组织规定的内容

联合国工业发展组织（United Nations Industrial Development Organization，UNIDO）在《工业可行性研究手册》中规定的工业项目可行性研究报告内容如下。

第一章　实施纲要

可行性研究在对各种方案进行比较后，应对项目所有基本问题作出明确结论。为了叙述方便，把这些结论和建议归纳在“实施纲要”中，这个纲要应包括可行性研究的所有关键性问题。

第二章　项目背景和历史

为保证可行性研究的成功，必须清楚地了解项目的设想如何适合于国民经济及行业发展整体情况。要详细地叙述产品，并要阐述发起人及其对项目感兴趣的理由。

第三章　市场和工厂生产能力

包括：需求和市场研究；销售和推销；生产规划；车间生产能力。

第四章　材料投入物

阐述制造特定产品所需材料和投入物的选择和说明，并说明供应规划的确定和材料成本的计算。

第五章　建厂地区和厂址

包括：建厂地区；厂址和当地条件；环境影响。

第六章　工程设计

包括：项目布置和自然范围；工艺及设备；土建工程。

第七章　工厂组织和管理费用

包括：工厂组织机构；管理费用。

第八章　人工

当确定工厂生产能力和工艺流程后，必须规定项目所需的各级管理人员；生产和其他有关活动的人员应在项目不同阶段连同各级培训一并进行估计。

第九章　项目建设

包括：工厂建设和设备安装的进度安排；试车和投产安排。

第十章　财务和经济评价

包括：总投资；项目资金筹措；生产成本；商务盈利率；国民经济评价。

2. 我国规定的内容

根据我国目前规定，一般工业项目的可行性研究报告内容如下。

一、总论

（一）项目背景

包括：项目名称；承办单位概况（新建项目指筹建单位情况，技术改造项目指原企业情况，合资项目指合资各方情况）；可行性研究报告编制依据；项目提出的理由与过程。

（二）项目概况

包括：拟建地点；建设规模与目标；主要建设条件；项目投入总资金及效益情况；主要技术经济指标。

（三）问题与建议

二、市场预测

（一）产品市场供应预测

包括：国内外市场供应现状；国内外市场供应预测。

（二）产品市场需求预测

包括：国内外市场需求现状；国内外市场需求预测。

（三）产品目标市场分析

包括：目标市场确定；市场占有份额分析。

（四）价格现状与预测

包括：产品国内市场销售价格；产品国际市场销售价格。

（五）市场竞争力分析

包括：主要竞争对手情况；产品市场竞争力优势、劣势；营销策略。

（六）市场风险

三、资源条件评价（指资源开发项目）

（一）资源可利用量

矿产地质储量、可采储量，水利水能资源蕴藏量，森林蓄积量等。

（二）资源品质情况

矿产品位、物理性能、化学组分，煤炭热值、灰分、硫分等。

（三）资产赋存条件

矿体结构、埋藏深度、岩体性质，含油气地质构造等。

（四）资源开发价值

资源开发利用的技术经济指标。

四、建设规模与产品方案

（一）建设规模

包括：建设规模方案比选；推荐方案及其理由。

（二）产品方案

包括：产品方案构成；产品方案比选；推荐方案及其理由。

五、场址选择

（一）场址所在位置现状

包括：地点与地理位置；场址土地权属类别及占地面积；土地利用现状；技术改造项目现有场地利用情况。

（二）场址建设条件

包括：地形、地貌、地震情况；工程地质与水文地质；气候条件；城镇规划及社会环境条件；交通运输条件；公用设施社会依托条件（水、电、气、生活福利）；防洪、防潮、排涝设施条件；环境保护条件；法律支持条件；征地、拆迁、移民安置条件；施工条件。

（三）场址条件比选

包括：建设条件比选；建设投资比选；运营费用比选；推荐场址方案；场址地理位置图。

六、技术方案、设备方案和工程方案

（一）技术方案

包括：生产方法（包括原料路线）；工艺流程；工艺技术来源（需引进国外技术的，应说明理由）；推荐方案的主要工艺（生产装置）流程图、物料平衡图，物料消耗定额表。

（二）主要设备方案

包括：主要设备选型；主要设备来源（进口设备应提出供应方式）；推荐方案的主要设备清单。

（三）工程方案

包括：主要建、构筑物的建筑特征、结构及面积方案；矿建工程方案；特殊基础工程方案；建筑安装工程量及“三材”用量估算；技术改造项目原有建、构筑物利用情况；主要建、构筑物工程一览表。

七、主要原材料、燃料供应

（一）主要原材料供应

包括：主要原材料品种、质量与年需要量；主要辅助材料品种、质量与年需要量；原材料、辅助材料来源与运输方式。

（二）燃料供应

包括：燃料品种、质量与年需要量；燃料供应来源与运输方式。

（三）主要原材料、燃料价格

包括：价格现状；主要原材料、燃料价格预测。

（四）编制主要原材料、燃料年需要量表

八、总图、运输与公用辅助工程

（一）总图布置

包括：平面布置（列出项目主要单项工程的名称、生产能力、占地面积、外形尺寸、流程顺序和布置方案）；竖向布置（场区地形条件、竖向布置方案、场地标高及土石方工程量）；技术改造项目原有建、构筑物利用情况；总平面布置图（技术改造项目应标明新建和原有以及拆除的建、构筑物的位置）；总平面布置主要指标表。

（二）场内外运输

包括：场外运输量及运输方式；场内运输量及运输方式；场内运输设施及设备。

（三）公用辅助工程

包括：给排水工程[给水工程（用水负荷、水质要求、给水方案），排水工程（排水总量、排水水质、排放方式和泵站管网设施）]；供电工程[供电负荷（年用电量、最大用电负荷），供电回路及电压等级的确定，电源选择，场内供电输变电方式及设备设施]；通信设施（通信方式，通信线路及设施）；供热设施；空分、空压及制冷设施；维修设施；

仓储设施。

九、节能措施

（一）节能措施

（二）能耗指标分析

十、节水措施

（一）节水措施

（二）水耗指标分析

十一、环境影响评价

（一）场址环境条件

（二）项目建设和生产对环境的影响

包括：项目建设对环境的影响；项目生产过程产生的污染物对环境的影响。

（三）环境保护措施方案

（四）环境保护投资

（五）环境影响评价

十二、劳动安全卫生与消防

（一）危害因素和危害程度

包括：有毒有害物品的危害；危险性作业的危害。

（二）安全措施方案

包括：采用安全生产和无危害的工艺和设备；对危害部位和危险作业的保护措施；危险场所的防护措施；职业病防护和卫生保健措施。

（三）消防设施

包括：火灾隐患分析；防火等级；消防设施。

十三、组织机构与人力资源配置

（一）组织机构

包括：项目法人组建方案；管理机构组织方案和体系图；机构适应性分析。

（二）人力资源配置

包括：生产作业班次；劳动定员数量及技能素质要求；职工工资福利；劳动生产率水平分析；员工来源及招聘方案；员工培训计划。

十四、项目实施进度

（一）建设工期

（二）项目实施进度安排

（三）项目实施进度表（横线图）

十五、投资估算

（一）投资估算依据

（二）建设投资估算

包括：建筑工程费；设备及工器具购置费；安装工程费；工程建设其他费用；基本预备费；涨价预备费；建设期利息。

（三）流动资金估算

（四）投资估算表

包括：项目投入总资金估算汇总表；单项工程投资估算表；分年投资计划表；流动资金估算表。

十六、融资方案

（一）资本金筹措

包括：新设项目法人项目资本金筹措；既有项目法人项目资本金筹措。

（二）债务资金筹措

（三）融资方案分析

十七、财务评价

（一）新设项目法人项目财务评价

包括：财务评价基础数据与参数选取（财务价格，计算期与生产负荷，财务基准收益率设定，其他计算参数）；销售收入估算（编制销售收入估算表）；成本费用估算（编制总成本费用估算表和分项成本估算表）；财务评价报表（财务现金流量表，损益和利润分配表，资金来源与运用表，借款偿还计划表）；财务评价指标[盈利能力分析（项目财务内部收益率、资本金收益率、投资各方收益率、财务净现值、投资回收期、投资利润率），偿债能力分析（借款偿还期或利息备付率和偿债备付率）]。

（二）既有项目法人项目财务评价

包括：财务评价范围确定；财务评价基础数据与参数选取（“有项目”数据，“无项目”数据，增量数据，其他计算参数）；销售收入估算（编制销售收入估算表）；成本费用估算（编制总成本费用估算表和分项成本估算表）；财务评价报表（增量财务现金流量表，“有项目”损益和利润分配表，“有项目”资金来源与运用表，借款偿还计划表）；财务评价指标[盈利能力分析（项目财务内部收益率、资本金收益率、投资各方收益率、财务净现值、投资回收期、投资利润率），偿债能力分析（借款偿还期或利息备付率和偿债备付率）]。

（三）不确定性分析

包括：敏感性分析（编制敏感性分析表，绘制敏感性分析图）；盈亏平衡分析（绘制盈亏平衡分析图）。

（四）财务评价结论

十八、国民经济评价

（一）影子价格及通用参数选择

（二）效益费用范围调整

包括：转移支付处理；间接效益和间接费用计算。

（三）效益费用数值调整

包括：投资调整；流动资金调整；销售收入调整；经营费用调整。

（四）国民经济效益费用流量表

包括：项目国民经济效益费用流量表；国内投资国民经济效益费用流量表。

（五）国民经济评价指标

包括：经济内部收益率；经济净现值。

（六）国民经济评价结论

十九、社会评价

（一）项目对社会的影响分析

（二）项目对所在地互适应性分析

包括：利益群体对项目的态度及参与程度；各级组织对项目的态度及支持程度；地区文化状况对项目的适应程度。

（三）社会风险分析

（四）社会评价结论

二十、风险分析

（一）项目主要风险因素识别

（二）风险程度分析

（三）防范和降低风险对策

二十一、研究结论与建议

（一）推荐方案的总体描述

（二）推荐方案的优缺点描述

包括：优点；存在问题；主要争论与分歧意见。

（三）主要对比方案

包括：方案描述；未被采纳的理由。

（四）结论与建议

附图、附表、附件

（一）附图

包括：场址位置图；工艺流程图；总平面布置图。

（二）附表

包括：投资估算表（项目投入总资金估算汇总表，主要单项工程投资估算表，流动资金估算表）；财务评价报表（销售收入、销售税金及附加估算表，总成本费用估算表，财务现金流量表，损益和利润分配表，资金来源与运用表，借款偿还计划表）；国民经济评价报表（项目国民经济效益费用流量表，国内投资国民经济效益费用流量表）。

（三）附件

1. 项目建议书（初步可行性研究报告）的批复文件
2. 环保部门对项目环境影响的批复文件
3. 资源开发项目有关资源勘察及开发的审批文件
4. 主要原材料、燃料及水、电、汽供应的意向性协议
5. 项目资本金的承诺证明及银行等金融机构对项目贷款的承诺函
6. 中外合资、合作项目各方草签的协议
7. 引进技术考察报告
8. 土地主管部门对场址批复文件
9. 新技术开发的技术鉴定报告
10. 组织股份公司草签的协议

对于非工业建设项目，可行性研究报告可参照上述内容并结合项目特点编制。

2.2.3 可行性研究报告评估与项目立项报批

1. 可行性研究报告评估

可行性研究报告的编写质量和准确性关系到项目投资决策的科学性和可靠性，是决定项目成败的关键因素。鉴于此，投资决策者需要自行或委托专门咨询机构，对可行性研究报告进行全面审核和评价，判断项目可行性研究的可靠性、真实性和客观性，对项目投资是否可行和确定最佳投资方案提出评估意见，作为项目投资决策的主要依据。金融机构在接到项目资金借贷申请时，也需要自行或委托专门咨询机构对可行性研究报告进行评估，根据评估结论进行贷款决策。

可行性研究报告评估通常包括以下内容。

（1）报告编制的规范性

可行性研究报告评估内容包括：项目批复文件资料是否齐全，报告内容及文件是否齐全完整，编制依据是否可靠，编制深度是否符合要求，结论是否明确等。

（2）报告内容的真实准确性

① 项目建设必要性。评估建设项目是否符合国家建设方针，是否满足市场需求，是否具有良好的前景。

② 项目建设条件。评估项目建设规模是否经济合理；物料供应数量、质量是否满足项目需求；项目所需的供电、供水、供热、供气与通信等设施条件是否可靠，能否满足项目建设和建成后正常运行需要；项目选址是否符合规划原则和要求，是否符合土地管理、文物保护、环境保护等方面的法律法规，选择依据和理由是否充分；项目建设期组织管理机构与职能分工是否明确，建成后运行管理机构是否落实，运行管理及经营方式是否可行；项目实施计划和工程进度是否合理。

③ 项目环境影响。评估是否按要求编制环境影响评价文件，文件内容是否全面，环境保护措施是否可行。

④ 技术方案、设备方案和工程方案。评估技术方案、设备方案和工程方案是否可行；节能措施和节水措施是否合理得当；设计依据是否正确，相关负荷、参数是否满足功能需要，是否安全、经济、合理，是否符合相应标准；安全防范措施是否可靠。

⑤ 投资估算与资金筹措。评估投资估算依据、估算方法、内容及范围是否科学合理、完整准确，是否真实反映建设内容要求；项目资金来源、筹措方式、筹资额度、筹资风险及资金使用计划等是否合理可靠，资金使用计划是否与项目实施进度计划相衔接，用款计划安排能否与资金来源相适应，能否保证项目顺利实施。

⑥ 项目效益。评估项目对所属行业发展、社会发展及为建设单位带来的效益，分析参数的选取是否合理，计算是否准确，是否合理、客观地反映项目的社会效益和经济效益。

在汇总上述评估结果的基础上，对可行性研究报告中各部分内容和方案存在的问题提出修改意见，对不能确定的问题提出建议，得出最终结论性意见，供决策部门参考。

2. 项目立项报批

根据投资管理体制改革相关规定，建设项目投资主体不同，将分别采用审批、核准或登记备案制度。

（1）政府投资项目的审批制

政府投资项目一般都要经过咨询机构的评估论证，特别重大的项目还应实行专家评议制度。要逐步实行政府投资项目公示制度，广泛听取各方面的意见和建议。

对于采用直接投资和资本金注入方式的政府投资项目，政府投资主管部门需要从投资决策角度只审批项目建议书和可行性研究报告，除特殊情况外不再审批开工报告，同时应严格政府投资项目的初步设计、概算审批工作。对于采用投资补助、转贷和贷款贴息方式的政府投资项目，只审批资金申请报告。

对于需要报批可行性研究报告的项目，当可行性研究报告经过正式批准后，应严格执行，任何部门、单位或个人不得擅自变更。确有正当理由需要变更时，需将修改的建设规模、项目地址、技术方案、主要协作条件、突破原定投资控制数、经济效益的提高或降低等内容报请原审批单位同意，并正式办理变更手续。

对于下列政府投资项目，可按照国家有关规定简化需要报批的文件和审批程序：① 在相关规划中已经明确的项目；② 部分扩建、改建项目；③ 建设内容单一、投资规模较小、技术方案简单的项目；④ 为应对自然灾害、事故灾难、公共卫生事件、社会安全事件等突发事件需要紧急建设的项目。

（2）企业投资项目的核准制或登记备案制

对于企业不使用政府资金投资建设的项目，关系国家安全、涉及生产力重大布局、战略性资源开发和重大公共利益的，实行核准制；其余项目实行登记备案制。

① 需要实行政府核准制的项目。企业在投资建设《政府核准的投资项目目录》内项目时，仅需向政府核准机关提交项目申请报告。项目申请报告应包括下列内容：企业基本情况；项目情况，包括项目名称、建设地点、建设规模、建设内容等；项目利用资源情况分析及对生态环境的影响分析；项目对经济和社会的影响分析。

政府核准机关需要审查下列内容：

- 是否危害经济安全、社会安全、生态安全等国家安全；
- 是否符合相关发展建设规划、产业政策和技术标准；
- 是否合理开发并有效利用资源；
- 是否对重大公共利益产生不利影响。

项目建设可能对公众利益构成重大影响的，政府核准机关在作出核准决定前，应采取适当方式征求公众意见。对于特别重大的项目，可以实行专家评议制度。

② 需要实行登记备案制的项目。对于企业不使用政府资金投资建设《政府核准的投资项目目录》外的项目，均实行登记备案制。除国家另有规定外，由企业按照属地原则向地方政府投资主管部门备案。备案告知内容包括：企业基本情况；项目名称、建设地点、建设规模、建设内容；项目总投资额；项目符合产业政策的声明。

③ 特大型企业集团投资建设的项目。基本建立现代企业制度的特大型企业集团，在投资建设《政府核准的投资项目目录》内项目时，可以按项目单独申报核准，也可编制中长期发展建设规划。规划经国务院或国务院投资主管部门批准后，项目不再另行申报核准，只须办理备案手续。企业集团要及时向国务院有关部门报告规划执行和项目建设情况。

2.3 建设项目经济评价

2.3.1 经济评价内容

建设项目经济评价是指在项目决策阶段的可行性研究和评估中，采用现代经济分析方法，对拟建项目计算期（建设期和生产经营期）内投入产出诸多经济因素进行调查、预测、研究、计算和论证，比选推荐最佳方案的过程。经济评价是对完成一项技术方案或同一经济目标所取得的劳动成果与劳动消耗的比较评价。经济评价结论是项目决策的重要依据。经济评价是项目可行性研究和评估的核心内容，其目的是力求在允许条件下使投资项目获得最佳经济效益。

1. 财务评价和国民经济评价的异同

项目经济评价分为财务评价和国民经济评价。财务评价是指从项目或企业财务角度出发，根据国家现行财税制度和市场价格体系，分析预测项目投入费用和产出效益，计算财务评价指标，考察拟建项目的财务盈利能力和清偿能力，据以判断建设项目的财务可行性。国民经济评价则是从国家整体角度出发，按照合理配置资源的原则，采用影子价格等国民经济评价参数，分析计算项目需要耗费的社会资源和对社会的贡献，考察投资行为的经济合理性和宏观可行性。

在市场经济条件下，大部分项目的财务评价结论可以满足投资决策要求。但有些项目需要进行国民经济评价，以便从国民经济角度评价其是否可行。需要进行国民经济评价的项目主要是铁路、公路等交通运输项目，水利水电项目，国家控制的战略性资源开发项目，动用社会资源和自然资源较大的中外合资项目，以及主要产出物和投入物的市场价格不能反映其真实价值的项目。

（1）财务评价与国民经济评价的共同点

① 两者都是经济评价，都要寻求以最小的投入获得最大的产出。

② 两者都用货币作为统一的尺度，都考虑货币的时间因素。

③ 两者都采用现金流量分析方法，通过编制基本报表计算净现值、内部收益率等指标。

④ 两者都是在完成产品需求预测、厂址选择、工艺技术路线和技术方案论证、投资估算和资金筹措等基础上进行的。

（2）财务评价与国民经济评价的不同点

① 评价角度不同。如前所述，财务评价是从项目或企业财务角度进行评价；国民经济评价则是从国家整体角度进行评价。

② 项目费用、效益的含义和范围划分不同（如表 2－2 所示）。

表 2－2　财务评价与国民经济评价中项目费用及效益的区别

财务评价	国民经济评价
根据项目实际收支情况确定项目直接效益和费用，补贴计为效益	根据项目给国家带来的效益和项目消耗资源的多少，考察项目效益和费用，补贴不计为效益
税收和利息计为费用	税收和国内借款利息不计为费用
只计算项目直接效益和直接费用	计算直接效益和直接费用，还要计算间接效益和间接费用

③ 采用的价格不同。财务评价对投入物和产出物采用财务价格；国民经济评价采用影子价格。

④ 采用的主要参数不同。财务评价采用财务基准收益率或银行贷款利率；国民经济评价采用国家统一测定的影子汇率和社会折现率等。

在建设项目投资决策时，财务评价与国民经济评价结论均可行的项目，应予通过。国民经济评价结论不可行的项目，一般应予否定。对某些国计民生急需的项目，如国民经济评价合理，而财务评价不可行，应重新考虑方案，在必要时也可向主管部门提出采取相应经济优惠措施的建议，使项目具有财务生存能力。

2. 经济评价步骤

（1）财务评价步骤。财务评价是在确定的建设方案、投资估算和融资方案基础上进行的财务可行性研究。其步骤如下：

① 选取财务评价基础数据与参数，包括主要投入品和产出品财务价格、税费、利率、汇率、计算期、固定资产折旧率、无形资产摊销年限、生产负荷及基准收益率等基础数据和参数。

② 计算销售（营业）收入，估算成本费用。

③ 编制财务评价报表。

④ 计算财务评价指标，进行盈利能力和清偿能力分析。

⑤ 进行不确定性分析，包括盈亏平衡分析和敏感性分析。

⑥ 编写财务评价报告。

（2）国民经济评价步骤。国民经济评价步骤如下：

① 识别国民经济效益和费用，不仅包括直接效益和直接费用，而且还要考虑间接效益和间接费用。通常，将与项目相关的间接效益（外部效益）和间接费用（外部费用）统称为外部效果。

② 计算和选取影子价格。影子价格是指依据一定原则确定的，能够反映投入物和产出物真实经济价值，反映市场供求状况、资源稀缺程度，使资源得到合理配置的价格。影子价格是计算国民经济效益和费用时的专用价格。在进行国民经济评价时，项目主要投入物和产出物价格，原则上都应采用影子价格。

③ 编制国民经济评价报表。

④ 计算国民经济评价指标并进行方案比选。

3. 经济评价报表

（1）财务评价报表。分新设项目法人和既有项目法人两类。

① 对于新设项目法人，项目财务评价报表主要有财务现金流量表（包括项目财务现金流量表、资本金财务现金流量表和投资各方财务现金流量表）、损益和利润分配表、资金来源与运用表、借款偿还计划表等。

② 对于既有项目法人，项目财务评价报表的编制原理和科目设置与新设项目法人项目的财务评价报表基本相同，不同之处是表中有关数据的计算口径有所区别。对于既有项目法人，项目财务评价应采用增量效益和增量费用数据，编制项目增量财务现金流量表、资本金增量财务现金流量表；按“有项目”的效益和费用数据，编制项目损益和利润分配表、资金

来源与运用表、借款偿还计划表等。

（2）国民经济评价报表。经济效益费用流量表有以下两种。

① 全部投资经济效益费用流量表。以全部投资（包括国内投资和国外投资）作为分析对象，考察项目全部投资的盈利能力。

② 国内投资经济效益费用流量表。以国内投资作为分析对象，考察项目国内投资部分的盈利能力。

经济效益费用流量表一般在项目财务评价基础上进行调整编制，有些项目也可直接编制。

2.3.2 经济评价指标

1. 财务盈利能力指标

项目财务盈利能力指标主要包括财务内部收益率、财务净现值、投资回收期、投资利润率等。其中，财务内部收益率是考察项目盈利性的主要指标，其他指标可根据项目特点及财务评价的目的、要求等选用。

（1）财务内部收益率（financial internal rate of return，FIRR）。财务内部收益率是指项目在整个计算期内各年净现金流量现值累计等于零时的折现率，它是评价项目盈利能力的动态指标。计算财务内部收益率的表达式为：

$$\sum_{t=1}^{n}(\mathrm{CI}-\mathrm{CO})_t\,(1+\mathrm{FIRR})^{-t}=0$$

式中：

CI——cash inflow（现金流入量）；

CO——cash outflow（现金流出量）；

$(\mathrm{CI}-\mathrm{CO})_t$——第 t 年净现金流量；

n——计算期年数。

财务内部收益率可根据财务现金流量表中的净现金流量，用内插法试算或利用专用软件的财务函数计算求得。

按分析范围和对象不同，财务内部收益率分为项目财务内部收益率、项目资本金收益率和项目投资各方收益率 3 种。

① 项目财务内部收益率。项目财务内部收益率是在确定项目融资方案前（未计算借款利息），用以考察所得税前整个项目盈利能力的指标。该指标可供决策者比选项目方案和金融机构进行信贷决策时参考。

由于项目各融资方案的利率不尽相同，所得税税率与享受的优惠政策也可能不同，因此，在计算项目财务内部收益率时，不考虑利息支出和所得税，是为了保持投资方案的可比性。

② 项目资本金收益率。项目资本金收益率是以项目资本金为计算基础，考察所得税税后资本金可能获得的收益水平。

③ 项目投资各方收益率。项目投资各方收益率是以投资各方出资额为计算基础，考察投资各方可能获得的收益水平。

项目财务内部收益率（FIRR）的判别依据应采用行业发布或评价人员设定的财务基准

收益率(i_c)。当 FIRR≥i_c 时，即认为项目的盈利能力能够满足要求，可以接受该项目。反之，不能接受该项目。项目资本金收益率和项目投资各方收益率应与投资方最低期望收益率相比较，当超过投资方最低期望收益率时，方可考虑接受该项目。

（2）财务净现值

财务净现值（financial net present value，FNPV）是指按行业基准收益率或设定的折现率 i_c 计算的项目计算期内各年净现金流量的现值之和。其计算公式为：

$$\text{FNPV} = \sum_{t=1}^{n} (\text{CI} - \text{CO})_t (1 + i_c)^{-t}$$

财务净现值反映项目在满足设定折现率前提下的盈利要求之外获得的超额盈利的现值。一般只计算所得税前财务净现值。当 FNPV≥0 时，表明项目的盈利能力达到或超过按设定的折现率计算的盈利水平，可以考虑接受该项目。FNPV 越高，说明项目的经济效益越好。如果 FNPV＜0，说明项目的盈利能力达不到要求水平，该项目在经济上不可行。

（3）投资回收期

投资回收期(P_t)是指以项目的净收益偿还项目全部投资所需要的时间。投资回收期一般以年为单位，并从项目建设起始年算起。若从项目投产年算起，应予以特别注明。其表达式为：

$$\sum_{t=1}^{P_t} (\text{CI} - \text{CO})_t = 0$$

投资回收期可根据现金流量表计算，现金流量表中累计现金流量（所得税前）由负值变为零时的时点，即为项目投资回收期。其计算公式为：

$$\text{投资回收期}(P_t) = \left(\begin{matrix}\text{累计净现金流量} \\ \text{开始出现正值年份}\end{matrix}\right) - 1 + \left(\frac{\text{上年累计净现金流量的绝对值}}{\text{当年净现金流量}}\right)$$

投资回收期越短，表明项目的盈利能力和抗风险能力越好。在财务评价中，求出的投资回收期(P_t)与行业基准投资回收期(P_0)比较，当 $P_t \leq P_0$ 时，表明项目投资能在规定的时间内收回，可以考虑接受该项目。反之，不能接受该项目。

以上是静态投资回收期，如果考虑资金的时间价值，可以计算动态投资回收期。动态投资回收期指标计算较繁，但比较真实。当建设项目投资回收期较长时，应考虑采用动态投资回收期指标。

（4）投资利润率

投资利润率是指项目在计算期内正常生产年份的利润总额（或年平均利润总额）与项目总投资的比率，它是考察项目单位投资盈利能力的静态指标。对生产期内各年利润总额变化幅度较大的项目，应计算生产期年平均利润总额与项目总投资的比率。其计算公式为：

$$\text{投资利润率} = \frac{\text{年利润总额或年平均利润总额}}{\text{项目总投资}} \times 100\%$$

年利润总额＝年产品销售（营业）收入－年产品销售税金及附加－年总成本费用

年产品销售税金及附加＝年增值税＋年销售税＋年营业税＋年资源税＋年城市维护建设税＋年教育费附加

项目总投资=固定资产投资+投资方向调节税+建设期利息+流动资金

投资利润率由损益表求得。在财务评价中，将项目的投资利润率与行业平均投资利润率进行比较，来判别项目单位投资盈利能力是否达到本行业平均水平。

2. 财务偿债能力指标

根据有关财务报表，计算借款偿还期、利息备付率、偿债备付率等指标，可以评价项目借款偿债能力。如果采用借款偿还期指标，可不再计算备付率指标；如果计算备付率指标，则不再计算借款偿还期指标。

（1）借款偿还期

借款偿还期（P_d）是指以项目投产后获得的可用于还本付息的资金，还清借款本息所需的时间。一般以年为单位表示。该指标可由借款偿还计划表推算，不足整年的部分可用内插法计算。其计算公式为：

$$P_d = (\text{借款偿还后出现盈余的年份数} - 1) + \frac{\text{当年应偿还借款额}}{\text{当年可用于还款的收益额}}$$

当借款偿还期满足贷款机构的要求期限时，即认为该项目是有借款偿债能力的。

借款偿还期指标旨在计算最大偿还能力，适用于尽快还款的项目，不适用于已约定借款偿还期限的项目。对于已约定借款偿还期限的项目，应采用利息备付率和偿债备付率指标分析项目偿债能力。

（2）利息备付率

利息备付率也称已获利息倍数，是指项目在借款偿还期内各年可用于支付利息的息税前利润与当期应付利息费用的比值。其计算公式为：

$$\text{利息备付率} = \frac{\text{息税前利润}}{\text{当期应付利息费用}}$$

其中：息税前利润=利润总额+计入总成本费用的利息费用

当期应付利息是指计入总成本费用的全部利息。

利息备付率可以按年计算，也可以按整个借款期计算。利息备付率表示项目利润偿付利息的保证倍率。对于正常运营的企业，利息备付率应大于1。否则，表示项目付息能力的保障程度不足。

（3）偿债备付率

偿债备付率是指项目在借款偿还期内，各年可用于还本付息资金与当期应还本付息金额的比值。其计算公式为：

$$\text{偿债备付率} = \frac{\text{可用于还本付息资金}}{\text{当期应还本付息金额}}$$

可用于还本付息资金包括可用于还款的折旧和摊销、在成本中列支的利息费用、可用于还款的利润等。当期应还本付息金额包括当期应还贷款本金及计入成本的利息。

偿债备付率可以按年计算，也可以按项目的整个借款期计算。偿债备付率表示可用于还本付息的资金偿还借款本息的保证倍率。偿债备付率在正常情况下应大于1，且越高越好。当指标小于1时，表示当年资金来源不足以偿付当期债务，需要通过短期借款偿付已到期债务。

3. 国民经济评价主要指标

（1）经济内部收益率

经济内部收益率（economic internal rate of return，EIRR）是反映项目对国民经济净贡献的相对指标，它表示项目占用资金所获得的动态收益率，也是项目在计算期内各年经济净效益流量的现值累计等于零时的折现率。其表达式为：

$$\sum_{t=1}^{n}(B-C)_t(1+\mathrm{EIRR})^{-t}=0$$

式中：

B——国民经济效益流量；

C——国民经济费用流量；

$(B-C)_t$——第 t 年国民经济净效益流量；

n——计算期年数。

经济内部收益率（EIRR）的判别标准是社会折现率 i_s。如果 EIRR≥i_s，表明项目对国民经济净贡献达到或超过要求的水平，应认为项目可以接受。

（2）经济净现值

经济净现值（economic net present value，ENPV）是反映项目对国民经济净贡献的绝对指标，是用社会折现率将项目计算期内各年的净效益流量折算到建设期初（基准年）的现值之和。其计算公式为：

$$\mathrm{ENPV}=\sum_{t=1}^{n}(B-C)_t(1+i_s)^{-t}$$

式中：

i_s——社会折现率。

当 ENPV≥0 时，表示国家为拟建项目付出的代价可以得到符合社会折现率要求的社会盈余，或者除得到符合社会折现率要求的社会盈余外，还可以得到以现值计算的超额社会盈余。这时，该项目是可以接受的。经济净现值越大，表示项目所带来的经济效益的绝对值越大。

按分析效益费用的口径不同，可分为整个项目的经济内部收益率和经济净现值、国内投资经济内部收益率和经济净现值。如果项目没有国外投资和国外借款，全部投资指标与国内投资指标相同；如果项目有国外资金流入与流出，应以国内投资的经济内部收益率和经济净现值作为项目国民经济评价指标。

2.3.3　投资方案经济比选方法

投资方案经济比选方法主要有互斥方案比选方法和投资项目组合方案比选方法。

1. 互斥方案比选方法

投资者对同一项目，总要选择最佳方案进行投资。这些方案是由不同的工程方案形成的，如不同的建设规模、建设地点等；有些是由不同的财务安排形成的，如不同的资金筹措和利润分配方案等。不论有多少方案，投资者总会在这些方案中选择一个对自己最有利的方案。为达到同一目标所设置的彼此可以相互替代的方案称为互斥方案。根据互斥方案的计算期是否相同，可以有不同的比较方法。

（1）计算期相同的互斥方案比选方法

对于计算期相同的互斥方案，常用的比选方法有以下几种。

① 净现值（net present value，NPV）法。首先计算各方案的净现值，剔除 NPV<0 的方案后，净现值最大的方案即为最优方案。

如果各方案所产生的效益相同或基本相同，但效益难以用货币直接计量时，对互斥方案的比选常用费用现值来替代净现值。为此，首先计算各方案的费用现值，然后进行对比，费用现值较低的方案即为最优方案。

② 差额内部收益率（differential internal rate of return，ΔIRR）法。由于内部收益率不是项目初始投资的收益率，而且内部收益率受现金流量分布的影响很大，净现值相同但分布状态不同的两个现金流量，会得出不同的内部收益率。因此，直接按各互斥方案的内部收益率大小来比选方案，并不一定能选出净现值（基准收益率下）最大的方案。为此，可以采用差额内部收益率法进行比选。

差额内部收益率是使两个投资额不相等的方案各年净现金流量差额现值之和等于零时的折现率。其表达式为：

$$\sum_{t=1}^{n}\left[(\mathrm{CI}-\mathrm{CO})_2-(\mathrm{CI}-\mathrm{CO})_1\right]_t(1+\Delta\mathrm{IRR})^{-t}=0$$

式中：

$(\mathrm{CI}-\mathrm{CO})_2$——投资额大的方案净现金流量；

$(\mathrm{CI}-\mathrm{CO})_1$——投资额小的方案净现金流量；

$\Delta\mathrm{IRR}$——差额内部收益率。

在两个方案均可行的前提下，当ΔIRR 大于基准收益率 i_c 时，应选择投资额大的方案；当ΔIRR 小于基准收益率 i_c 时，应选择投资额小的方案。

③ 净年值（net annual value，NAV）法。首先计算各方案的净年值，然后直接比较各方案净年值的大小即可得出最优方案。在具体评价时，通常有以下两种情况。

第一种情况：当给出“+”“－”现金流量时，分别计算各方案的等额年值。凡等额年值小于 0 的方案，先行淘汰。在余下方案中，选择等额年值大者为最优方案。若各方案的等额年值均为“－”时，则选择其绝对值小者为最优方案。

第二种情况：当只给出“－”的现金流量时，即只给出投资和年经营成本或作业成本时，计算的等额年值也为“－”值，此时，选择其绝对值小者为最优方案。这种情况就是通常所说的年费用（annual cost，AC）法。

当项目所产生的效益难以用货币直接计量，即得不到项目具体现金流量时，可以用年费用（AC）法替代净年值（net annual value，NAV）法进行比较。即通过计算各方案的等额年费用（AC），然后进行比较，年费用（AC）较低者即为最优方案。

采用年费用（AC）法或净年值（NAV）法进行比选所得出的结论是完全一致的。因此，在实际应用中，对于效益相同或基本相同但又难以具体估算的互斥方案，可以采用年费用法进行比选。

（2）计算期不同的互斥方案比选方法

当互斥方案的计算期不同时，为了保证得到合理的结论，必须对计算期作出某种假定，以便使方案在相等期限的基础上进行比选。常用的比选方法有以下几种。

① 净年值（NAV）法。尽管各方案计算期不同，但都可用净年值反映出来。在对计算期不等的互斥方案进行比选时，首先计算各方案的等额净年值（NAV），剔除 NAV＜0 的方案后，净年值（NAV）最大的方案即为最优方案。

用净年值法进行计算期不等的互斥方案比选时，实际上隐含着这样一种假定：各方案在其寿命结束时均可按原方案重复实施或以与原方案经济效果水平相同的方案接续。由于净年值法是以“年”为时间单位比较各方案的经济效果，一个方案无论重复实施多少次，其净年值是不变的，从而使计算期不等的互斥方案间具有可比性。

在对计算期不等的互斥方案进行比较时，净年值法是最为简便的方法，它比内部收益率（IRR）法更为简便。同时，用等值年金可不考虑计算期长短不同的问题，故它比净现值（NPV）法也简便，当比选的方案数目众多时，更是如此。

② 净现值（NPV）法。为了能在相同计算期下比较净现值（NPV）的大小，常用的方法有最小公倍数法和研究期法。

● 最小公倍数法：又称方案重复法，是以各方案计算期的最小公倍数作为所有方案的共同计算期，并假设各个方案均在共同的计算期内重复进行。对各方案计算期内各年的净现金流量进行重复计算，得出各个方案在共同计算期内的净现值，则净现值较大的方案为最优方案。

例如，方案 A 的计算期为 4 年，方案 B 的计算期为 5 年，两个方案的共同计算期取 20 年，在 20 年中方案 A 重复 5 次，方案 B 重复 4 次。这样，就得到计算期都是 20 年的两个方案。然后通过比较这两个方案的净现值选出最优方案。

需要注意的是，最小公倍数法不是在任何情况下都适用的。对于某些不可再生资源的开发项目，在进行计算期不等的互斥方案比选时，方案可重复实施的假定不再成立，这时就不能用最小公倍数法确定计算期。此外，如果采用最小公倍数法求得的计算期过长，也不适合采用这种方法。

● 研究期法：以相同时间来研究不同计算期的方案就称为研究期法。一般以互斥方案中年限最短或最长方案的计算期作为互斥方案比选的共同研究期。然后比较各个方案在共同研究期内的净现值，净现值最大的方案即为最优方案。

需要注意的是，对于计算期比共同研究期长的方案，要对其在共同研究期以后的现金流量进行合理估算，以免影响结论的正确性。

③ 差额内部收益率（ΔIRR）法。在进行计算期不同的互斥方案比选时，可以通过建立两可行方案净年值（或年费用）相等的方程来求解差额内部收益率（ΔIRR）。在ΔIRR 存在的情况下，如果$\Delta IRR > i_c$，则初始投资大的方案为最优方案；如果$\Delta IRR < i_c$，则初始投资小的方案为最优方案。

2. 投资项目组合方案比选方法

有时，投资者会面对众多投资项目，而这些项目中的每一个都是可以独立进行的。对每一个项目而言，可以投资，也可以不投资。当投资者有明确的资金限制时，就不可能接受所有在经济上可行的项目。为了使总投资不超过资金限制又能获得最大盈利，就需要将项目组成各种可能组合，每一组合看作是一个投资方案。这些投资方案是互斥的，利用互斥方案比选方法进行两两比较，即可找出最优投资项目组合方案。

对于有资金约束条件下的独立方案比选，常用的方法有独立方案组合互斥化法和净现值率排序法。

（1）独立方案组合互斥化法

假设有 N 个项目，每个项目可以投资，也可以不投资，于是便构成 2^N 个互斥的组合方案。列出每个组合方案的投资和净现值，就可以在投资不超过资金限制的组合方案中选择净现值最大的组合方案。

（2）净现值率排序法

净现值率（net present value rate，NPVR）大小说明该项目单位投资所能获得的超额净效益大小。净现值率（NPVR）的定义是：

$$\mathrm{NPVR}=\frac{\mathrm{NPV}}{I_{\mathrm{p}}}$$

式中：

I_{p}——项目全部投资的现值。

应用 NPVR 法比选方案时，将净现值率大于或等于零的各个项目按净现值率大小依次排序，并依此次序选取项目，直至所选取的项目组合投资总额最大限度地接近或等于投资限额为止。

按净现值率排序法选择项目，其基本思想是单位投资的净现值越大，在一定投资限额内所能获得的净现值总额就越大。在有明显的资金总量限制且项目占用资金远小于资金总拥有量时，以净现值率排序法进行方案选优能够得出正确的结论。

（3）独立方案组合互斥化法与净现值率排序法的比较

净现值率排序法的优点是计算简便，选择方法简明扼要。缺点是由于投资方案的不可分特性，即一个项目只能作为一个整体被接受或放弃，经常会出现资金未被充分利用的情况，因而不一定能保证获得最佳组合方案。

独立方案组合互斥化法的优点是在各种情况下均能保证获得最佳组合方案，但缺点是在方案数目较多时，计算比较烦琐。

2.4　建设项目社会评价

2.4.1　社会评价的目的和内容

建设项目社会评价，是指分析拟建项目对当地社会的影响及当地社会条件对项目的适应性和可接受程度的系统分析过程。

1. 社会评价的目的和范围

建设项目社会评价旨在系统调查和预测拟建项目的建设、运营产生的社会影响与社会效益，分析项目所在地区的社会环境对项目的适应性和可接受程度。通过分析项目涉及的各种社会因素，评价项目的社会可行性，提出项目与当地社会协调关系、规避社会风险、促进项目顺利实施、保持社会稳定的方案。

经济评价主要是从经济可行性方面判断一个项目的好坏，以经济收益水平的高低来决定项目的取舍。但是，一个建设项目的实施，不仅对经济产生影响，而且还会影响当地社会的各个方面。一个在经济方面可行的项目，有可能在社会方面不可行，甚至产生负面影响。因此，对建设项目进行社会评价是十分必要的。

从原则上讲，所有的建设项目都应进行社会评价。但由于各类项目各具特点，实现的目标及功能各不相同，因而使社会评价在各类项目中的作用相距甚远。对于教育、文化、卫生、体育项目和城市基础设施项目，以创造社会效益为主，应重点进行社会评价。农业、林业、水利项目及交通项目，社会效益往往比经济效益明显，也是社会评价的重点。工业项目以经济效益为主，一般不重点进行社会评价。但在边远地区、少数民族地区和贫困地区建设的工业项目，所涉及的社会环境因素比较复杂，应通过社会评价进行重点分析。

2. 社会评价的主要内容

社会评价应遵循以人为本的原则，其主要内容包括项目的社会影响分析、项目与所在地区的互适性分析和社会风险分析 3 个方面。

（1）项目的社会影响分析

项目的社会影响分析旨在分析预测项目可能产生的正面影响（通常称为社会效益）和负面影响。

① 项目对所在地区居民收入的影响。主要分析预测由于项目实施可能造成当地居民收入增加或者减少的范围、程度及其原因；收入分配是否公平，是否扩大贫富收入差距，并提出促进收入公平分配的措施建议。对于扶贫项目，应着重分析项目实施后减轻当地居民贫困和帮助贫困人口脱贫的程度。

② 项目对所在地区居民生活水平和生活质量的影响。主要分析预测项目实施后居民居住水平、消费水平、消费结构、人均寿命的变化及其原因。

③ 项目对所在地区居民就业的影响。主要分析预测项目的建设、运营对当地居民就业结构和就业机会的正面影响和负面影响。其中，正面影响是指可能增加就业机会和就业人数，负面影响是指可能减少原有就业机会和就业人数，以及由此引发的社会矛盾。

④ 项目对所在地区不同利益群体的影响。主要分析预测项目的建设、运营会使哪些人受益或受损，以及对受损群体的补偿措施和途径。兴建露天矿区、水利枢纽工程、交通运输工程、城市基础设施等一般都会引起非志愿移民或拆迁，应特别注重这方面分析。

⑤ 项目对所在地区弱势群体的影响。分析预测项目的建设和运营对当地妇女、儿童、残疾人员利益的正面影响和负面影响。

⑥ 项目对所在地区文化、教育、卫生的影响。分析预测项目建设和运营期间是否可能引起当地文化教育水平、卫生健康程度的变化，以及对当地人文环境的影响，提出减少不利影响的措施建议。公益性项目应特别注重这方面分析。

⑦ 项目对当地基础设施、社会服务容量和城镇化进程等的影响。分析预测项目建设和

运营期间，是否可能增加或者占用当地基础设施，包括道路、桥梁、供电、供水、供气、服务网点，以及产生的影响。

⑧ 项目对所在地区少数民族风俗习惯和宗教的影响。分析预测项目的建设和运营是否符合国家的民族和宗教政策，是否充分考虑了当地民族的风俗习惯、生活方式或者当地居民的宗教信仰，是否会引发民族矛盾、宗教纠纷，影响当地社会安定。

以上分析可以通过编制项目社会影响分析表来完成。项目社会影响分析表如表 2-3 所示。

表 2-3 项目社会影响分析表

序号	社会因素	影响范围和程度	可能出现的后果	措施建议
1	对居民收入的影响			
2	对居民生活水平和生活质量的影响			
3	对居民就业的影响			
4	对不同利益群体的影响			
5	对弱势群体的影响			
6	对地区文化、教育、卫生的影响			
7	对地区基础设施、社会服务容量和城镇化进程的影响			
8	对少数民族风俗习惯和宗教的影响			

（2）项目与所在地区的互适性分析

互适性分析主要是分析预测项目能否为当地社会环境、人文条件所接纳，以及当地政府、居民支持项目存在与发展的程度，考察项目与当地社会环境的相互适应关系。

① 分析预测与项目直接相关的不同利益群体对项目建设和运营的态度及参与程度，选择可以促使项目成功的各利益群体的参与方式，对可能阻碍项目存在与发展的因素提出防范措施。

② 分析预测项目所在地区的各类组织对项目建设和运营的态度，可能在哪些方面、在多大程度上对项目予以支持和配合。对需要由当地提供交通、电力、通信、供水等基础设施条件，粮食、蔬菜、肉类等生活供应条件，医疗、教育等社会福利条件的，当地是否能够提供，是否能够保障。对于国家重大建设项目，应特别注重这方面分析。

③ 分析预测项目所在地区现有技术、文化状况能否适应项目建设和发展。对于为发展地方经济、改善当地居民生产生活条件兴建的水利项目、公路交通项目、扶贫项目，应分析当地居民的教育水平能否适应项目要求的技术条件，能否保证实现项目既定目标。

项目与所在地区的互适性分析可以通过编制社会对项目的适应性和可接受程度分析表来完成。社会对项目的适应性和可接受程度分析表如表 2-4 所示。

表 2-4 社会对项目的适应性和可接受程度分析表

序号	社会因素	适应程度	可能出现的问题	措施建议
1	不同利益群体			
2	当地组织机构			
3	当地技术文化条件			

（3）社会风险分析

社会风险分析是对可能影响项目的各种社会因素进行识别和排序，选择影响面大、持续时间长，并容易导致较大矛盾的社会因素进行预测，分析可能出现这种风险的社会环境和条件。对于那些可能诱发民族矛盾、宗教矛盾的项目，应特别注重这方面分析，并提出防范措施。

社会风险分析可以通过编制社会风险分析表来完成。社会风险分析表如表 2－5 所示。

表 2－5　社会风险分析表

序号	风险因素	持续时间	可能导致的后果	措施建议
1				
2				
3				
4				
5				

2.4.2　社会评价的步骤和方法

1. 社会评价的步骤

社会评价一般分为 3 步，即社会资料调查、社会因素识别和方案比选论证。

（1）社会资料调查

调查内容包括项目所在地区的人口统计资料，基础设施与服务设施状况；当地风俗习惯、人际关系；各利益群体对项目的反应、要求与接受程度；各利益群体参与项目活动的可能性，如项目所在地区干部、群众对参与项目活动的态度和积极性，可能参与的形式、时间，妇女在参与项目活动方面有无特殊情况等。社会调查可采用多种方法，如查阅历史文献、统计资料，问卷调查，现场访问、观察，召开座谈会等。

（2）社会因素识别

分析社会调查获得的资料，对项目涉及的各种社会因素进行分类。一般可分为 3 类，即：影响人类生活和行为的因素；影响社会环境变迁的因素；影响社会稳定和发展的因素。从中识别与选择影响项目实施和项目成功的主要社会因素，作为社会评价的重点和论证比选方案的内容之一。

（3）方案比选论证

对项目可行性研究拟订的建设地点、技术方案和工程方案中涉及的主要社会因素进行定性、定量分析，推荐社会正面影响大、社会负面影响小的方案。

2. 社会评价的基本方法

项目的社会因素多而复杂，而且多数是无形的，甚至是潜在的。如项目对社区安全稳定的影响，人们对项目的态度、社区的人际关系，项目对卫生保健、文化水平提高的影响，对人口素质提高的影响等。有的社会因素可以采用一定的计算公式进行定量分析，如就业效益、收入分配效益等，但多数则难以进行定量分析。因此，世界各国采用的项目社会评价方法差异较大。有的采用定量分析方法，有的采用定性分析方法，有的则采用定量与定性相结合的方法。

（1）定量分析方法

定量分析要有一定的计算公式和判别标准（参数），通过数量演算反映评价结果。通常，用数据说话，比较客观、科学。但如果将建设项目的所有社会评价因素都进行定量计算，难度极大。鉴于这种情况，我国的社会评价采用定量分析与定性分析相结合、参数评价与经验判断相结合的方法。能够定量分析的，尽量采用定量分析方法。不能定量分析的，采用定性分析方法加以补充说明。

社会评价定量分析指标大多应结合项目特点确定，以下是各类项目的通用评价指标。

① 就业效益指标。就业效益指标可按单位投资就业人数计算。即：

$$\text{单位投资就业人数}=\frac{\text{本项目与相关项目新增就业人数}}{\text{项目直接投资与间接投资总额}}$$

从国家层面分析，一般是单位投资就业人数越多越好。但项目所创造的就业机会，往往与其所采用的技术和经济效益密切相关。劳动密集型企业与资金密集型企业，就业效益相差很大。前者创造就业机会多，后者增加就业人数少而经济效益高。行业不同，产品不同，单位投资创造的就业机会也相差悬殊。项目的就业效益与经济效益之间经常发生矛盾。从地区层面分析，我国各地区劳动就业情况不同，有的地区劳动力富余，要求多增加就业机会；有的地区劳动力紧张，希望多建设资金、技术密集型企业。因此，很难说单位投资就业人数越多就越好。

在评价就业效益指标时，应根据项目的行业特点，并结合地区劳动就业情况进行具体分析。从社会就业角度考察，在待业率高的地区，特别是经济效益相同的情况下，就业效益大的项目应作为优先项目。如果当地劳动力紧张，或拟建项目属于高新技术产业，就业效益指标的权重应相应减小，可以作为次要或仅供参考的评价指标。

② 收入分配效益指标。收入分配是否公平，不仅是一个经济问题，更是一个社会问题。在我国，项目社会评价中设置了贫困地区分配效益指标，以促进国家经济在地区间的合理布局，并促进国家扶贫目标的实现。

贫困地区分配效益指标按以下两步计算：

- 贫困地区收益分配系数：

$$D_i=(G_o/G)^m$$

- 贫困地区收入分配效益：

$$\mathrm{ENPV_P}=\sum_{t=1}^{n}(\mathrm{CI}-\mathrm{CO})_t D_i(1+i_s)^{-t}$$

式中：

D_i——贫困地区收益分配系数；

G_o——项目评价时全国人均国民收入；

G——项目评价时当地人均国民收入；

m——国家规定的扶贫参数，m 值越大，贫困地区收益分配系数就越大。m 可取 1～1.5；

$\mathrm{ENPV_p}$——贫困地区收入分配效益。

项目经济净现值乘 D_i 将使项目的经济净现值增加，有利于贫困地区的建设项目优先通过经济评价，得以被国家接受。

（2）定性分析方法

定性分析方法基本上是采用文字描述，说明事物的性质。在需要与可能的情况下，定性分析也应尽量采用直接或间接的数据，以便更准确地说明问题的性质或结论。

建设项目社会评价的定性分析与定量分析一样，要确定分析评价的基准线；要在可比的基础上进行“有项目”与“无项目”的对比分析；要制定定性分析的核查提纲，以利于调查分析的深入；并要在衡量影响重要程度的基础上，对各种指标进行权重排序，以便于综合分析评价。

2.5　建设项目环境影响评价

2.5.1　环境影响评价及其基本要求

1. 环境影响评价的概念和原则

建设项目一般会引起项目所在地自然环境、社会环境和生态环境的变化，对环境状况、环境质量产生不同程度的影响。为了实现可持续发展，预防因规划和建设项目实施后对环境造成不良影响，促进经济、社会和环境协调发展，国家颁布实施了《中华人民共和国环境影响评价法》。

（1）环境影响评价的概念

建设项目环境影响评价是在研究确定场址方案和技术方案中，调查研究环境条件，识别和分析拟建项目影响环境的因素，提出预防或减轻不良环境影响的对策和措施，比选和优化环境保护方案。

（2）环境影响评价的基本原则

进行工程建设应注意保护场址及其周围地区的水土资源、海洋资源、矿产资源、森林植被、文物古迹、风景名胜等自然环境和社会环境。项目环境影响评价应坚持以下原则：

① 符合国家环境保护法律、法规和环境功能规划的要求；

② 坚持污染物排放总量控制和达标排放的要求；

③ 坚持“三同时”原则，即环境治理设施应与项目的主体工程同时设计、同时施工、同时投产使用；

④ 力求环境效益与经济效益相统一。在研究环境保护治理措施时，应从环境效益与经济效益相统一的角度进行分析论证，力求环境保护治理方案技术可行和经济合理；

⑤ 注重资源综合利用，对环境治理过程中项目产生的废气、废水、固体废弃物，应提出回水处理和再利用方案。

2. 环境影响评价的分类

国家根据建设项目对环境的影响程度，对建设项目的环境影响评价实行分类管理。建设单位组织编制的环境影响评价文件分为环境影响报告书、环境影响报告表和环境影响登记表 3 类。建设项目环境影响评价分类管理名录，由国务院环境保护主管部门制定并公布。

（1）环境影响报告书

对于可能造成重大环境影响的建设项目，应当编制环境影响报告书，对产生的环境影响进行全面评价。建设项目环境影响报告书的内容应当包括：建设项目概况；建设项目周围环境现状；建设项目对环境可能造成影响的分析、预测和评估；建设项目环境保护措施及其技术、经济论证；建设项目对环境影响的经济损益分析；对建设项目实施环境监测的建议；环境影响评价的结论。涉及水土保持的建设项目，还必须有经水行政主管部门审查同意的水土保持方案。

（2）环境影响报告表

对于可能造成轻度环境影响的建设项目，应当编制环境影响报告表，对产生的环境影响进行分析或专项评价。

（3）环境影响登记表

对环境影响很小、不需要进行环境影响评价的建设项目，应当填报环境影响登记表。

环境影响报告表和环境影响登记表的内容和格式，由国务院环境保护主管部门制定。

3. 环境影响评价文件的编制、审批及实施

（1）环境影响评价文件的编制

环境影响评价文件中的环境影响报告书或者环境影响报告表，应当由具有相应环境影响评价资质的机构编制。任何单位和个人不得为建设单位指定对其建设项目进行环境影响评价的机构。

除国家规定需要保密的情形外，对环境可能造成重大影响、应当编制环境影响报告书的建设项目，建设单位应当在报批建设项目环境影响报告书前，举行论证会、听证会，或者采取其他形式，征求有关单位、专家和公众的意见。建设单位报批的环境影响报告书应当附具对有关单位、专家和公众的意见采纳或者不采纳的说明。

（2）环境影响评价文件的审批

建设项目环境影响评价文件，由建设单位按照国务院的规定报有审批权的环境保护行政主管部门审批；建设项目有行业主管部门的，其环境影响报告书或环境影响报告表应当经行业主管部门预审后，报有审批权的环境保护行政主管部门审批。

建设项目环境影响评价文件未经法律规定的审批部门审查或审查后未予批准的，该项目审批部门不得批准其建设，建设单位不得开工建设。

（3）环境影响评价文件的实施

在工程建设过程中，建设单位应当同时实施环境影响报告书、环境影响报告表及环境影响评价文件审批部门审批意见中提出的环境保护对策措施。

在工程建设、运行过程中产生不符合经审批的环境影响评价文件的情形，建设单位应当组织环境影响的后评价，采取改进措施，并报原环境影响评价文件审批部门和建设项目审批部门备案；原环境影响评价文件审批部门也可责成建设单位进行环境影响的后评价，采取改进措施。

2.5.2　环境影响评价的主要内容

1. 环境条件调查

环境条件调查主要包括以下几个方面。

① 自然环境。调查项目所在地的大气、水体、地貌、土壤等自然环境状况。

② 生态环境。调查项目所在地的森林、草地、湿地、动物栖息、水土保持等生态环境状况。

③ 社会环境。调查项目所在地居民生活、文化教育卫生、风俗习惯等社会环境状况。

④ 特殊环境。调查项目周围地区名胜古迹、风景区、自然保护区等环境状况。

2. 环境影响因素分析

环境影响因素分析主要是分析工程建设过程中破坏环境、生产运营过程中污染环境，导致环境质量恶化的主要因素。

（1）污染环境因素分析

分析生产过程中产生的各种污染源，计算排放污染物数量及其对环境的污染程度。

① 废气。分析气体排放点，计算污染物产生量和排放量、有害成分和浓度，研究排放特征及其对环境的危害程度。废气排放一览表如表 2－6 所示。

表 2－6　废气排放一览表

序号	车间或装置名称	污染源名称	产生量/（m^3/h）	排放量/（m^3/h）	组成及特性数据					排放特征			排放方式
					成分名称	数量				温度/℃	压力/Pa	高度/m	
						kg/h		mg/m^3					
						产生	排放	产生	排放				
1													
2													
3													

② 废水。分析工业废水（废液）和生活污水的排放点，计算污染物的产生量和排放量、有害成分和浓度，研究排放特征、排放去向及其对环境的危害程度。废水排放一览表如表 2－7 所示。

表 2－7　废水排放一览表

序号	车间或装置名称	污染源名称	产生量/（m^3/h）	排放量/（m^3/h）	组成及特性数据			排放特征		排放方式
					成分名称	数量/（kg/L）		温度/℃	压力/Pa	
						产生量	排放量			
1										
2										
3										

③ 固体废弃物。分析计算固体废弃物的产生量与排放量、有害成分及其对环境的污染程度。固体废弃物排放一览表如表 2－8 所示。

表 2-8　固体废弃物排放一览表

序号	车间或装置名称	固体废弃物名称	产生数量/（t/a）	组成及特性数据	固体废弃物处理方式	排放数量/（t/a）
1						
2						
3						

④ 噪声。分析噪声源位置，计算声压等级，研究噪声特征及其对环境造成的危害程度。噪声源一览表如表 2-9 所示。

表 2-9　噪声源一览表

序号	噪声源位置	噪声源名称	台数	技术参数（规格型号）	噪声特征			声压级/dB(A)		
					连续	间断	瞬间	估算值	参考值	采用值
1										
2										
3										

⑤ 粉尘。分析粉尘排放点，计算产生量与排放量，研究组分与特征、排放方式及其对环境造成的危害程度。粉尘排放一览表如表 2-10 所示。

表 2-10　粉尘排放一览表

序号	车间或装置名称	粉尘名称	产生数量/（t/a）	排放数量/（t/a）	组分及特性数据	排放方式
1						
2						
3						
4						

⑥ 其他污染物。分析生产过程中产生的电磁波、放射性物质等污染物发生的位置、特征，计算强度值及其对周围环境的危害程度。

（2）环境破坏因素分析

分析项目施工和生产运营对环境可能造成的破坏因素，预测其破坏程度。主要分析以下几个方面：

① 对地形、地貌等自然环境的破坏；

② 对森林草地植被的破坏，如引起的土壤退化、水土流失等；

③ 对社会环境、文物古迹、风景名胜区、水源保护区的破坏。

3. 环境影响评价指标

在环境影响评价定量分析中，主要设置环境质量指数指标来分析评价项目对各项污染物治理达到国家和地方规定标准的程度，从而全面反映项目对环境治理的效果。为便于计算，环境质量指数采用各项环境污染物治理指数的算术平均值。如果该项目对环境影响很大，则可以根据各项污染物对环境影响的聚集程度不同给予不同的权重，然后再求平均值。其计算公式为：

$$r=\sum_{i=1}^{n}\frac{Q_i}{Q_{io}}W_i$$

式中：

r——环境质量指数；

n——项目排出的环境污染物种类，如废气、废渣、噪声、放射物等；

Q_i——第 i 种有害物质排放量；

Q_{io}——国家或地方规定的第 i 种有害物质最大允许排放量；

W_i——第 i 种有害物质对环境影响的权重。

4. 环境保护措施

在分析环境影响因素及其影响程度的基础上，应根据国家有关环境保护法律、法规规定提出治理方案。

（1）治理措施方案

根据项目的污染源和排放污染物的性质不同，应采取不同的治理措施。

① 废气污染治理。可采用冷凝、吸附、燃烧和催化转化等方法。

② 废水污染治理。可采用物理法（如重力分离、离心分离、过滤、蒸发结晶、高磁分离等），化学法（如中和、化学凝聚、氧化还原等），物理化学法（如离子交换、电渗析、反渗析、气泡悬上分离、汽提吹脱、吸附萃取等），生物法（如自然氧池、生物滤化、活性污泥、厌氧发酵）等方法。

③ 固体废弃物污染处理。有毒废弃物可采用防渗漏池堆存；放射性废弃物可以封闭固化；无毒废弃物可以露天堆存；生活垃圾可采用卫生填埋、堆肥、生物降解或者焚烧方式处理；利用无毒固体废弃物加工制作建筑材料或者作为建材添加物，进行综合利用。

④ 粉尘污染治理。可采用过滤除尘、湿式除尘、电除尘等方法。

⑤ 噪声污染治理。可采用吸声、隔声、减震、隔震等措施。

⑥ 建设和生产运营引起环境破坏的治理。对岩体滑坡、植被破坏、地面塌陷、土壤劣化等，应提出相应治理方案。

（2）治理方案比选

应对环境治理的各个局部方案和总体方案进行技术经济比较，并作出综合评价。评价的主要内容如下。

① 技术水平比较。分析比较不同环境保护治理方案所采用的技术和设备先进性、适用性、可靠性和可获得性。

② 治理效果比较。分析比较不同环境保护治理方案在治理前及治理后环境指标的变化情况，以及能否满足环境保护法律法规的要求。

③ 管理及监测方式比较。分析比较各治理方案所采用的管理和监测方式的优缺点。

④ 环境效益比较。将环境治理保护所需投资和环保设施运行费用与所获得的收益相比较。优选效益费用比值较大的方案。

环境保护治理方案经比选后，提出推荐方案并编制环境保护治理设施和设备表。

复习思考题

1. 何谓建设项目策划？其作用有哪些？
2. 项目实施策划包括哪些内容？
3. 举例说明项目管理中的静态界面和动态界面。
4. 建设项目可行性研究的作用有哪些？可行性研究报告评估包括哪些内容？
5. 何谓建设项目财务评价？评价指标及判别标准有哪些？
6. 何谓建设项目国民经济评价？评价指标及判别标准有哪些？
7. 互斥方案比选方法有哪些？
8. 建设项目社会评价的主要内容有哪些？
9. 建设项目环境影响评价分类管理规定是什么？
10. 建设项目环境影响评价的主要内容有哪些？

案例分析题

1. 三峡工程，即长江三峡水利枢纽工程，是世界上规模最大的水电站工程，也是中国有史以来的大型建设项目。该工程于 1994 年正式动工兴建，2003 年 6 月 1 日开始蓄水发电，于 2009 年全部完工。三峡水电站大坝高程为 185 m，蓄水高程为 175 m，静态投资概算为 1 352.66 亿元。三峡水电站最后一台水电机组于 2012 年 7 月 4 日投产，装机容量达到 2 240 万 kW，成为全世界最大的水力发电站和清洁能源生产基地。

三峡工程的功能有十多种，包括航运、发电、防洪、种植等。当初，三峡工程可行性研究报告内容包括：背景、必要性分析、地址选择、技术可行性、工程布置、施工安排、对环境的影响、人防问题、经济和社会效益、综合评价等。

试分析三峡工程的综合效益。

2. 搜集某一项目可行性研究报告，总结分析项目特点及可行性研究报告内容。

知识拓展题

对比分析不同类别建设项目（如工业项目、铁路项目、城市轨道交通项目、房地产开发项目等）可行性研究报告的异同。

第3章　建设项目融资

为顺利实施建设项目，需要有足够的资金满足建设项目所需。为此，需要通过融资主体，采用合理的融资方式筹措建设资金。这些融资可以是企业层面的融资，也可以是项目层面的融资；可以是股权融资，也可以是债务融资。近年来，通过项目融资吸引社会资本日趋广泛。

3.1　项目融资组织与资金筹措

3.1.1　项目资本金制度

项目资本金是指在项目总投资中由投资者认缴的出资额。对建设项目而言，项目资本金属于非债务性资金，同时也是项目法人获得债务资金的基础。项目法人不承担这部分资金的任何利息和债务。投资者可按其出资比例依法享有所有者权益，也可转让其出资，但不得以任何方式抽回。

为了实施项目法人责任制和建立投资风险约束机制，《国务院关于固定资产投资项目试行资本金制度的通知》（国发〔1996〕35号）规定，各种经营性固定资产投资项目试行资本金制度，项目建设要有一定比例的资本金。

项目资本金可以用货币出资，也可以是实物、工业产权、非专利技术、土地使用权、资源开采权作价出资。对作为资本金的实物、工业产权、非专利技术、土地使用权、资源开采权，必须经过有资格的资产评估机构评估作价，不得高估或低估。除国家对采用高新技术成果有特别规定之外，以工业产权、非专利技术作价出资的比例不得超过投资项目资本金总额的20%。可行性研究报告中应说明资本金的出资人、出资方式、资本金来源及数额，资本金认缴进度等。

1. 项目资本金最低比例

1996年发布的《国务院关于固定资产投资项目试行资本金制度的通知》（国发〔1996〕35号）中明确规定了各种经营性固定资产投资项目资本金的最低比例。2009年，为应对全球金融危机，《国务院关于决定调整固定资产投资项目资本金比例的通知》（国发〔2009〕27号）调整了固定资产投资项目的最低资本金比例。2015年，为了扩大有效投资需求、促进投资结构调整、保持经济平稳健康发展，《国务院关于调整和完善固定资产投资项目资本金制度的通知》（国发〔2015〕51号）中再次调整了固定资产投资项目的最低资本金比例。2019年，为更好地发挥投资项目资本金制度的作用，做到有保有控、区别对待，促进有效投资和风险防范紧密结合、协同推进，《国务院关于加强固定资产投资项目资本金管理的通知》（国发〔2019〕26号）适当调整了基础设施项目最低资本金比例。目前，各类投资项目最低资本金比例如表3－1所示。其中，公路（含政府收费公路）、铁路、城建、物流、生态环保、社会民生等领域的补短板基础设施项目，在投资回报机制明确、收益可靠、风险可控的前提下，可以适当降低项目最低资本金比例，但下调不得超过 5 个百分点。

表 3-1　投资项目最低资本金比例

序号	投资项目		最低资本金比例/%
1	城市和交通基础设施项目	城市轨道交通项目	20
		港口、沿海及内河航运项目	
		铁路、公路项目	
		机场项目	25
2	房地产开发项目	保障性住房和普通商品住房项目	20
		其他项目	25
3	产能过剩行业项目	钢铁、电解铝项目	40
		水泥项目	35
		煤炭、电石、铁合金、烧碱、焦炭、黄磷、多晶硅项目	30
4	其他工业项目	玉米深加工项目	20
		化肥（钾肥除外）项目	25
		电力等其他项目	20

作为计算资本金基数的总投资，是指投资项目的固定资产投资与铺底流动资金之和，在具体核定时以经批准的动态概算为依据。

国家鼓励依法依规筹措重大投资项目资本金。对基础设施领域和国家鼓励发展的行业，鼓励项目法人和项目投资方通过发行权益型、股权类金融工具，多渠道规范筹措投资项目资本金。通过发行金融工具等方式筹措的各类资金，按照国家统一的会计制度应当分类为权益工具的，可以认定为投资项目资本金，但不得超过资本金总额的 50%。存在下列情形之一的，不得认定为投资项目资本金：

① 存在本息回购承诺、兜底保障等收益附加条件；

② 当期债务性资金偿还前，可以分红或取得收益；

③ 在清算时受偿顺序优先于其他债务性资金。

2. 实行项目资本金制度的目的和作用

（1）实行项目资本金制度的目的

① 为适应建立现代企业制度的要求。资本金既是出资者分享企业利润的法律依据，同时也是当企业破产时，出资者承担风险的最高限额。资本金与现代企业的注册资本金相衔接，可以为现代企业制度的建立创造良好条件。

② 为适应建立投资风险约束机制的需要。实行项目资本金制度，是建立法人投资责任制的前提和必要条件。企业拥有资本金，才能真正建立法人财产责任制，才能成为自负盈亏、自担风险、自我发展、自我约束的法人实体，对项目的决策、资金筹措、建设实施、生产经营、贷款归还、资产的保值增值实行全过程负责，做到自我积累、自我发展，承担投资和经营风险。

（2）实行项目资本金制度的作用

① 有利于宏观调控，控制投资规模。实行项目资本金制度，有利于约束投资者只追求投入、不注重效益的行为，从而抑制其不合理的投资行为，防止投资过度膨胀。此外，通过规定项目建设都要有一定比例的资本金，并明确界定可用于资本金的合法来源，以及对银行发放贷款实行资产负债比例管理等，可以建立一种从资金源头上控制投资规模膨胀的机制，有利于国民经济的健康运行。

② 有利于减轻企业债务负担，提高经济效益。实行项目资本金制度，要求项目从开始建设就具有一定比例的资本金。可以使项目一旦建成投产，就具有一定数量的、能满足正常生产经营需要的资本金，保持较为合理的资产负债比例，从而为今后运行打下良好的基础。

3.1.2 项目资金筹措

1. 项目资金筹措基本要求

（1）合理确定资金需要量，力求提高筹资效果

无论通过什么渠道、采取什么方式筹集资金，都应首先确定资金需要量。资金不足会影响项目实施；资金过剩不仅是一种浪费，也会影响资金使用效果。在实际工作中，必须采取科学的方法预测与确定建设资金需要量，以便选择合适的渠道与方式筹集所需资金。

（2）认真选择资金来源，力求降低资金成本

项目资金筹集渠道和方式多种多样，不同渠道和方式筹资的难易程度和风险各不相同。而且，任何渠道和方式的筹资都要付出一定的代价（资金成本），包括资金筹集费（手续费等）和资金占用费（利息等）。因此，在筹集资金时通常选择较经济方便的渠道和方式，以降低资金成本。

（3）适时取得资金，保证资金投放需要

筹集资金也有时间上的安排，这取决于投资时间。合理安排筹资与投资，使其在时间上互相衔接，避免取得资金过早而造成投放前的闲置或取得资金滞后而耽误投资的有利时机。

（4）适当维持自有资金比例，正确安排举债经营

所谓举债经营，是指项目通过借债开展生产经营活动。举债经营可以给项目带来一定的好处，因为借款利息可在所得税前列入成本费用，对项目净利润影响较小，能够提高自有资金的使用效果。但负债多少必须与自有资金和偿债能力的要求相适应。如果负债过多，会发生较大的财务风险，甚至会因丧失偿债能力而面临破产。因此，项目法人既要利用举债经营的积极作用，又要避免可能产生的债务风险。

2. 项目资金筹措主体

筹措建设资金需要明确主体，由融资主体进行建设资金筹措，并承担融资责任和风险。项目融资主体主要有既有项目法人和新设项目法人两种。

（1）既有项目法人融资

既有项目法人融资是指依托既有法人进行的融资活动。其特点：一是拟建项目不组建新的项目法人，由既有法人统一组织融资活动并承担融资责任和风险；二是拟建项目一般是在既有法人资产和信用的基础上进行的，并形成增量资产；三是从既有法人的财务整体状况考察融资后的偿债能力。

（2）新设项目法人融资

新设项目法人融资是指通过新建项目法人进行的融资活动。其特点：一是项目投资由新设项目法人筹集的资本金和债务资金构成；二是由新设项目法人承担融资责任和风险；三是从项目投产后的经济效益情况考察偿债能力。

3. 项目资金筹措渠道与方式

项目资金来源有两种，即直接融资和间接融资。直接融资是指投资者对拟建项目的直接投资，以及项目法人通过发行（增发）股票、债券等直接筹集建设资金。间接融资是指从银行及非银行金融机构借入资金。

1）资本金筹措

（1）新设项目法人筹措项目资本金

对于新设项目法人，项目资本金来源主要有：

① 政府财政性资金；

② 国家授权投资机构入股的资金；

③ 国内外企业入股的资金；

④ 社会团体、个人入股的资金；

⑤ 受赠予资金。

（2）既有项目法人筹措项目资本金

对于既有项目法人，资本金来源主要有：

① 项目法人可用于项目的现金，即库存现金和银行存款等可用于项目投资的资金；

② 资产变现的资金，即变卖现有资产获得的资金；

③ 发行股票筹集的资金，包括原有股东增资扩股资金，吸收新股东的资金；

④ 政府财政性资金；

⑤ 国内外企业法人入股资金；

⑥ 受赠予资金。

2）债务资金筹措

债务资金是项目投资中除资本金外，需要从金融市场借入的资金。债务资金来源主要有以下几种。

① 信贷融资。国内信贷资金主要有政策性银行和商业银行等提供的贷款；国外信贷资金主要有商业银行贷款，以及世界银行、亚洲开发银行等国际金融机构贷款；外国政府贷款；出口信贷及信托投资公司等非银行金融机构提供的贷款。

② 债券融资。债券融资是指项目法人以自身的财务状况和信用条件为基础，通过发行企业债券筹集资金，用于项目建设的融资方式。除一般债券融资外，还有可转换债券融资，这种债券在有效期内，只需支付利息，债券持有人有权按照约定将债券转换成公司普通股。如果债券持有人放弃这一选择，融资企业需要在债券到期日兑付本金。可转换债券的发行无须以项目资产或其他公司的资产作为担保。

③ 融资租赁。融资租赁是资产拥有者将资产租给承租人在一定时期内使用，由承租人支付租赁费的融资方式。采用这种方式，一般是由承租人选定设备，由出租人购置后租给承租人使用，承租人按期交付租金。租赁期满后，出租人可以将设备作价售让给承租人。

融资租赁是一种融资与融物相结合的筹资方式。它不需要像其他筹资方式那样，等筹集到足够的货币资本后再去购买长期资产。同时，融资租赁还有利于及时引进设备，加速技术改造。但融资租赁的成本相对较高，在一般情况下，融资租赁的资金成本率比其他筹资方式的资金成本率要高。

3.2 资金成本与项目融资方案

3.2.1 资金成本

1. 资金成本的含义

资金成本也称融资成本，是指项目为筹集和使用资金而支付的费用。资金成本一般包括资金筹集成本和资金占用成本两部分。

（1）资金筹集成本

资金筹集成本是指在资金筹集过程中所支付的各项费用，如发行股票或债券支付的印刷费、发行手续费、律师费、资信评估费、公证费、担保费、广告费等。资金筹集成本一般属于一次性费用，筹资次数越多，资金筹集成本也就越大。

（2）资金占用成本

资金占用成本也称资金使用成本，是指占用资金而发生的费用，它主要包括支付给股东的各种股息和红利、向债权人支付的贷款利息，以及支付给其他债权人的各种利息费用等。资金占用成本一般与所筹集的资金多少及占用时间的长短有关，具有经常性、定期性特征，是资金成本的主要内容。

资金筹集成本与资金占用成本是有区别的，前者是在筹集资金时一次性支付的，在资金使用过程中不再发生，因此可作为筹资金额的一项扣除，而后者是在资金使用过程中多次、定期发生的。

2. 资金成本的作用

资金成本是比较筹资方式、选择筹资方案的依据。资金成本有个别资金成本、综合资金成本、边际资金成本等形式，分析计算这些资金成本有不同的目的和作用。

（1）个别资金成本

个别资金成本主要用于比较各种筹资方式资金成本的高低，是确定筹资方式的重要依据。建设项目筹集长期资金一般有多种方式可供选择，如长期借款、发行债券、发行股票等。运用不同的筹资方式，个别资金成本是不同的。这时，个别资金成本可作为比选融资方式的直接依据。

（2）综合资金成本

综合资金成本是确定项目法人资本结构的依据。通常，项目所需全部长期资金是采用多种筹资方式组合构成的，这种筹资组合往往有多个筹资方案可供选择。因此，综合资金成本可作为比选筹资方案、确定最佳资本结构的基本依据。

（3）边际资金成本

边际资金成本是确定是否追加筹资的重要依据。有时，项目法人为扩大建设规模，增加资产或投资，往往需要追加筹资。在这种情况下，边际资金成本就成为比选追加筹资方案的重要依据。

3. 资金成本的计算

（1）资金成本计算的一般形式

资金成本可用绝对数表示，也可用相对数表示。为便于分析比较，资金成本一般用相对数表示，称为资金成本率。其一般计算公式为：

$$K=\frac{D}{P-F}$$

或

$$K=\frac{D}{P(1-f)}$$

式中：

K——资金成本率（一般也可称为资金成本）；

P——资金筹集总额；

D——资金占用成本；

F——资金筹集成本；

f——资金筹集成本率（资金筹集成本占资金筹集总额的比率）。

（2）个别资金成本的计算

个别资金成本是指各种资金来源的成本。项目法人从不同渠道、以不同方式取得资本所付出的代价和承担的风险是不同的，因此，个别资金成本是不同的。

① 优先股成本。通过发行优先股股票筹资，需要定期支付股息。由于需要用税后利润来支付股息，因而不会减少公司应上缴的所得税。

发行优先股的资金成本率可按下式计算：

$$K_p=\frac{D_p}{P_0(1-f)}$$

或

$$K_p=\frac{P_0\cdot i}{P_0(1-f)}=\frac{i}{1-f}$$

式中：

K_p——发行优先股的资金成本率；

P_0——优先股票面值；

D_p——优先股每年股息；

i——股息率；

f——含义同前。

【**例 3-1**】某项目法人通过发行优先股股票筹集建设资金，票面额按正常市价计算为

3 000 万元，资金筹集成本率为 5%，股息年利率为 12%，则其资金成本率为：

$$K_p = \frac{3\,000 \times 12\%}{3\,000 \times (1-5\%)} = \frac{12\%}{1-5\%} \approx 12.63\%$$

② 普通股成本。由于普通股的股东收益是随着项目法人税后收益的多少而变动的，每年的股利可能各不相同。因此，确定普通股成本通常比确定优先股成本及债务成本更困难些。确定普通股资金成本的方法有股利增长模型法、税前债务成本加风险溢价法和资本资产定价模型法。

● 股利增长模型法。普通股的股利往往不是固定的，因此，其资金成本率的计算通常采用股利增长模型法。一般假定收益以固定的年增长率递增，则普通股成本的计算公式为：

$$K_s = \frac{D_c}{P_c(1-f)} + g = \frac{i_c}{1-f} + g$$

式中：

K_s——发行普通股的资金成本率；

P_c——普通股票面值；

D_c——普通股预计年股利额；

i_c——普通股预计年股利率；

g——普通股利年增长率；

f——含义同前。

【例 3-2】某项目法人发行普通股正常市价为 58 元，估计年增长率为 10%，第一年预计发放股利 2 元，资金筹集成本率为股票市价的 8%，则新发行普通股的成本为：

$$K_s = \frac{2}{58 \times (1-8\%)} + 10\% \approx 13.75\%$$

● 税前债务成本加风险溢价法。根据“投资风险越大，要求报酬率越高”的原理，投资者会在债权人要求的收益率基础上再加一定的风险溢价。发行普通股的资金成本计算公式为：

$$K_s = K_b + \mathrm{RP_c}$$

式中：

K_s——发行普通股的资金成本率；

K_b——所得税前债务资金成本；

$\mathrm{RP_c}$——投资者比债权人承担更大风险所要求的风险溢价。

● 资本资产定价模型法。这是一种根据投资者对股票的期望收益来确定资金成本的方法。发行普通股的资金成本计算公式为：

$$K_s = R_f + \beta(R_m - R_f)$$

式中：

K_s——发行普通股的资金成本率；

R_f——无风险收益率；

β——股票的投资风险系数；

R_m——市场投资组合预期收益率。

【例 3－3】某段时间市场无风险收益率为 10%，市场投资组合预期收益率为 15%，某项目法人普通股 β 值为 1.2，则发行普通股的资金成本为：

$$K_s = 10\% + 1.2 \times (15\% - 10\%) = 16\%$$

③ 债券成本。项目法人发行债券后，所支付的债券利息列入企业费用开支，因而会使企业少缴所得税。因此，项目法人实际支付的债券利息为：债券利息×（1－所得税税率）。发行债券的资金成本计算公式为：

$$K_B = \frac{I(1-T)}{B(1-f)}$$

或

$$K_B = i_b \cdot \frac{1-T}{1-f}$$

式中：

K_B——发行债券的资金成本率；

B——债券筹资额；

I——债券年利息；

i_b——债券年利息率；

T——企业所得税税率；

f——含义同前。

【例 3－4】某项目法人为新建项目发行总面额为 2 000 万元的 10 年期债券，票面利率为 12%，发行费用率为 5%，企业所得税税率为 25%，则发行债券的资金成本为：

$$K_B = \frac{2\,000 \times 12\% \times (1-25\%)}{2\,000 \times (1-5\%)} \approx 9.47\%$$

由于债券发行价格受市场利率影响，会使债券发行价格出现溢价或折价。因此，在计算债券成本时，债券利息按票面利率确定，但债券筹资额应按照发行价格计算。

【例 3－5】某项目法人发行面额为 2 000 万元的 10 年期债券，票面利率为 12%，发行费用率为 5%，发行价格为 2 400 万元，企业所得税税率为 25%，则发行债券的资金成本为：

$$K_B = \frac{2\,000 \times 12\% \times (1-25\%)}{2\,400 \times (1-5\%)} \approx 7.89\%$$

④ 银行借款成本。借款利息可计入税前成本费用，起到抵税作用，因而可使项目法人实际支出相应减少。对于每年末支付利息、贷款期末一次全部还本的借款，借款成本率计算公式为：

$$K_g = \frac{I(1-T)}{G-F} = i_g \cdot \frac{1-T}{1-f}$$

式中：

K_g——借款成本率；

G——贷款总额；

I——贷款年利息；

i_g——贷款年利率；

F——贷款费用；

T，f——含义同前。

⑤ 租赁成本。项目法人通过租赁获得某项资产的使用权，需要定期支付租金。租金列入企业成本，从而可减少应缴企业所得税。租金成本计算公式为：

$$K_{\mathrm{L}}=\frac{E}{P_{\mathrm{L}}}\times(1-T)$$

式中：

K_{L}——租赁成本率；

P_{L}——租赁资产价值；

E——年租金额；

T——含义同前。

⑥ 保留盈余成本。项目法人缴纳所得税后形成的保留盈余又称为留存收益，其所有权属于股东。企业保留盈余等于是股东对项目法人追加投资。股东对这部分投资与以前所持的股本一样，也要求有一定的报酬。为此，保留盈余也有资金成本。该成本是股东失去对外投资的机会成本，故与普通股成本的计算方法基本相同，只是不考虑资金筹集费用。保留盈余成本的计算公式为：

$$K_{\mathrm{R}}=\frac{D_{\mathrm{c}}}{P_{\mathrm{c}}}+g=i+g$$

式中：

K_{R}——保留盈余成本率；

D_{c}，P_{c}，i，g——含义同前。

（3）综合资金成本的计算

项目法人往往需要通过多种方式筹集所需建设资金。为进行融资决策，就需要计算综合资金成本——个别资金成本的加权平均值。个别资金成本的加权平均值一般是以各种资本占全部资本的比重为权重，对个别资金成本进行加权平均确定的。综合资金成本率计算公式为：

$$K=\sum_{i=1}^{n}w_iK_i$$

式中：

K——综合资金成本率；

w_i——第 i 种融资方式的权重；

K_i——第 i 种融资方式的资金成本率。

【例 3－6】某项目法人通过多种方式融资 8 000 万元，其中银行借款 4 000 万元，发行债券 2 000 万元，发行普通股 1 500 万元，保留盈余 500 万元；资金成本分别为 6.75%、6.25%、12.7%、15.2%，则该项目法人的综合资金成本为：

$$6.75\%\times\frac{4\,000}{8\,000}+6.25\%\times\frac{2\,000}{8\,000}+12.7\%\times\frac{1\,500}{8\,000}+15.2\%\times\frac{500}{8\,000}\approx 8.27\%$$

上述计算中的个别资金成本比重，是按账面价值确定的。但当资本的账面价值与市场价值差别较大时，个别资金成本的比重应按市场价值确定。

3.2.2　项目融资方案

在初步确定项目资金筹措方式和资金来源后，应通过编制项目融资方案，比选资金来源可靠、资金结构合理、融资成本低和风险小的方案。

1. 资金来源可靠性分析

主要是分析工程建设所需总投资和分年所需投资能否得到足够、持续的资金供应，即资本金和债务资金供应是否落实可靠。应力求使筹措的资金、币种及投入时序与工程建设进度和投资使用计划相匹配，确保项目顺利进行。

2. 融资结构分析

主要分析项目融资方案中的资本金与债务资金比例、股本结构比例和债务结构比例是否合理，并分析其实现条件。

（1）资本金与债务资金比例

在一般情况下，项目资本金比例过低、债务资金比例过高，将会给工程建设和生产运营带来潜在的财务风险。进行融资结构分析，应根据项目特点，合理确定项目资本金与债务资金的比例。

（2）股本结构比例

股本结构反映项目股东各方出资额和相应权益，应根据项目特点和主要股东方参股意愿，合理确定参股各方的出资比例。

（3）债务结构比例

债务结构反映项目债权各方为项目提供的债务资金比例，应根据债权人提供债务资金的方式、附加条件，以及利率、汇率、还款方式，合理确定内债与外债比例、政策性银行与商业银行的贷款比例，以及信贷资金与债券资金的比例。

3. 融资成本分析

融资成本的高低是判断项目融资方案是否合理的重要因素之一。

（1）债务资金融资成本分析

债务资金融资成本由资金筹集费和资金占用费组成。在比选融资方案时，应分析各种债务资金融资方式的利率水平、利率计算方式（固定利率或浮动利率）、计息（单利、复利）和付息方式，以及偿还期和宽限期，计算债务资金的综合利率。

（2）资本金融资成本分析

资本金融资成本由资本金筹集费和资本金占用费组成。资本金占用费一般应按机会成本的原则计算。当机会成本难以计算时，可参照银行存款利率计算。

4. 融资风险分析

融资方案的实施经常受到各种风险的影响。为了使融资方案稳妥可靠，需要对以下可能发生的风险因素进行识别、预测。

（1）资金供应风险

资金供应风险是指融资方案实施过程中，可能出现资金不落实，导致建设工期拖长、工程造价提高、原定投资效益目标难以实现的风险。主要有以下几项：

① 原定筹资额全部或部分落空，如已承诺出资的投资者中途变故，不能兑现承诺；

② 原定发行股票、债券计划不能实现；

③ 既有项目法人融资项目由于企业经营状况恶化，无力按原定计划出资；

④ 其他资金不能按建设进度足额及时到位。

（2）利率风险

利率水平随着金融市场情况而变动，如果融资方案中采用浮动利率计息，则应分析贷款利率变动的可能性及其对项目造成的风险和损失。

（3）汇率风险

汇率风险是指国际金融市场外汇交易结算产生的风险，包括人民币对各种外币币值的变动风险和各种外币之间比价变动的风险。利用外资数额较大的投资项目应对外汇汇率的走势进行分析，估测汇率发生较大变动时对项目造成的风险和损失。

3.3 项目融资模式

项目融资是指以拟建项目资产、预期收益、预期现金流量等为基础进行的融资，而不是以资信为依据进行融资。这是项目融资与企业融资的本质区别。常见的项目融资模式有BOT、PFI、PPP、ABS 等。

3.3.1 BOT 模式

BOT（build-operate-transfer）是 20 世纪 80 年代中后期发展起来的一种主要用于公共基础设施建设的项目融资模式。它是指政府部门通过特许权协议（concession agreement），将项目（主要是基础设施和自然资源开发）授予外商或民营企业为此成立的项目公司，由项目公司安排融资和开发建设，并在特许期内运营和维护该项目。待特许经营期满后，项目公司将特许项目无偿移交给政府部门。

采用 BOT 融资模式，可减少政府部门对于项目开发建设的初始投入，尤其适用于发电厂、高速公路、铁路等资金占用量大、投资回收期长的公共基础设施建设。此外，采用 BOT 模式也可吸引外资，引进新技术，改善和提高工程建设管理水平。

1. BOT 的典型结构

典型 BOT 融资结构由以下几部分组成。

（1）特许权协议

工程公司、设备供应公司及其他投资者共同组建一个项目公司，从项目所在国政府部门获得“特许权协议”，作为安排融资和项目开发建设的基础。特许权协议包括 3 方面内容：① 批准项目公司开发建设和经营项目，并给予使用土地、获得原材料等方面的便利条件；② 政府部门按照固定价格购买项目产品（如发电站项目）或者政府部门担保项目可以获得最低收入（如高速公路项目）；③ 在特许权协议终止时，政府部门可以根据特许权协议商定的价格购买（或无偿收回）整个项目，项目公司保证政府部门最终接收的是一个正常运转并保养良好的项目。

为了保证项目公司获得特许权协议后有能力按计划开发建设项目，政府部门通常会要求项目公司提供一定担保。

（2）融资安排

项目公司以特许权协议为基础安排融资。外国政府的出口信贷是发展中国家 BOT 模式中贷款的重要组成部分，如有些出口信贷机构会直接为本国成套设备出口安排融资。为了减少贷款风险，一般会要求项目公司将特许权协议中的权益转让给贷款银团作为抵押，并设置专门机构控制项目现金流量。在有些情况下，贷款银团也会要求项目所在国政府提供一定的从属性贷款或贷款担保作为融资的附加条件。

（3）开发建设

在开发建设阶段，工程承包公司以承包合同形式（如“交钥匙”合同、工程总承包合同等）建造项目。采用这种形式的工程承包合同，可以起到类似完工担保的作用，有利于安排融资。

（4）项目经营

项目建成进入特许经营期后，项目公司（或其委托的经营公司）根据特许权协议负责其投资建造的项目运行、维修和保养，支付项目贷款本息并为投资财团获得投资利润。

（5）项目移交

特许经营期满后，项目公司应将一个运行良好的项目移交给项目所在国政府或其所属机构。

2. BOT 的基本形式

通常所说的 BOT，主要有以下 3 种基本形式。

（1）标准 BOT

BOT 即建设—经营—移交，是指投资财团愿意自己融资，建设某项基础设施，并在项目所在国政府部门授予的特许经营期内经营该项目（公共设施），以经营收入抵偿建设投资，并获得一定收益，待特许经营期满后将此公共设施移交给项目所在国政府。

（2）BOOT

BOOT（build-own-operate-transfer）即建设—拥有—经营—移交，是指在特许经营期内，项目公司既拥有经营权，又拥有所有权。政府部门允许项目公司在一定范围和一定时期内将项目资产抵押给金融机构，以便获得更优惠的贷款条件，从而降低项目产品或服务价格。与标准 BOT 相比，BOOT 的特许经营期会更长一些。

（3）BOO

BOO（build-own-operate）即建设—拥有—经营，是指项目公司根据特许权协议开发建设并拥有某项基础设施，但最终不将该基础设施移交给项目所在国政府。BOO 实质上是一种永久私有化形式，目的是鼓励项目公司从建设工程全寿命期角度开发建设和运营维护公共设施，降低全寿命期总成本，提高项目产品或服务质量，提升投资效益。

3. BOT 的演变形式

BOT 有多种演变形式，如 TOT、TBT、BT 等。

（1）TOT 模式

TOT（transfer-operate-transfer）即移交—经营—移交，是指政府部门通过出售既有投产项目在一定期限内的现金流量，用所获得的资金来建设新项目的一种融资方式。具体来说，就是项目所在国政府将已投产运行的项目在一定期限内移交（transfer）给外商或民营企业经营（operate），以项目在该期限内的现金流量为标的，一次性地从外商或民营企业处筹得一笔资金，用于建设新项目。待外商或民营企业经营期满后，再将原项目移交给项目所在国政府。

采用 TOT 模式，有利于引进先进管理方式，增加项目引资成功的可能性。而且由于评估、谈判的时间大大短于 BOT 模式，可使项目的建设和运营时间提前。与 BOT 模式通常需要大投资财团或金融机构、大建筑公司或能源公司投资相比，采用 TOT 模式时，一般金融机构、基金组织和私人资本等都有机会参与投资。因此，TOT 模式的融资对象更为广泛。此外，TOT 模式只涉及基础设施项目经营权的转让，不存在产权、股权的让渡，也不存在外商对国内基础设施的永久控制问题，不会威胁国家安全，因而其融资的可操作性更强。

（2）TBT 模式

TBT（transfer-build-transfer）即移交—建设—移交，是指政府部门将已运营一段时间的项目和未来若干年的经营权移交给社会投资者；社会投资者负责组建项目公司去建设（build）项目，并在特许经营期内经营该项目；待特许经营期届满时，社会投资者按照分别 TOT 和 BOT 协议相继将项目经营权移交给政府。

TBT 是将 TOT 与 BOT 融资方式组合起来的一种融资模式，其实质是政府部门将一个已建项目和一个待建项目打包处理，获得一个逐年增加的协议收入（来自待建项目），最终收回待建项目的所有权益。TBT 是以 BOT 为主，TOT 的实施是辅助性的。采用 TOT 的主要目的是促成 BOT 的实施。

（3）BT 模式

BT（build-transfer）即建设—移交，是指政府部门在提供回购担保的前提下，由社会投资者负责安排融资和建设项目，待项目建成后，政府部门再分期或一次性购回项目而实现移交。与政府借贷投资建设项目不同，政府用于购买项目的资金往往是事后支付（可通过财政拨款，但主要通过项目运营收费来支付）。除必须提供一定的项目资本金外，社会投资者可以出资建设项目所需剩余资金，但大多是来自期望政府付款前提下的银行有限追索权贷款。否则，BT 将成为“垫资承包”或“延期付款”，从而超出项目融资范畴。

3.3.2 PFI 模式

PFI（private finance initiative）是指由私营企业进行项目融资、建设和运营，然后从政府方或接受服务方收取费用以回收成本并获取利润。PFI 是一种政府与私营企业合作模式，它传递的是某种公共项目服务，而不是提供某个具体建筑物。典型的 PFI 项目，实质上是一种政府或公众对公共物品生产者（一般为私营企业或若干私营企业建立的特殊项目公司）提供的公共服务购买。这些项目可以是医院、学校，甚至是监狱。私营企业在政府部门指导下，提供诸如医疗健康、教育和其他社会服务，同时负责项目运营管理和维修保养等工作。

1. PFI 典型运作模式

PFI 模式最早出现在英国，在实践中通常有 3 种典型模式。

（1）经济自立模式

私营企业建设和运营项目，政府部门不承担费用。私营企业在提供服务时，也不需要政府部门提供财政支持。但私营企业需要在政府相关政策支持下，通过项目服务向最终使用者收费，以此来回收成本和获取利润。采用这种模式，政府部门对项目的作用是有限的，通常只承担项目最初规划或按照法定程序帮助项目公司开展前期工作。

（2）向政府部门出售服务模式

私营企业提供项目服务所产生的成本，完全或主要通过向政府部门收费来补偿。如私人融资兴建的监狱、医院和交通线路等，均可采用这种模式。

（3）合资经营模式

政府部门和私营企业共同出资、分担成本和共享收益。为了使项目成为一个真正的 PFI 项目，项目控制权应由私营企业来掌握，政府部门只是一个合伙人角色。

2. PFI 模式的特点

PFI是一种旨在促进私营企业参与基础设施建设和政府其他公共服务的一种公共物品产出方式，其本质是一种政府部门与私营企业的合作关系，对 PFI 项目服务的购买合同是由有采购特权的政府部门与私人营运者签订的。

PFI 模式的主要优点体现在以下几方面。

① 适用范围广泛。PFI 模式不仅可应用于基础设施项目，而且在学校、医院、监狱等公共项目中也有广泛的应用。

② 缓解政府部门建设资金压力。PFI 模式能够广泛吸引社会投资者参与公共物品产出，从而可以缓解政府部门建设公共项目的资金压力。

③ 提高公共物品产出水平。PFI 模式有利于合理配置社会资源，提高公共项目效率，降低公共项目产出成本。同时，可使政府部门有更多精力和财力用于社会发展更加急需的项目。

3.3.3 PPP 模式

PPP（public-private partnership）是指政府（public）与私人（private）之间，以提供产品或服务为出发点，达成特许权协议，形成“利益共享、风险共担、全程合作”的合作伙伴关系。在我国，PPP 是指政府和社会资本合作模式。政府为增强公共产品和服务供给能力、提高供给效率，通过特许经营、购买服务、股权合作等方式，与社会资本建立的利益共享、风险分担及长期合作关系。

事实上，BOT、PFI 模式的本质也是政府和社会资本合作，不仅能解决项目融资问题，而且有利于提升项目运营管理水平，因而从属于 PPP 模式。

1. PPP 模式分类

广义 PPP 是指政府与社会资本为提供公共产品或服务而建立的各种合作关系。狭义 PPP 则是项目融资模式的总称，包含 BOT、TOT、TBT、PFI 等多种运作模式。根据社会资本参与程度不同，PPP 模式可分为以下 3 种。

（1）外包类 PPP 项目

外包类 PPP 项目一般是指政府部门将公共基础设施的设计建造、运营维护等一项或多项职责委托给社会资本方，或者将部分公共服务的管理、维护等职责委托给社会资本方，政府部门出资并承担项目经营和收益风险，社会资本方通过政府付费实现收益，承担的风险相对较少，但却无法通过民间融资实现公共基础设施的建设管理。通常，外包类 PPP 项目主要包含项目式外包和整体式外包两种类型。

① 项目式外包。包括服务外包（service contract）和管理外包（management contract）。

② 整体式外包。包括设计—建造（design and build，DB）、设计—建造—主要维护（design-build-main maintenance，DBMM）、运营和维护（operation and maintenance，O&M）、设计—建造—运营（design-build-operation，DBO）。

（2）特许经营类 PPP 项目

特许经营类 PPP 项目需要社会资本方参与部分或者全部投资，并通过与政府部门签订合同，获得在一定期限内参与公共基础设施的设计建造、运营管理及为用户提供服务等权利；但项目资产最终归政府部门所有，在特许经营期满后，社会资本方将公共基础设施移交给政府部门，因此一般存在使用权和所有权移交过程。

特许经营类 PPP 主要有 BOT、TOT、TBT 等实现形式。此外，与 DB 模式相结合，特许经营类 PPP 还包括设计—建造—融资—运营（design-build-finance-operation，DBFO）、设计—建造—移交—运营（design-build-transfer-operation，DBTO）等方式。

（3）私有化类 PPP 项目

私有化类 PPP 项目是指社会资本方负责项目全部投资建造、运营管理等，政府只负责监管社会资本方的定价和服务质量，避免因社会资本方权利过大而影响公共福利。私有化类 PPP 项目所产生的一切费用及收益和项目所有权都归社会资本方所有，且不具备有限追索特征。因此，社会资本方在私有化类 PPP 项目中承担的风险最大。

根据私有化程度不同，私有化类 PPP 项目可分为完全私有化和部分私有化两种。

① 完全私有化。包括购买—更新—运营（purchase-upgrade-operation，PUO）和建设—拥有—运营（build-own-operation，BOO）。

② 部分私有化。包括股权转让和合资兴建。

2. PPP 项目运作流程

PPP 项目运作通常可分为 5 个阶段，即项目识别、项目准备、项目采购、项目执行和项目移交。PPP 项目运作流程如图 3－1 所示。

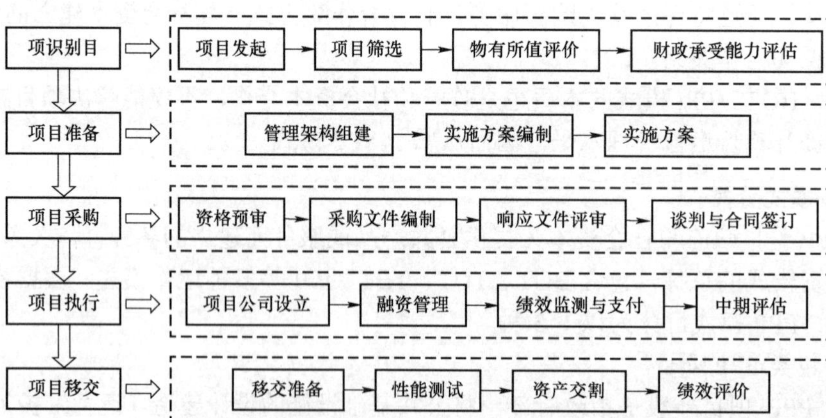

图 3－1　PPP 项目运作流程

3. PPP 项目“两评一案”

PPP 项目“两评一案”是指在 PPP 项目运作过程中的物有所值评价、财政承受能力评估和实施方案编制。

（1）物有所值评价

物有所值（value for money，VFM）评价是判断是否采用 PPP 模式代替政府传统投资运营方式提供公共服务项目。在我国拟采用 PPP 模式实施的项目，应开展物有所值评价。物有所值评价包括定性评价和定量评价。现阶段以定性评价为主，鼓励开展定量评价。定量评价可作为项目全寿命期内风险分配、成本测算和数据收集的重要手段，以及项目决策和绩效评价的参考依据。物有所值评价结论分为“通过”和“未通过”。“通过”的项目，可进行财政承受能力论证；“未通过”的项目，可在调整实施方案后重新评价，仍未通过的不宜采用 PPP 模式。

（2）财政承受能力评估

财政承受能力评估是指识别、测算 PPP 项目的各项财政支出责任，科学评估财政支出能力及行业和领域的平衡性。财政支出能力评估是根据 PPP 项目的财政预算支出责任，评估 PPP 项目实施对当前及今后年度财政支出的影响；行业和领域的平衡性评估是根据 PPP 模式适用的行业和领域范围，以及经济社会发展需要和公众对公共服务的需求，平衡不同行业和领域的 PPP 项目，防止某一行业和领域 PPP 项目过于集中。

财政承受能力评估的结论分为“通过论证”和“未通过论证”。“通过论证”的项目，各级财政部门应当在编制年度预算和中期财政规划时，将项目财政支出责任纳入预算统筹安排。“未通过论证”的项目，则不宜采用 PPP 模式。要确保政府每年付费或政府补贴等财政支出不得超过当年财政一般公共预算的 10%。

（3）实施方案编制

PPP 项目实施方案是进行物有所值评价和财政承受能力评估的重要基础。PPP 项目实施方案应在调查研究及分析论证的基础上编制。实施方案的主要内容有：项目概况、风险分配基本框架设计、PPP 运作模式选择、交易结构设计、合同体系、监管架构和采购方式选择等。

4. PPP 与 BOT、PFI 的比较

PPP 反映了更为广义的公私合营/合作关系，特别是在基础设施和公共服务方面。PFI 强调的是私营企业在融资中的主导性和主动性。BOT 与 PPP 在本质上区别不大，都是通过项目的期望收益进行融资。在 PPP 项目中，社会投资者做不了或不愿做的，需要由政府部门来做；其余则由社会投资者来做，政府部门只起监管作用。而在 BOT 项目中，绝大多数工作由社会投资者来做，政府部门则提供支持和担保。但无论是采用 PPP 或 BOT 方式，都要合理分担项目风险，从而提高项目投资、建设和运营效率。

相对而言，PFI、BOT 更强调政府部门发包（采购）项目，而 PPP 则更强调政府部门在项目公司中的所有权。由于 PPP 模式的应用领域更广泛，除可应用于基础设施和自然资源开发项目外，还可用于公共服务设施和国营机构私有化等，因此，近年来国际上更多采用 PPP 一词，几乎取代了 BOT。

3.3.4　ABS 模式

ABS（asset-backed securitization）即资产支持的证券化，是指以拟建项目所拥有的资产为基础，以该项目资产的未来收益作保证，通过在资本市场上发行债券筹集资金的融资方式。

1. ABS 运作过程

（1）组建特定用途公司

特定用途公司（special purpose company，SPC）是 ABS 融资载体，成功组建 SPC 是 ABS 能够成功运作的基本条件和关键因素。SPC 可以是一个信托投资公司、信用担保公司、投资保险公司或其他独立法人，应能够获得国际权威资信评估机构较高级别的信用等级。否则，无法进入高等级投资证券市场筹集资金。

（2）SPC 与项目结合

投资项目所依附的资产在未来一定时期内能带来现金收入，是 ABS 融资的物质基础。如房地产未来租金收入，飞机、汽车等未来运营收入，项目产品出口贸易收入，航空、港口及铁路未来运营收入，收费公路及其他公用设施收费收入等，拥有这种未来现金流量所有权的原始权益人因各种投资条件限制，自己无法获得权威资信评估机构授予较高级别的资信等级，因而无法在高等级投资证券市场筹集建设资金。在此情形下，可通过合同方式将原始权益人所拥有的项目资产未来现金收入权利转让给 SPC，由 SPC 进入证券市场进行融资。SPC 在进行融资时，其融资风险仅与项目资产未来现金收入有关，而与建设项目原始权益人本身的风险无关。在实际操作中，为了确保这种风险完全隔断，SPC 一般要求原始权益人或有关机构提供充分担保。

（3）进行信用增级

通过调整项目资产现有财务结构，使项目融资债券达到投资级水平，满足 SPC 承包 ABS 债券的条件要求。由 SPC 通过提供专业化信用担保（包括利用信用证、开设现金担保账户、直接进行金融担保等）进行信用增级后，委托资信评估机构对即将发行的 ABS 债券进行信用评级，使其获得预期的信用等级。

（4）SPC 发行债券

由于国际权威资信评估机构授予 SPC 的信用等级较高，则由 SPC 发行的债券或通过其提供信用担保的债券也具有相应的信用等级。这样，SPC 就可借助其优势在国际高等级投资证券市场，以较低的融资成本发行债券，筹集项目建设所需资金。

（5）SPC 偿债

由于项目原始收益人已将项目资产的未来现金收入权利让渡给 SPC，因此，SPC 就能利用项目资产的现金流入量，清偿其在国际高等级投资证券市场所发行债券的本息。

2. ABS 的特点

（1）通过证券市场发行债券筹集资金

无论是产品支付、融资租赁，还是 PPP/BOT 模式，都不是通过证券化进行融资的。

（2）能够分散投资风险

由于隔断了项目原始权益人的自身风险和项目资产未来现金收入的风险，使得清偿债券本息的资金仅与项目资产的未来现金收入有关，再加上债券是由众多投资者购买，从而分散了投资风险。

（3）可避免原始权益人资产质量的限制

通过发行高等级投资级债券筹集资金，这种负债不反映在原始权益人自身的资产负债表中，因而可避免原始权益人资产质量对融资的限制。

（4）债券易于发行和销售

债券的信用风险得到 SPC 的信用担保，属于高等级投资级债券，能够在二级市场进行转让，变现能力强，投资风险小，因而具有较大的吸引力，易于发行和销售。

（5）适合大规模筹集资金

在高等级证券市场筹集资金，不仅市场容量大，资金来源多样化，而且利率比较低，会降低融资成本，因而适合大规模筹集资金。

3. ABS 与 PPP/BOT 的差异

ABS 和 PPP/BOT 均适用于基础设施项目融资，但它们之间存在较大的差异。

（1）运作繁简程度与融资成本不同

与 ABS 模式相比，PPP/BOT 模式必须经过项目确定、项目准备、项目采购、项目建设、运营维护、移交等阶段，涉及政府特许及外汇担保等诸多环节，操作复杂、难度大，融资成本也高。ABS 模式则只涉及原始权益人、特定用途公司（SPC）、投资者、证券承销商等少数主体，无须政府特许及外汇担保，是一种主要通过民间非政府途径运作的融资方式，操作简单，融资成本低。

（2）项目所有权、运营权不同

PPP/BOT 项目的所有权、运营权在特许期内属于项目公司，特许期届满，所有权将移交给政府部门。采用 PPP/BOT 模式进行基础设施项目国际融资，可以引进国外先进技术和管理经验，但会使外商掌握项目控制权。而采用 ABS 模式进行项目融资，项目资产所有权在债券发行期内属于 SPC，项目运营决策权则属于原始收益人。因此，采用 ABS 模式进行基础设施项目国际融资，可使项目所在国保持项目控制权，但无法获得国外先进技术和管理经验。

（3）投资风险不同

PPP/BOT 项目投资人一般都为企业或金融机构，其投资是不能随便放弃和转让的，每一个投资者承担的风险相对较大。ABS 项目的投资者是国际资本市场上的债券购买者，数量众多，从而极大地分散了投资风险。另外，ABS 债券可在二级市场流通，并通过信用增级降低投资风险，对投资者有很强的吸引力。

（4）适用范围不同

PPP/BOT 模式的实质是项目在特许期内的民营化，对于某些关系国计民生的重要项目，如重要铁路干线、大型发电厂等项目是不能采用 PPP/BOT 模式的。而采用 ABS 模式不必担心重要项目被外商控制。由此可见，ABS 模式在基础设施领域的应用范围要比 PPP/BOT 模式广泛。

复习思考题

1. 何谓项目资本金？实行项目资本金制度的目的和作用有哪些？
2. 项目资金筹措的基本要求有哪些？
3. 既有项目法人和新设项目法人的资本金来源有哪些？债务资金筹措渠道有哪些？

4. 资金成本的组成内容是什么？如何计算资金成本？
5. 项目融资方案包括哪些内容？
6. 项目融资模式主要有哪些？各有何特点？
7. PPP 融资模式中的“两评一案”是指什么？
8. 与 PPP/BOT 模式相比，ABS 模式有何优越性？

案例分析题

1. 广西来宾电厂B厂是我国第一个经国家批准采用BOT融资方式建设的国际招标试点项目。由法国电力公司与阿尔斯通公司联合中标，项目公司 EDF 于 1997 年注册成立，注册资金 1.54 亿美元，其中，法国电力公司出资 60%，阿尔斯通公司出资 40%。该项目于 1997 年 9 月开工建设，2000 年 3 月建成，投入商业运行 15 年后，由法国 EDF 无偿移交广西自治区政府。

试结合该项目分析 BOT 融资模式的实施条件和过程。

2. 北京地铁 4 号线项目分为 A、B 两部分：A 部分包括地铁 4 号线车站、区间等土建设施、轨道，以及电梯、给排水等机电设备；B 部分包括 4 号线车辆及通信、信号等机电设备。A 部分由北京地铁 4 号线投资有限责任公司负责融资、设计和建设；B 部分采用 PPP 模式，由北京地铁 4 号线特许经营公司（北京京港地铁有限公司）负责融资、设计和建设。

特许经营公司与北京市政府签订“特许经营协议”，不仅负责地铁 4 号线 B 部分工程的融资、设计和建设，而且在地铁 4 号线建成后根据“特许经营协议”和“资产租赁协议”租赁 A 部分工程设施，并负责地铁 4 号线运营和维护。特许经营期为 30 年，待特许经营期届满时，特许经营公司将按照“特许经营协议”和“资产租赁协议”规定，将 A 部分工程设施移交给北京地铁 4 号线投资有限责任公司或移交给北京市政府或其指定机构，同时将 B 部分工程设施移交给北京市政府或其指定机构。

试分析北京地铁 4 号线特许经营公司的组成及收益保障机制。

知识拓展题

TOD（transit-oriented development）是指以公共交通为导向的开发模式，试分析其特点及国内外成功案例。

第 4 章　建设项目实施组织方式

建设项目一旦被批准立项，就需要采用一定的组织方式予以实施，这是建设项目顺利实施的重要基础和保证。无论是业主方自身管理，还是建设项目发承包，均需要结合建设项目特点及项目管理需求，选择科学合理的实施组织方式。此外，企业内部选择适宜的项目管理组织结构也是建设项目管理不可忽视的重要内容。

4.1　业主方管理模式

建设项目在实施阶段，业主方需要组建管理机构组织实施项目。纵观新中国成立以来工程建设发展历史，特别是改革开放后，除部分工程属于业主自管、自建外，业主方有不同的管理模式。

4.1.1　工程建设指挥部负责制

工程建设指挥部是我国计划经济体制下大中型建设项目所采用的一种基本组织形式。工程建设指挥部由政府部门或大型国有企业组建，承担建设单位职责，全面负责建设项目审批立项后的前期准备直至投产验收的全部组织管理工作。采用工程建设指挥部负责制模式，可以依靠指挥部领导的权威和行政手段，集中大量人力、物力和财力打“歼灭战”，确保工程建设在较短时间内完成。工程建设指挥部负责制模式自 20 世纪 50 年代开始实行以来，在计划经济时期我国许多重大工程建设中得到广泛应用，取得显著成效。在当今社会主义市场经济条件下，尽管其内涵和性质已发生变化，但仍有些建设项目还在采用工程建设指挥部负责制模式。

1. 组织机构设置

工程建设指挥部一般是在工程开工前正式组建，人员由建设项目主管部门从本行业、本地区所辖单位抽调。对于一些投资规模大、协作关系复杂的大型项目，在工程建设指挥部之上还要成立由中央部门和地方政府主要领导组成的工程建设领导小组。少数特大型项目，还需由国务院组织各有关部门、地方政府主要领导共同组成高层次工程建设领导小组。在指挥部内部，一般要设立若干职能处（室），有的还设立二级指挥部。工程建设指挥部组织机构如图 4－1 所示。

2. 主要职责和任务

工程建设指挥部作为建设单位，全面负责从项目建设前期工作开始，直至竣工验收投产使用的组织管理工作。其主要职责是：认真贯彻执行国家有关投资建设的法规政策和标准，按照审查批准的设计文件组织工程建设，统一领导、指挥参加工程建设的各有关单位，确保

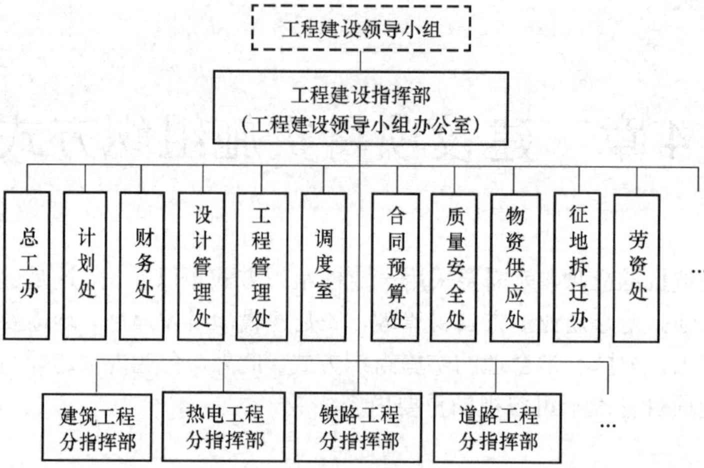

图4－1　工程建设指挥部组织机构示意图

建设项目在确定的投资范围内保质、保量、按期建成投产，发挥效益。为此，工程建设指挥部要完成以下具体任务。

（1）前期工作阶段

在建设项目可行性研究报告批准后，组织设计招标或进行设计委托，签订设计合同，并按设计要求提供有关设计基础资料；当有两个以上设计单位进行设计时，应确定一个主体设计单位全面负责；及时了解设计文件的编制进度；总体设计、初步设计完成后，要及时组织设计文件（含概预算）的审查，提出审核意见，报有关单位审批。

（2）施工准备阶段

根据批准的设计文件，编制项目建设总进度计划；编报基建物资供应计划，提前组织大型专用设备的预安排；进行施工招标，选择施工队伍，签订施工总包合同；按设计总平面图及时办理土地征用、青苗赔偿、障碍物拆除等手续；完成施工用水、用电、道路等“三通一平”工作，为施工单位创造施工条件；编报开工报告，办理开工手续。

（3）施工安装阶段

编报年度基本建设计划、财务计划和物资供应计划；督促设计单位按时提交施工图设计文件并组织会审；定期检查工程进度，及时解决施工中遇到的问题，并按月进行工程结算，及时组织供应由建设单位负责的材料、设备；监督检查工程质量，及时进行分部、分项工程，特别是隐蔽工程的检查验收。

（4）生产准备阶段

负责或协助生产筹建单位安排、落实投料试车所需要的原材料、燃料、水、电、气及通信等外部协作配合条件，并签订有关协议；招收和培训必要的生产人员；组织生产人员参加设备安装、调试和工程验收；组织备品、备件、工具、仪器和工装的制造、订货；制定有关生产和经营管理的规章制度。

（5）竣工验收阶段

当工程完工后，要在负荷联动试车和试生产的基础上，及时组织工程交工验收，并向上级主管部门提出竣工验收申请；当工程竣工验收后，进行工程结算，清理结余现金、设备、材料和财务往来账目，编报工程竣工决算报告。

3. 模式评价

由于工程建设指挥部通常是派出机构，又由各方面主要领导组成的领导小组的指导与支持，因而在行使建设单位职能时有较大的权威性，决策、指挥直接有效。工程建设指挥部可以依靠行政手段协调各方面关系，有效解决征地拆迁等外部协调难题，而且在计划经济时期能统筹调配工程建设所需设计、施工队伍和材料设备等，迅速集中力量，加快工程建设进度。工程建设指挥部负责制模式在新中国工程建设史上发挥了巨大作用。

但工程建设指挥部这种依靠行政手段管理经济活动的模式也存在以下不足。

（1）缺乏明确的经济责任制

工程建设指挥部不是一个独立的经济实体，政府对工程建设指挥部没有严格、科学的经济约束。工程建设指挥部拥有投资建设管理权，却对投资的使用和回收不承担任何责任。工程建设指挥部作为管理决策者，不承担决策风险。

（2）不利于专业人才培养

工程建设指挥部是一个临时机构，并非一个专业化、社会化的管理机构。工程建设指挥部成立之初，都是从四面八方抽调管理人员，多数人员需要在“干中学”。当这些人员在工程建设管理中积累了一定经验后，又随着工程建成、指挥部解散而转入其他工作岗位。以后即使是再建新项目，也需要重新组建工程建设指挥部。长此以往，难以培养大批工程建设管理专业化人才，导致工程建设管理总在低水平徘徊，投资效益也难以提高。

（3）忽视管理的规划和决策职能

工程建设指挥部负责制过于强调管理的指挥职能，而忽视了管理的规划和决策职能。它基本上采用行政管理手段，甚至采用军事作战方式来管理工程建设，而未能充分利用经济方式和手段。

随着我国社会主义市场经济体制的建立和完善，工程建设指挥部负责制模式在常规工程建设中逐步为建设项目法人责任制及其他管理模式所替代。

4.1.2　建设项目法人责任制

建设项目法人责任制是我国从 1996 年开始实行的一项工程建设管理制度。按照原国家计委《关于实行建设项目法人责任制的暂行规定》（计建设〔1996〕673 号）要求，国有单位经营性基本建设大中型项目在建设阶段必须组建项目法人，由项目法人对项目的策划、资金筹措、建设实施、生产经营、债务偿还和资产的保值增值，实行全过程负责。实行项目法人责任制，是建立社会主义市场经济的需要，是转换项目建设与经营机制、改善建设项目管理、提高投资效益的一项重要改革措施。建设项目法人责任制的核心内容是明确由项目法人承担投资风险，项目法人要对工程建设及建成后的生产经营实行一条龙管理和全面负责。

1. 组织机构设置

对于政府投资的经营性项目，项目建议书被批准后，应由项目投资方派代表组成项目法人筹备组，具体负责项目法人筹建工作。有关单位在申报项目可行性研究报告时，须同时提出项目法人组建方案，否则，可行性研究报告不予审批。项目可行性研究报告被批准后，要正式成立项目法人，确保资本金按时到位，并及时办理公司设立登记。

由原有企业负责建设项目，需设立子公司的，要重新设立项目法人；只设立分公司或分厂的，原企业即是项目法人，原企业法人应向分公司或分厂派遣专职管理人员，实行专职考核。项目法人可按《公司法》要求，设立有限责任公司（包括国有独资公司）或股份有限公司。

（1）有限责任公司

有限责任公司由50个以下股东出资设立，注册资本为在公司登记机关登记的全体股东认缴的出资额。股东以其认缴的出资额为限对公司承担责任，公司以其全部财产对公司的债务承担责任。有限责任公司的股东之间可以相互转让其全部或者部分股权。

有限责任公司股东会由全体股东组成。有限责任公司可设董事会，但股东人数较少或者规模较小的有限责任公司，可以设一名执行董事，不设董事会。

国有独资公司是指国家单独出资、由国务院或者地方人民政府授权本级人民政府国有资产监督管理机构履行出资人职责的有限责任公司。

国有独资公司不设股东会，由国有资产监督管理机构行使股东会职权。国有资产监督管理机构可以授权公司董事会行使股东会的部分职权，决定公司的重大事项，但公司的合并、分立、解散、增加或者减少注册资本和发行公司债券，必须由国有资产监督管理机构决定。

国有独资公司设董事会，董事会成员由国有资产监督管理机构委派。

（2）股份有限公司

股份有限公司的设立，可以采取发起设立或者募集设立的方式。设立股份有限公司，应当有2人以上200人以下为发起人，其中须有半数以上的发起人在中国境内有住所。

股份有限公司采取发起设立方式设立的，注册资本为在公司登记机关登记的全体发起人认购的股本总额。在发起人认购的股份缴足前，不得向他人募集股份。股份有限公司采取募集方式设立的，注册资本为在公司登记机关登记的实收股本总额。股份有限公司的股东以其认购的股份为限对公司承担责任，公司以其全部财产对公司的债务承担责任。

股份有限公司股东大会由全体股东组成，需要按《公司法》要求设董事会。

建设项目法人依法成立后，可聘请项目总经理（项目经理单位）负责工程建设实施，待工程建成后再调整相关职能部门，以更好地适应工程建成投产后的生产经营需求。工程建设实施阶段的具体管理工作，由项目经理单位（以下统称为建设单位）通过招标选择工程监理单位承担。建设项目法人责任制组织机构如图4－2所示。

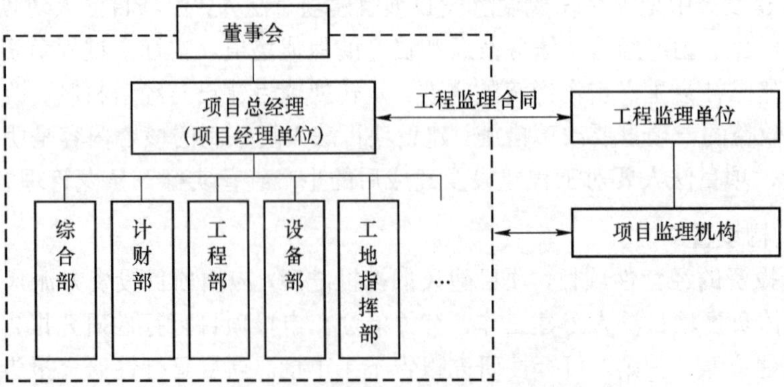

图4－2　建设项目法人责任制组织机构示意图

在建设项目法人责任制模式下，工程建设实施阶段的“外部”协调多由项目法人承担，而工程监理单位派出的项目监理机构多负责工程项目“内部”控制。当然，这样的职责划分不是绝对的“内”“外”割裂，两者是相互配合、相辅相成的。为使工程建设管理工作有效进行，按照责权一致原则，项目法人应授予工程监理单位相应权力，包括：工程建设组织协调工作的主持权、工程设计与施工质量的确认权和否决权、工程计量与工程价款支付的确认权和否决权、工程建设进度和建设工期的确认权和否决权，以及围绕工程建设的各种建议权等。特别是对于工程质量的否决权、工程计量与工程价款支付的确认权，应授予工程监理单位。否则，工程监理单位应有的作用难以发挥。项目法人授予工程监理单位的权限应在工程监理合同及工程承包合同中予以明确。

2. 项目法人职责及项目法人责任制的特点

（1）项目法人职责

① 项目董事会的职责有：负责筹措建设资金；审核、上报项目初步设计和概算文件；审核、上报年度投资计划并落实年度资金；提出项目开工报告；研究解决建设过程中出现的重大问题；负责提出项目竣工验收申请报告；审定偿还债务计划和生产经营方针，并负责按时偿还债务；聘任或解聘项目总经理，并根据总经理的提名，聘任或解聘其他高级管理人员。

② 项目总经理的职责有：组织编制项目初步设计文件，对项目工艺流程、设备选型、建设标准、总图布置提出意见，提交董事会审查；组织工程设计、施工监理、施工队伍和设备材料采购的招标工作，编制和确定招标方案、标底和评标标准，评选和确定投标、中标单位；编制并组织实施项目年度投资计划、用款计划、建设进度计划；编制项目财务预决算；编制并组织实施归还贷款和其他债务计划；组织工程建设实施，负责控制工程投资、工期和质量；在工程建设过程中，在批准的概预算范围内对单位工程的设计进行局部调整（凡引起生产性质、能力、产品品种和标准变化的设计调整及概算调整，需经董事会决定并报原审批单位批准）；根据董事会授权处理项目实施中的重大紧急事件，并及时向董事会报告；负责生产准备工作和培训有关人员；负责组织项目试生产和单位工程预验收；拟订生产经营计划、企业内部机构设置、劳动定员定额方案及工资福利方案；组织项目后评价，提出项目后评价报告；按时向有关部门报送项目建设、生产信息和统计资料；提请董事会聘任或解聘项目高级管理人员。

（2）项目法人责任制的特点

项目法人责任制是以现代企业制度为基础的一种工程建设管理制度，它与传统计划经济体制下的工程建设指挥部负责制有本质的区别。两者的特点比较如表 4－1 所示。

表 4－1　项目法人责任制与工程建设指挥部负责制的比较

比较内容	工程建设指挥部	项目法人（公司）
经济管理体制	计划经济，政企不分	市场经济，政企分开
行为特征	政府派出机构，政府行为，项目建成后才组建企业法人	独立法人实体，企业行为，先有法人，后有项目
产权关系	产权关系模糊，不便于落实固定资产的保值增值责任	产权关系明晰，便于落实固定资产的保值增值责任
建设资金筹措	投资主体单一，主要依靠国家预算内投资	投资主体多元化，筹资方式市场化、国际化

续表

比较内容	工程建设指挥部	项目法人（公司）
管理方式	投资、建设、运营、还贷各自分段管理，利益主体多元化	投资、建设、运营、还贷全过程管理，利益主体一元化
管理手段	主要依靠行政手段	主要依靠经济和法律手段
投资风险责任	不承担或无法承担盈亏责任，粗放经营，“三超”现象严重，还贷责任无法落实	自负盈亏，集约经营，追求经济效益，便于落实还贷责任
运行结果	临时机构，项目建成后便解散	工程建设期间及建成后均为现代企业制度的公司

3. 模式评价

实行建设项目法人责任制，使政企分开，将投资的所有权和经营权分离，是社会主义市场经济体制在投资建设领域实际运行的重要基础。实行建设项目法人责任制具有许多优越性。

（1）有利于实现投资决策的科学化和民主化

实行建设项目法人责任制，项目法人要对建设工程全寿命期负责，既要负责建设资金筹措，又要负责债务偿还；既要负责建设实施，又要负责运营维护。项目法人为了避免盲目决策和随意决策，降低决策风险，可以采用多种形式，组织技术、经济、管理等方面的专家进行充分论证，优选投资及建设运营方案。

（2）有利于拓宽筹资渠道和分散投资风险

建设项目资金需用量大，单靠国家投资难以满足国民经济发展和人民生活水平提高的需求。通过设立项目法人，可以采用多种方式向社会多渠道融资，同时还可以吸引外资，从而可以在短期内实现资本集中，引导资本投向国家重点建设领域。实行建设项目法人责任制，可以更好地实现投资主体多元化，使所有投资者利益共享、风险共担。

（3）有利于避免建设与运营相互脱节

实行建设项目法人责任制，项目法人需要对工程建设实施及建成后的生产经营实行一条龙管理和全面负责，这样就把建设责任与经营责任密切联系起来，从而可以较好地克服以往建设管花钱、生产管还贷，建设实施与生产经营相互脱节的弊端。

（4）有利于促进招标承包和工程监理等制度的健康发展

实行建设项目法人责任制，明确由项目法人承担投资风险，强化了项目法人及各投资方的自我约束意识。同时，受投资责任约束，项目法人大多会积极主动地通过招标优选勘察设计单位、施工承包单位、工程监理单位等主体，从而推动我国招标承包和工程监理等制度的健康发展。经项目法人的委托和授权，由工程监理单位等专业化咨询单位具体负责对工程质量、进度及资金使用进行监督与控制，有利于解决工程建设“只有一次经验，没有二次教训”的问题，培养工程管理专业化队伍，进而不断提高我国工程建设管理水平。

4.1.3 工程代建制

《国务院关于投资体制改革的决定》（国发〔2004〕20 号）提出，政府投资的非经营性项目应加快推行“代建制”，即通过招标等方式，选择专业化项目管理单位负责建设实施，严格控制项目投资、质量和工期，竣工验收后移交给使用单位。显然，工程代建制是一种针对政府投资的非经营性项目的建设实施组织方式，专业化的工程项目管理单位作为代建单位，在工程建设过程中按照委托合同约定代行建设单位职责。工程代建制可以提高政府投资项目的资金使用效率，同时可以实现政府投资项目的专业化管理。

1. 实施模式

工程代建的性质是工程建设管理和咨询，区别于工程承包。在工程建设期间，代建单位不存在经营性亏损或盈利，通过与委托机构签订代建合同，只收取代建费、咨询费。如果在工程建设期间使工程建设投资节约，可按代建合同约定从节约投资中提取一部分作为奖励。

概括起来，工程代建实施方式可分为两大类：一类是成立专门机构实施集中代建，如深圳市建筑工务署的主要职责之一就是集中代建深圳市政府投资建设的部分工程；另一类是针对政府投资的具体工程分别选择专业化项目管理单位实施代建，大部分地区采用这种方式。代建单位需要通过招标方式选定施工承包、材料设备供应单位，并代行建设单位职责，与选定的施工承包、材料设备供应单位签订合同。另选工程监理单位的，代建单位还要与通过招标选定的工程监理单位签订合同。

在我国各地工程代建实践中，当采用招标方式选定代建单位后，委托代建单位都需要与代建单位签订“代建合同”，明确双方的权利义务和责任，“代建合同”成为监督、考核、评价代建活动和对代建单位进行奖惩的依据。根据代建合同模式不同，专业化项目管理单位代建又可分为以下 3 种。

（1）委托代理合同模式

委托代理合同模式是指政府投资主管部门或投资机构与其通过招标方式选定的代建单位直接签订代建合同。在此合同模式下，工程建成后的使用单位不是代建合同当事人，工程建设投资管理权仍由政府投资主管部门或投资机构所掌控。不足之处是使用单位不是合同当事人，难以发挥使用单位的积极性，甚至使用单位不予协助、配合，增加工程建设困难。

（2）指定代理合同模式

指定代理合同模式是指政府投资主管部门或投资机构采用招标方式选定项目管理单位作为代建单位后，由使用单位与代建单位签订代建合同。在此合同模式下，政府投资主管部门或投资机构不是合同当事人，工程建设投资管理权由使用单位所掌控。不足之处是政府投资主管部门或投资机构在选定代建单位后，无法对工程建设资金的运用和工程建设实施过程进行有效监督。

（3）三方代建合同模式

三方代建合同模式是指政府投资主管部门或投资机构、代建单位、使用单位三方签署代建合同。在此合同模式下，除规定代建单位、使用单位的权利、义务和责任外，还要明确规定政府投资主管部门或投资机构的权限和义务：对代建单位（受托人）的监督权、知情权；提供建设资金的义务等。这样可以更好地发挥三方当事人的积极性，实现三方当事人的相互制约。

2. 工程代建制与建设项目法人责任制的区别

工程代建制与建设项目法人责任制的区别主要体现在以下几方面。

（1）管理责任范围不同

对于实施建设项目法人责任制的项目，项目法人的责任范围覆盖建设工程全寿命期，包括项目策划、资金筹措、建设实施、运营管理、贷款偿还及资产的保值增值。而对于实施工程代建制的项目，代建单位的责任范围只是在工程建设实施阶段。

（2）建设资金责任不同

对于实施建设项目法人责任制的项目，项目法人需要负责筹措建设资金，并在项目建成后的运营期间负责贷款偿还及对投资方的回报。而对于实施工程代建制的项目，代建单位不负责建设资金筹措，因此也不负责偿还贷款。

（3）保值增值责任不同

对于实施建设项目法人责任制的项目，项目法人需要在项目全寿命期负责资产的保值增值。而对于实施工程代建制的项目，代建单位只负责工程建设期间资金的使用，在批准的投资范围内保证工程建设实现预期功能，使政府投资效益最大化，不负责工程建成后运营期间的资产保值增值。

（4）适用的工程对象不同

建设项目法人责任制适用于政府投资的经营性项目，而工程代建制适用于政府投资的非经营性项目（主要是公益性项目）。

4.1.4　项目管理承包

项目管理承包（project management contract，PMC）是指业主聘请专业工程公司或咨询公司，代表其在工程实施全过程或其中若干阶段进行项目管理。被聘请的工程公司或咨询公司被称为项目管理承包商（project management contractor，PMC）。当采用 PMC 管理模式时，业主仅需保留很少部分项目管理力量对一些关键问题进行决策，绝大部分项目管理工作均由项目管理承包商承担。

1. PMC 类型及工作内容

（1）PMC 类型

根据工作范围不同，项目管理承包可分为以下 3 种类型。

① 项目管理+EPC（engineering procurement construction，工程总承包）。项目管理承包商代表业主进行项目管理，并承担全部或大部分工程的设计、采购、施工（EPC）工作。这对项目管理承包商而言，风险高，相应的利润、回报也较高。

② 项目总承包管理。项目管理承包商作为业主项目管理的延伸，只是管理 EPC 承包商而不承担任何 EPC 工作。EPC 承包单位的选择可以由业主来完成，也可以由业主授权项目管理承包商来完成。这对项目管理承包商而言，风险和回报均较低。

③ 业主顾问。项目管理承包商作为业主顾问，对项目进行监督和检查，并及时向业主报告工程进展情况。这对项目管理承包商而言，风险最低，接近于零，但回报也最低。

（2）PMC 工作内容

在 PMC 管理模式下，项目管理承包商派出的项目管理人员与业主代表组成一个完整的管理组织进行项目管理，该项目管理组织有时也被称为一体化项目管理团队（integrated project management team，IPMT），如图 4－3 所示。

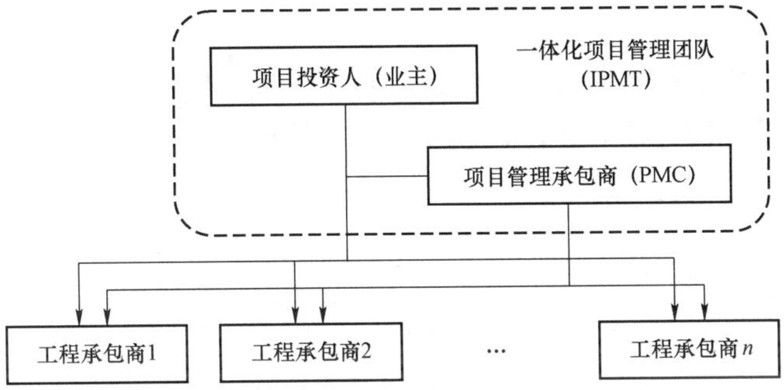

图 4－3　PMC 模式中的一体化项目管理团队

按照国际上流行的项目阶段划分方式，在建设工程采用 EPC 模式时，可分为项目前期和项目实施两个阶段，相应地，项目管理承包商也会在不同阶段承担不同的工作内容。

① 项目前期阶段。项目管理承包商的主要任务是代表业主进行项目管理。具体包括：项目建设方案优化；组织项目风险识别和分析，并制定项目风险应对策略；提供融资方案并协助业主进行融资；提出项目应统一遵循的标准及规范；组织或完成基础设计、初步设计和总体设计；协助业主完成政府相关审批工作；提出项目实施方案，完成项目投资估算；提出材料、设备清单及供货厂家名单；编制 EPC 招标文件，进行 EPC 投标人资格预审，并完成 EPC 评标工作。

② 项目实施阶段。项目管理承包商的主要任务是代表业主进行协调和监督工作。具体包括：进行设计管理，协调有关技术条件；完成项目总体中某些部分的详细设计；实施采购管理，并为业主负责的采购提供服务；配合业主进行生产准备、组织试运行和验收；向业主移交项目文件资料。

2. 模式评价

采用 PMC 模式，具有以下优越性。

① 通过优化设计方案，可实现建设工程全寿命期成本最低。项目管理承包商会运用自身技术优势，根据工程实际条件进行技术经济分析，从全寿命期成本最低角度对整个设计方案进行优化。

② 通过选择合适的合同模式，可从整体上为业主节省建设投资。项目管理承包商在完成基础设计后，会根据工程设计深度、技术复杂程度、工期紧迫程度及工程量大小等因素，通过周密的招标策划，确定每一个合同包范围及计价方式，以化解或减少工程风险，在整体上为业主节省建设投资。

③ 通过多项目采购协议及统一的项目采购协议，可降低建设投资。项目管理承包商协助业主就某种设备或材料与制造商签订多项目采购协议，使其成为该项目中这种设备或原材料的唯一供货商。业主可通过此协议获得价格、日常运行维护等方面的优惠。承包商按业主提供的协议采购相应的设备或材料，可有效降低工程建设投资。

④ 通过现金管理及现金流量优化，可降低建设投资。项目管理承包商与业主之间通常采用成本加奖励的合同计价方式，如果在工程实施过程中通过有效管理使建设投资节约，项目管理承包商将会得到节约部分一定比例的奖励。这样，会促使项目管理承包商利用其丰富的项目融资及财务管理经验，结合工程实际情况，对整个项目的现金流进行优化，从而节约

工程建设投资。

当然，对项目管理承包商而言，要想达到上述目的，需要具有先进的管理理念、高水平的管理人才、科学管理的方法和手段，以及大量的数据积累。

4.1.5　全过程工程咨询

2017 年 2 月发布的《国务院办公厅关于促进建筑业持续健康发展的意见》（国办发〔2017〕19 号）首次提出，要“培育全过程工程咨询”。全过程工程咨询是指工程咨询方综合运用多学科知识、工程实践经验、现代科学技术和经济管理方法，采用多种服务方式组合，为委托方在项目投资决策、建设实施阶段提供阶段性或整体解决方案的综合智力性服务活动。

这里的“工程咨询方”，可以是具备相应资质和能力的一家咨询单位，也可以是多家咨询单位组成的联合体。“委托方”可以是投资方、建设单位，也可能是项目使用或运营单位。这种全过程工程咨询不仅强调投资决策、建设实施全过程，甚至延伸至运营维护阶段；而且强调技术、经济和管理相结合的综合性咨询。

1. 全过程工程咨询服务内容

全过程工程咨询服务内容包括投资决策综合性咨询和工程建设全过程咨询两部分。

（1）投资决策综合性咨询

投资决策综合性咨询是指综合性工程咨询单位接受投资者委托，就投资项目的市场、技术、经济、生态环境、能源、资源、安全等影响可行性的要素，结合国家、地区、行业发展规划及相关重大专项建设规划、产业政策、技术标准及相关审批要求进行分析研究和论证，为投资者提供决策依据和建议，其目的是减少分散专项评价评估，避免可行性研究论证碎片化。

（2）工程建设全过程咨询

工程建设全过程咨询是指由一家具有相应资质条件的咨询企业或多家具有相应资质条件的咨询企业组成联合体，为建设单位提供招标代理、勘察、设计、监理、造价、项目管理等全过程咨询服务，满足建设单位一体化服务需求，增强工程建设过程的协同性。全过程工程咨询企业可以为委托方提供项目决策策划、项目建议书和可行性研究报告编制，项目实施总体策划，项目管理，报批报建管理，勘察及设计管理，规划及设计优化，工程监理，招标代理，造价咨询，后评价和配合审计等咨询服务，也可包括规划和设计等活动。

2. 全过程工程咨询的特点

与传统“碎片化”咨询相比，全过程工程咨询具有以下特点。

（1）咨询服务范围广

全过程工程咨询服务覆盖面广，主要体现在两个方面：一是从服务阶段看，全过程工程咨询覆盖项目投资决策、建设实施（设计、招标、施工）全过程集成化服务，有时还会包括运营维护阶段咨询服务；二是从服务内容看，全过程工程咨询包含技术咨询和管理咨询，而不只是侧重于管理咨询。

（2）强调智力性策划

全过程工程咨询单位要运用工程技术、经济学、管理学、法学等多学科知识和经验，为委托方提供智力服务。例如，投资机会研究、建设方案策划和比选、融资方案策划、招标方案策划、建设目标分析论证等。全过程工程咨询不只是简单地为委托方"打杂"，只是协助委托方办理相关报批手续等。为此，需要全过程工程咨询单位拥有一批高水平复合型人才，需要具备策划决策能力、组织领导能力、集成管控能力、专业技术能力、协调解决能力等。

（3）实施多阶段集成

全过程工程咨询服务不是将各个阶段简单相加，而是要克服传统的"碎片化"咨询服务弊端，通过多阶段集成化咨询服务，为委托方创造价值。全过程工程咨询要避免工程项目要素分阶段独立运作而出现漏洞和制约，要综合考虑项目质量、安全、环保、投资、工期等目标，以及合同管理、资源管理、信息管理、技术管理、风险管理、沟通管理等要素之间的相互制约和影响关系，从技术经济角度实现综合集成。

4.2　项目发承包模式

在现代社会中，多数建设项目不是由建设单位自行实施完成的。建设单位通常会选择承包商来完成，而且经常不止一家承包商。建设单位与承包商的关系不同，会形成不同的发承包模式。

4.2.1　设计—招标—建造模式

设计—招标—建造（design-bid-build，DBB）是一种较传统的工程发承包模式，即建设单位分别与工程勘察设计单位、施工单位签订合同，工程勘察设计、施工任务分别由勘察设计单位、施工单位完成。DBB 模式主要体现的是专业化分工，我国大部分工程项目都采用这种实施方式。

1. 组织结构

在传统 DBB 模式下，工程勘察设计单位、施工单位分别根据勘察设计合同、施工合同向建设单位负责，工程勘察设计单位与施工单位之间没有合同关系，只是协作关系。经建设单位同意，工程勘察设计单位、施工单位可将其部分任务分包给专业勘察设计单位、施工单位。DBB 组织结构如图 4－4 所示。

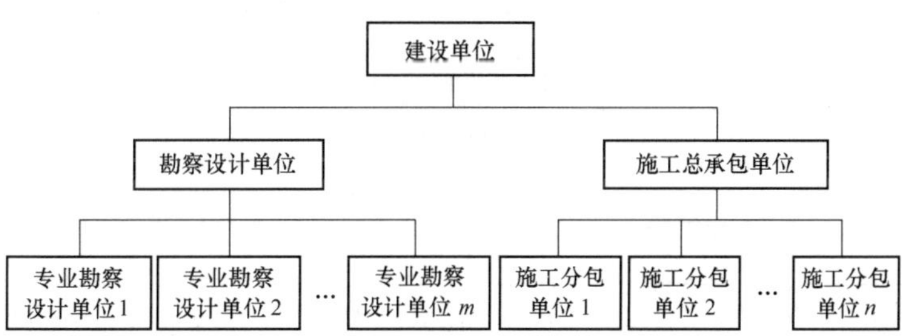

图 4－4　DBB 组织结构

在图 4－4 中，施工总承包单位可以是一家施工单位，也可以是由几家施工单位组成的联合体。建设单位可将工程施工任务发包给一家施工总承包单位（或联合体），也可以划分为若干标段分别平行分包给若干施工承包单位（或联合体）。

2. DBB 模式评价

（1）优点

建设单位、勘察设计单位、施工总承包单位及分包单位在合同约束下，各自行使其职责和履行义务，责权利分配明确；建设单位直接管理工程勘察设计和施工，指令易贯彻执行。各平行承包单位前后工作衔接，构成质量制约，有助于发现工程质量问题。此外，该模式应用广泛、历史长，相关管理方法较成熟，工程参建各方对有关程序都比较熟悉。

（2）不足

工程设计、招标、施工按顺序依次进行，建设周期长；而且由于施工单位无法参与工程设计，设计与施工协调困难，容易产生设计变更，可能使建设单位利益受损。此外，由于工程的责任主体较多，包括设计单位、施工单位、材料设备供应单位等，一旦工程出现问题，建设单位将分别面对不同参与方，容易出现互相推诿的现象，协调工作量大。

4.2.2 工程总承包模式

DB/EPC 模式在我国均称为工程总承包模式。事实上，工程总承包有丰富的内涵，也有许多模式，DB/EPC 只是其中常见的两种代表性模式。DB（design-build，设计—建造）是指从事工程总承包的单位受建设单位委托，按照合同约定，承担工程勘察设计和施工任务。而在 EPC（设计—采购—施工）模式中，工程总承包单位还要负责材料设备的采购工作，而且其中的设计，也不是一般意义上的工程设计，而是含有工艺流程设计、策划和管理等。

DB/EPC 模式能够为建设单位提供工程勘察设计和施工全过程服务，在国际上较为流行，近年来在我国逐渐被认识并要求大力推行。建设单位应当根据项目情况和自身管理能力等，合理选择工程建设组织实施方式。对于建设内容明确、技术方案成熟的项目，适宜采用工程总承包方式。DB/EPC 还可分别拓展为 DBO（design-build-operation，设计—建造—运营）和 EPC + O&M（engineering-procurement-construction + operation & maintenance，工程总承包 + 运营与维护）。

1. 组织结构

工程总承包单位（或联合体）负责整个工程建设实施，可以发挥其自身优势完成工程设计、采购及施工的全部或一部分，也可以选择合格的分包单位来完成相关工作。采用 DB/EPC 模式，对于工程总承包单位的综合实力有较高要求。DB/EPC 模式的组织结构如图 4－5 所示。

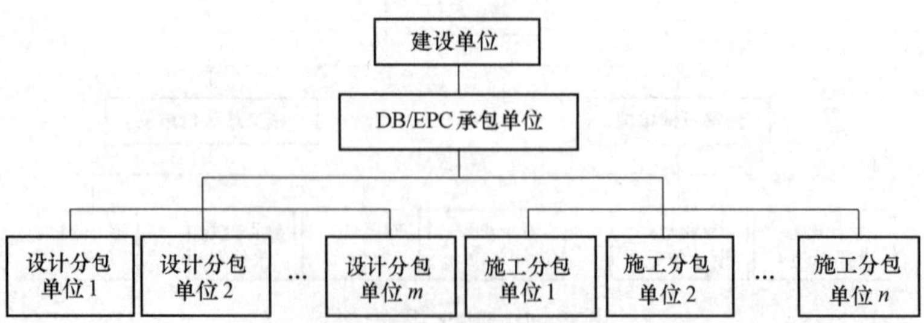

图 4－5　DB/EPC 模式的组织结构

2. 承包主体

代表性的工程总承包主体有 3 种，即以设计单位为主体、以建筑企业为主体和以专业工程承包公司为主体。

（1） 以设计单位为主体的工程总承包

这种工程总承包是指具有工程总承包资质的设计单位对工程勘察设计、材料设备采购、工程施工、竣工试运行等进行全部或部分承包，最终向建设单位“交钥匙”。设计单位一般应拥有雄厚的设计实力和大量管理人才，但没有施工队伍，因而需要在施工阶段将施工任务分包给施工单位。在工程施工过程中，设计单位主要担负项目管理任务。

以设计单位为主体的工程总承包，可以较好地发挥设计主导作用。通过工程总承包，直接参与工程实施阶段各项组织管理工作，可以促使设计单位自觉地将技术与经济、工艺与设备、设计与施工等方面因素较好地结合起来，在工程建设全过程中不断优化设计，以实现有效控制工程建设投资的目的。

（2） 以建筑企业为主体的工程总承包

这种工程总承包是指具有工程总承包资质的建筑企业对工程勘察设计、材料设备采购、工程施工、竣工试运行等进行全部或部分承包，最终向建设单位“交钥匙”。根据工程实际情况，建筑企业也可将总承包任务中的部分设计、施工任务分包给其他具有相应资质的单位。

实行以建筑企业为主体的工程总承包，同样可以有效地结合技术与经济、设计与施工等方面因素。同时，通过工程总承包，可以增强建筑企业的自主性和责任心，促使建筑企业不断提高管理水平。

（3） 以专业工程承包公司为主体的工程总承包

这种工程总承包是指由专业管理人员组成的智力密集型企业（工程公司）对工程勘察设计、材料设备采购、工程施工、竣工试运行等进行全部或部分承包，在工程公司向建设单位全面负责的前提下，再将上述任务分包给各有关单位。由于工程公司自己没有设计、施工队伍，地位比较超脱，有利于控制工程质量、进度和投资目标。但需要注意的是，如果诚信体系不够健全，工程公司容易成为“皮包”公司。

3. 模式评价

（1） 优点

① 有利于缩短建设工期。采用 DB/EPC 模式，工程设计和施工任务均由工程总承包单位负责，可使工程设计与施工之间的沟通问题得到极大改善。此外，由于 DB/EPC 模式能够使工程总承包单位在全部设计完成之前便可开始其他工作，如材料设备采购及某些可以与设计工作并行的施工等。这样，可在很大程度上缩短建设工期。

② 便于建设单位提前确定工程造价。采用 DB/EPC 模式，建设单位与工程总承包单位之间通常签订总价合同，这样使建设单位在工程实施初期就确定工程总造价，便于控制工程总造价。此外，由于工程总承包单位负责工程总体控制，因此有利于减少工程变更，将工程造价控制在预算范围内。

③ 使工程项目责任主体单一化。采用 DB/EPC 模式，由工程总承包单位负责工程设计和施工，减少了在工程实施过程中争议和索赔发生的数量。同时，工程设计与施工责任主体的一体化，能够激励工程总承包单位更加注意整个工程项目质量。

④ 可减轻建设单位合同管理的负担。采用 DB/EPC 模式，与建设单位直接签订合同的工程参建方减少，建设单位的协调工作量减少，合同管理工作量也大大减少。

（2）不足

长期以来，我国多数总承包单位擅长承接工程设计或施工任务。实行工程总承包，对建设单位和总承包单位的综合素质均提出更高要求。

① 道德风险高。由工程总承包单位同时负责工程设计与施工，与传统的 DBB 模式相比，建设单位对项目的控制要弱一些，有可能会发生工程总承包单位为节省资金而采取一些不恰当行为。同时，由于建设单位倾向于将大量风险转移给工程总承包单位，因此，当风险发生且导致损失时，工程总承包单位有可能通过降低工程质量等行为来弥补其损失。

② 建设单位前期工作量大。由于工程总承包单位的技术水平和职业道德将直接影响工程成败，因此，建设单位为慎重选择工程总承包单位，不得不在招标和评标阶段花费大量时间和精力对投标单位进行评审，这使得项目初期投入将会加大。

③ 工程总承包单位报价高。采用 DB/EPC 模式，工程总承包单位的风险会增加，为应对工程实施风险，工程总承包单位会提高报价，导致整个工程造价增加。

4.2.3 建筑工程管理模式

建筑工程管理（construction management，CM）全称为 fast-track-construction management，也称为快速路径法（fast-track）。该模式是指由建设单位委托一家 CM 单位承担项目管理工作，该 CM 单位以承包商身份进行施工管理，并在一定程度上影响工程设计活动。由于在工程设计尚未全部结束之前，当工程某些部分的施工图设计已完成时，即可开始进行该部分工程的施工招标，从而使这部分工程的施工提前到工程设计阶段。这样便可采用快速路径的生产方式，使工程项目实现有条件的“边设计、边施工”。

1. 实施方式

CM 单位有代理型（agency）和非代理型（non-agency）两种，因而使 CM 模式有两种实施方式。

（1）代理型

代理型 CM 单位不负责分包工程的发包，与分包单位的合同由建设单位直接签订，因而采用简单的成本加酬金合同形式。

（2）非代理型

非代理型 CM 单位直接与分包单位签订分包合同，合同计价则采用保证最大工程费用（guaranteed maximum price，GMP）加酬金的方式。这是因为 CM 合同总价是在 CM 合同签订之后，随着 CM 单位与各分包单位签约而逐步形成的。只有采用保证最大工程费用，建设单位才能控制工程总费用。

2. 模式评价

CM 模式特别适用于实施周期长、工期要求紧迫的大型复杂工程。采用 CM 模式，不仅有利于缩短工程建设周期，而且有利于控制工程质量和造价。

（1）工程进度控制方面的价值

① 由于采取分阶段发包，集中管理，实现了有条件的“边设计、边施工”，使工程设计与施工能够充分搭接，有利于缩短建设工期。

② 尽管工程总承包也是在工程设计前期或设计早期进行，但由于 CM 招标不需要编制

项目功能描述书，因而缩短了招标准备工作时间。因此，采用 CM 模式，比工程总承包招标时间短。

③ CM 单位在工程设计早期即可介入，并对工程设计提出合理化建议，使设计方案的施工可行性和合理性在设计阶段就得到考虑和证实，从而可减少施工阶段因修改设计而影响工程进展。

④ 为了实现工程设计与施工、施工与施工的合理搭接，CM 模式将项目进度安排看作一个完整的系统工程，一般在项目实施早期即编制供货期长的设备采购计划，并提前安排设备招标、提前组织设备采购，从而可避免因设备供应工作的组织和管理不当而造成的进度延误。

⑤ CM 单位一般都拥有一套先进的计算机进度控制系统，充分利用现代化管理方法和手段，卓有成效地进行工程进度安排和控制。

（2）工程质量控制方面的价值

① 工程设计与施工相结合，有利于提高工程质量。采用 CM 模式，可实现工程设计与施工的结合和协调，从而使工程项目采用新的施工工艺和方法、尽量提高施工质量成为可能。CM 单位根据以往施工经验，在材料和设备的选择方面提出合理化建议，也为保证和提高工程质量提供了可能。

② 严格的工程质量控制程序，为控制工程质量提供了保证。按照 CM 合同规定，CM 单位在施工阶段要设立专门的现场控制及质量监督机构、建立质量控制和检查程序、编制质量保证计划、监督分包单位的施工质量、检查设备材料供应单位的产品质量，严格按质量标准和合同进行检查、验收，这一系列措施为控制工程施工质量提供了保证。

（3）工程造价控制方面的价值

① 与施工总承包相比，采用 CM 模式的合同价更具合理性。采用 CM 模式，施工任务要进行多次分包，施工合同总价不是一次确定，而是有一部分完整施工图纸，就将该部分工程进行分包，将施工合同总价化整为零。而且每次分包都通过招标展开竞争，每个分包合同价格都通过谈判进行详细讨论，从而使各个分包合同价格汇总后形成的合同总价更具合理性。

② CM 单位不赚取总包与分包之间的差价。CM 单位与分包单位或供货单位之间的合同价是公开的，建设单位可以参与所有分包工程或材料设备采购招标及分包合同或供货合同的谈判。CM 单位不赚取总包与分包之间的差价，在进行分包谈判时，会努力降低分包合同价。经谈判而降低合同价的节约部分全部归建设单位所有，CM 单位可获得部分奖励，这样有利于降低工程费用。

③ 应用价值工程方法挖掘节约投资的潜力。CM 模式不同于普通承包模式的“按图施工”，CM 单位早在工程设计阶段就可凭借其在施工成本控制方面的实践经验，应用价值工程方法对工程设计提出合理化建议，以进一步挖掘降低工程造价的可能性。此外，由于工程设计与施工的早期结合，使得设计变更在很大程度上得到减少，从而可减少分包单位因设计变更而提出的索赔。

④ 保证最大工程费用（GMP）可大大减少建设单位在工程造价控制方面的风险。当采用非代理型 CM 方式时，CM 单位将对工程费用的控制承担风险。如果实际工程费用超过 GMP，超出部分将由 CM 单位承担；如果实际工程费用低于 GMP，节约部分全部归建设单

位所有。由此可见，建设单位在工程造价控制方面的风险将大大减少。

⑤ 采用现代化管理方法和手段控制工程费用。与一般承包单位相比，CM 单位不是单“为自己控制成本”，还要承担“为建设单位控制工程费用”的任务。CM 单位要制订和实施完整的工程费用计划和控制工作流程，并不断向建设单位报告工程费用情况。国际上许多成功的 CM 单位都拥有一套先进的计算机费用控制系统，以便在工程实施过程中编制和调整不同版本的费用预算、进行费用计划值与实际值的动态分析比较，当发现实际费用超过计划值时，及时采取纠偏措施。

4.2.4 伙伴关系模式

伙伴关系（partnering）模式于 20 世纪 80 年代中期首先在美国出现，到 20 世纪 90 年代中后期，其应用范围逐步扩大到英国、澳大利亚、新加坡等国家和中国香港地区。由于其合作共赢理念，近年来在我国内地也日益受到重视。

partnering 模式不是一种独立存在的模式，通常需要与其他发承包模式相结合，如 DBB 模式、DB/EPC 总承包模式等。

1. 主要特征及管理机制

（1）主要特征

① 各参建方出于自愿。partnering 协议不仅仅是建设单位与承包单位双方之间的协议，而是需要工程参建各方共同签署，包括建设单位、总承包单位、主要分包商、设计单位、咨询单位、主要材料设备供应商等。参与 partnering 模式的有关各方必须是完全自愿，而非出于任何原因的强迫。只有工程参建各方在认识上达到统一，才能在行动上采取合作和信任态度，才愿意共同承担风险和有关费用，共同解决问题和争议，并在此基础上共享收益。

② 高层管理者参与。partnering 模式的实施需要突破传统观念和组织界限，工程参建各方高层管理者参与并达成共识，对于 partnering 模式的顺利实施非常重要。partnering 模式需要工程参建各方分担风险、共享资源，高层管理者认同、支持和决策是 partnering 模式成功实施的关键因素。

③ 坚持信息公开。partnering 模式强调资源共享。信息作为一种重要资源，对工程参建各方必须公开。同时，工程参建各方要保持及时、经常和开诚布公的沟通，在相互信任的基础上，要保证工程质量、进度、造价等方面的信息能够为工程参建各方及时、便利地获取。

④ partnering 协议是工程参建各方达成的共识和承诺。因此，partnering 协议不是法律意义上的合同，partnering 协议与工程合同是两个完全不同的文件。在工程合同签订后，工程参建各方经过讨论协商后才会签署 partnering 协议。partnering 协议并不改变工程参建各方在有关合同中规定的权利和义务。partnering 协议主要用来确定工程参建各方在工程实施过程中的共同目标、任务分工和行为规范。partnering 协议是工程参建各方所组成的工作小组的纲领性文件。

（2）管理机制

管理方式柔性化是当前管理实践发展的一个趋势。partnering 模式实质上就是在工程参建各方签订合同后，通过 partnering 协议构建的一种柔性化管理机制，包括：信任机制、合作机制、沟通机制、协调机制和激励机制。这 5 个机制推动工程项目组织奔向共同目标。partnering 管理机制如图 4－6 所示。

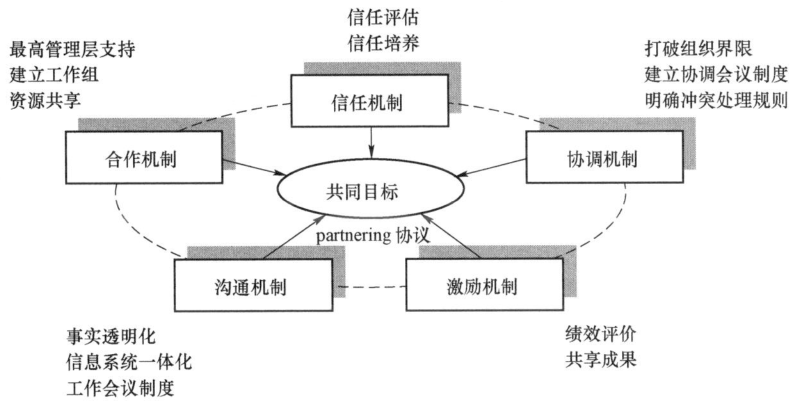

图 4－6　partnering 管理机制

2. 组成要素

成功运作 partnering 模式不可或缺的元素包括以下 5 个方面。

（1）长期协议

虽然 partnering 模式也经常用于单个工程项目，但从各国实践情况看，在多个工程项目上持续运用 partnering 模式可以取得更好效果。这也是 partnering 模式的发展方向。通过与建设单位达成长期协议、进行长期合作，承包单位能够更加准确地了解建设单位需求；同时能保证承包单位不断地获取工程任务，从而使承包单位将主要精力放在工程项目的具体实施上，充分发挥其积极性和创造性。这样既有利于对工程质量、造价、进度的控制，同时也可降低承包单位的经营成本。对建设单位而言，一般只有通过与某一承包单位的成功合作，才会与其达成长期协议，这样不仅可使建设单位避免在选择承包单位方面的风险，而且可以大大降低“交易成本”，缩短建设周期，取得更好的投资效益。

（2）资源共享、风险共担

工程参建各方共享有形资源（如人力、机械设备等）和无形资源（如信息、知识等），共享工程实施所产生的有形效益（如费用降低、质量提高等）和无形效益（如避免争议和诉讼的产生、提高工作积极性、维护承包单位社会信誉等）；同时，工程参建各方分担工程风险和采用 partnering 模式所产生的相应费用。

（3）相互信任

相互信任是确定工程参建各方共同目标和建立良好合作关系的前提，是 partnering 模式的基础和关键。只有对工程参建各方的目标和风险进行分析与沟通，并建立良好的关系，彼此间才能更好地理解；只有相互理解，才能产生信任。而只有相互信任，才能产生整体性效果。partnering 模式所达成的长期协议本身就是相互信任的结果，其中每一方的承诺都是基于对其他参建方的信任。只有相互信任，才能将工程发承包中常见的参建各方之间的相互对立关系转化为相互合作关系，才能够实现工程参建各方的资源和效益共享。

（4）共同目标

在一个确定的工程项目中，参建各方都有其各自不同的目标和利益，在某些方面甚至还有矛盾和冲突。尽管如此，工程参建各方之间还是有许多共同利益的。例如，通过工程设计单位、施工单位、建设单位三方配合，可以降低工程风险，对参建各方均有利；还可提高工程的使用功能和使用价值，这样不仅可提高建设单位的投资效益，而且也可提高设计单位和施工单位的社会声誉。工程参建各方要充分认识到，只有工程实施结果本身是成功的，才能实现其目标和利益，从而取得双赢或多赢的结果。

（5）合作

工程参建各方要有合作精神，并在相互之间建立良好的合作关系。合作是基本原则，要做到这一点，还需要有组织保证。partnering 模式需要突破传统的组织界限，建立一个由工程参建各方人员共同组成的工作小组。同时，要明确各方职责，建立相互之间的信息流程和指令关系，并建立一套规范的操作程序。

4.3 项目管理组织结构

项目管理组织结构会反映项目管理组织系统中纵向上下级子系统之间的指令报告关系和横向各工作部门之间的协调配合关系。项目管理组织结构的基本形式有直线式、职能式、直线职能式和矩阵式等。

4.3.1 直线式

1. 组织结构形式

直线式是应用最早、最简单的一种组织结构形式。在直线式组织中，各种职位按垂直系统直线排列，各级主管人员对所属下级拥有直接指挥权，组织中每一个人只接受唯一上级的命令。直线式组织结构如图 4－7 所示。

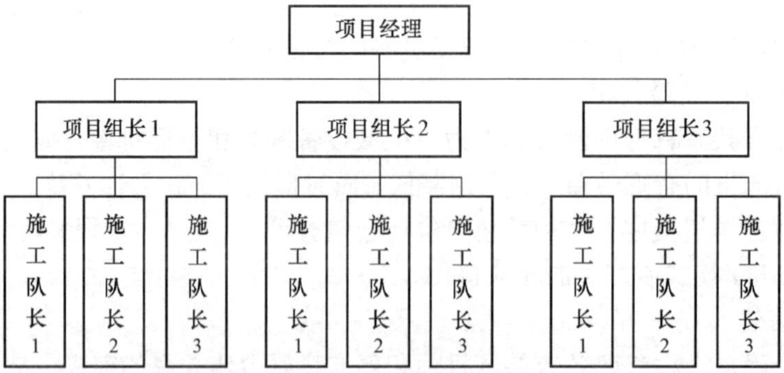

图 4－7　直线式组织结构示意图

2. 组织结构特点

直线式组织结构的优点是结构比较简单，权力集中，责任分明，命令统一，决策迅速，联系简捷。其缺点是未设立职能部门，项目经理没有参谋和助手，实行“个人管理”。在组织规模较大的情况下，往往由于个人知识及能力有限而感到难以应付，容易顾此失彼，也未能实现管理工作专业化。此外，各部门之间横向协调关系比较差。因此，直线式组织结构形式主要适用于那些没有必要按职能实行专业化管理的小型组织。

4.3.2　职能式

1. 组织结构形式

职能式组织是指除直线主管外，在各管理层还设置职能部门，分担某些职能管理业务。这些职能部门有权在其业务范围内，向下级下达命令和指示。因此，下级直线主管除接受上级直线主管领导外，还必须接受上级各职能部门的领导和指示。职能式组织结构如图 4–8 所示。

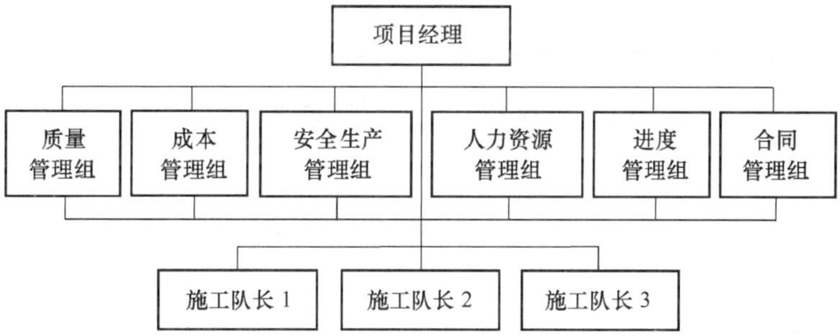

图 4–8　职能式组织结构示意图

2. 组织结构特点

职能式组织结构的优点是强调管理业务的专门化，能够发挥职能部门专业管理作用，减轻上层主管人员负担。但其缺点是形成多头领导，妨碍了组织必要的集中领导和统一指挥，使下级执行者接受多方指令。如果上级指令相互矛盾，将使下级无所适从。

4.3.3　直线职能式

1. 组织结构形式

直线职能式组织是综合直线式和职能式组织结构的优点而形成的一种组织结构形式。该组织形式设置有两套系统：一是按命令统一原则设置的指挥系统；二是按专业化原则设置的管理职能系统。直线部门和人员在自己的职责范围内有决定权，对其所属下级的工作进行指挥和命令，并负全部责任。而职能部门和人员仅是直线主管的参谋，只能对下级机构提供建议和业务指导，没有指挥和命令的权力。直线职能式组织结构如图 4–9 所示。

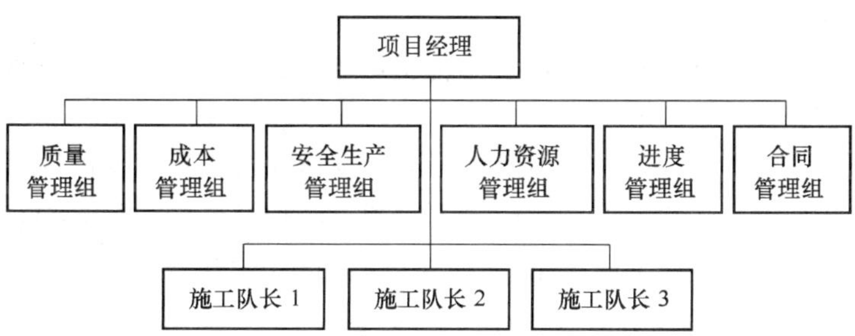

图 4–9　直线职能式组织结构示意图

2. 组织结构特点

直线职能式组织结构既保持了直线式统一指挥的特点，又满足了职能式对管理工作专业化分工的要求。其优点是集中领导、职责清楚，工作效率高。但缺点是下级部门的主动性和积极性发挥受到限制；部门间横向联系差，信息传递路线长。当职能部门与指挥部门之间目标不一致时，容易产生矛盾，致使上层主管的协调工作量增大；难以从组织内部培养熟悉全面工作的管理人才；整个组织系统的适应性较差，对新情况不能及时作出反应。

4.3.4 矩阵式

1. 组织结构形式

矩阵式组织结构是将按职能划分的部门与按项目划分的部门结合起来组成一个矩阵，使同一名员工既与原职能部门保持组织与业务上的联系，又参加项目管理机构工作。待项目完工交付后，该员工又回到原职能部门或到另外工程项目管理机构中工作。矩阵式组织结构如图4－10所示。

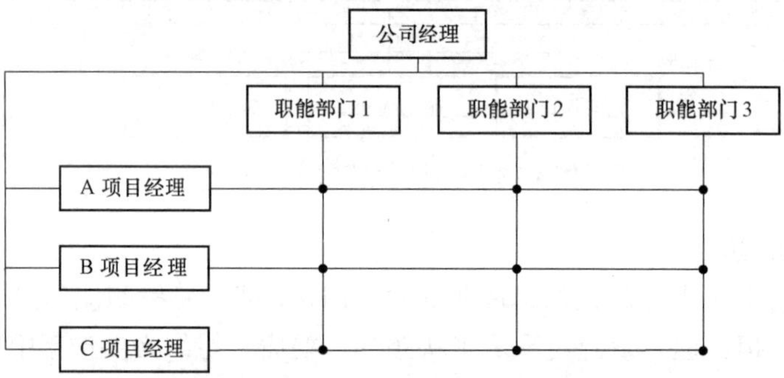

图4－10 矩阵式组织结构示意图

2. 组织结构特点

矩阵式组织结构打破了传统的“一个员工只有一位领导”的命令统一原则，使一位员工同属于两个部门。其优点是能根据工程任务的实际情况灵活地组建与之相适应的管理机构，具有较大的机动性和灵活性；实行了集权与分权的结合，有利于发挥各类专业人员的积极性。其缺点是组织机构经常变动，稳定性差，尤其是业务人员的工作岗位频繁调动；由于实行纵向、横向双重领导，处理不当会由于意见分歧而造成工作中的扯皮现象和矛盾；组织关系较复杂，对项目负责人的要求较高。

3. 组织结构分类

按照项目经理权限不同，矩阵式组织结构又可分为强矩阵、中矩阵和弱矩阵。

（1）强矩阵式组织形式

在强矩阵式组织形式中，项目经理由企业最高领导任命，并全权负责项目。项目组成员绩效完全由项目经理进行考核，项目组成员只对项目经理负责，如图4－11所示。强矩阵式组织形式适用于技术复杂且时间紧迫的工程项目，由于各职能部门之间的技术交流比较频繁，采用强矩阵式组织形式有利于加强各职能部门之间的协调配合。

（2）中矩阵式组织形式

在中矩阵（平衡矩阵）式组织形式中，项目经理被授予一定权力，对项目整体及项目目标负责。项目组成员是从各职能部门借调而来，需要在成员中指定一人担任专案主持人。一旦专案结束，专案主持人头衔随之消失，如图4－12所示。中矩阵式组织形式适用于中等技术复杂程度且建设周期较长的工程项目，其特点是需要精心建立管理程序和配备训练有素的协调人员。

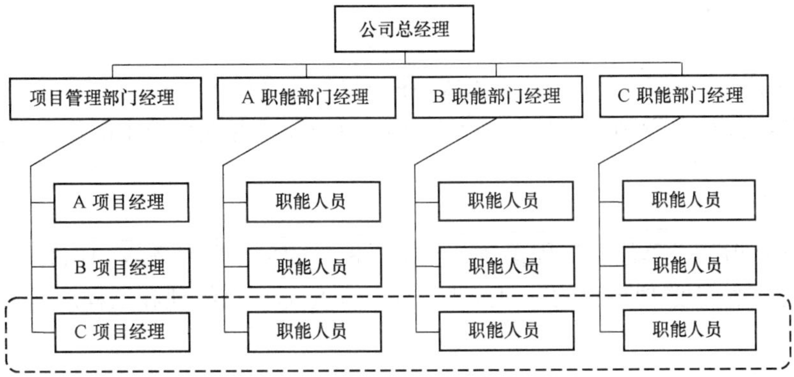

图 4－11　强矩阵式组织形式示意图

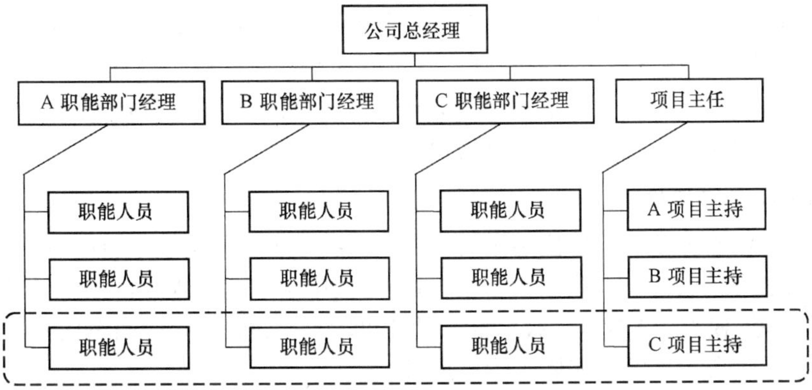

图 4－12　中矩阵（平衡矩阵）式组织形式示意图

（3）弱矩阵式组织形式

在弱矩阵式组织形式中，并未明确对项目目标负责的项目经理。即使有项目负责人，其角色也只是一个项目协调者或监督者，而不是一个管理者。同时，员工绩效由职能部门经理进行考核，如图 4－13 所示。弱矩阵式组织形式适用于技术简单的工程项目，由于技术界面明晰或简单，跨职能部门的协调工作比较容易。其特点是项目管理者权限较小。

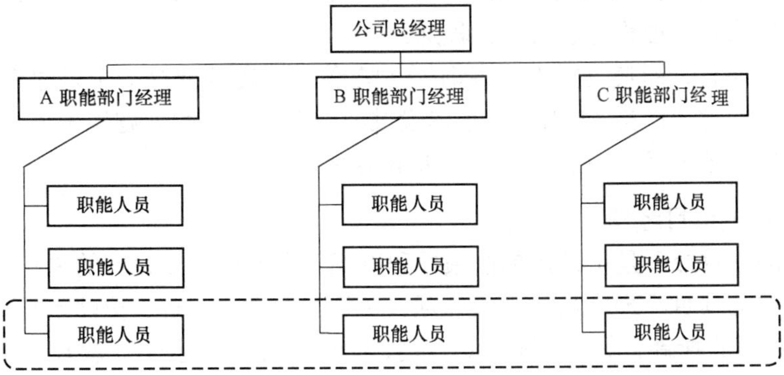

图 4－13　弱矩阵式组织形式示意图

4.4 项目经理

项目经理制自1941年于美国产生以来，在一些工业发达国家得到普遍推广。我国于1983年提出建立项目经理负责制，之后，项目经理在建设项目管理系统中的作用日益受到重视。

4.4.1 项目经理设置

项目经理是指建设单位及工程参建单位委托授权的项目总负责人。项目经理包括建设单位的项目经理、咨询/监理单位的项目经理、设计单位的项目经理和工程总承包/施工单位的项目经理。

由于建设项目发承包方式不同，项目经理的设置方式也会不同。如果项目分阶段发包，则建设单位、咨询/监理单位、设计单位和施工单位应分别设置项目经理，各方项目经理代表其所在单位利益，承担其各自单位应承担的职责。如果建设项目实行工程总承包（DB/EPC），应设置工程总承包项目经理，对工程勘察设计、材料设备采购、工程施工、竣工试运行等负总责。随着建设项目管理集成化发展，应提倡采用工程总承包（DB/EPC）模式，设置全过程负责的工程总承包项目经理。

1. 建设单位的项目经理

建设的项目经理是指建设单位委派的领导和组织一个完整建设项目的总负责人，在工程实践中常称为建设单位代表（业主代表）。对于一些中小型建设项目，项目经理可由一人担任。而对于一些规模大、工期长、技术复杂的建设项目，建设单位也可分阶段委派不同的项目经理，如设计阶段项目经理和施工阶段项目经理等。

对于大型建设项目管理机构，应在项目经理总负责下，设立项目质量控制、进度控制、投资控制及合同管理等部门，并由专门管理人员负责。

2. 咨询/监理单位的项目经理

当建设项目比较复杂且建设单位没有足够的专业人员胜任项目管理任务时，就需要委托专业化咨询单位为其提供全过程或阶段性咨询服务。而且对于大多数建设项目，建设单位必须依法委托监理。这样，工程咨询/监理单位就需要委派项目经理代表其履行工程咨询/监理合同，在建设单位委托授权范围内组织项目咨询/监理团队提供服务。在工程实践中，工程监理单位派出的项目经理称为总监理工程师。

对建设单位而言，即使委托工程咨询/监理单位，仍需要建立一个以建设单位项目经理为总负责人的项目管理机构。因为在工程建设过程中有许多重大问题决策仍需由建设单位作出，项目咨询/监理机构不能完全替代建设单位行使职权。

3. 设计单位的项目经理

设计单位的项目经理是指设计单位领导和组织一个建设项目设计的总负责人。在工程实践中，设计单位的项目经理常被称为设计项目负责人，主要负责工程设计项目的计划、组织及各设计专业之间的协调工作，参与重大工程技术问题的决策，控制工程设计质量、进度和成本，还会代表其所在设计单位接受建设单位的管理和指令，参与协调相关单位之间的关系等。

4. 工程总承包/施工单位的项目经理

工程总承包/施工单位的项目经理是指工程总承包/施工单位领导和组织实施工程总承包任务或施工任务的总负责人，是工程总承包/施工单位在工程总承包项目或施工项目中的最大责任者和最高组织者。

工程总承包/施工单位派出的项目管理机构，应在项目经理总负责下，设立项目质量控制、进度控制、成本控制、安全管理及合同管理等部门，并由专门管理人员负责。当然，项目管理机构应视承包项目规模、专业类别、技术要求、复杂程度、人员素质等确定。

4.4.2　项目经理业务能力

项目经理业务能力实质上是各种能力的综合。这些能力包括核心能力、必要能力和增效能力 3 个层次。其中，核心能力是创新能力；必要能力是决策能力、组织能力和指挥能力；增效能力是控制能力和协调能力。这些能力是项目经理有效地行使其职责，充分发挥领导作用所应具备的重要条件。

1. 创新能力

由于科学技术的迅速发展，新工艺、新材料等的不断涌现，建筑产品的用户不断提出新的要求。同时，建筑市场改革不断深化，数字化、智能化技术飞速发展，大量新的问题需要探讨和解决。项目经理只有解放思想，以创新精神、创新思维、创新方法来开展工作，才能实现建设项目总目标。因此，创新能力是项目经理业务能力的核心，关系建设项目实施的成败和项目投资效益的好坏。

创新能力是指项目经理在项目管理活动中，善于敏锐地察觉旧事物的缺陷，准确地捕捉新事物的萌芽，进行大胆新颖的推测和设想，经过科学周密论证，提出最佳解决方案的能力。

2. 决策能力

项目经理是项目管理组织的当家人，统一指挥、全权负责项目管理工作。为此，要求项目经理必须具备较强的决策能力。同时，项目经理的决策能力是保证项目管理机构生机旺盛、健康运行的重要因素，也是检验项目经理管理水平的重要标志。因此，决策能力是项目经理必要能力的关键。

决策能力是指项目经理根据外部环境条件和内部管理实力，从多种方案中确定项目实施方向、目标和战略的能力。

3. 组织能力

项目经理的组织能力关系到项目管理的工作效率。为此，有人将项目经理的组织能力比喻为效率设计师。

组织能力是指项目经理为了实现项目目标，运用组织理论，将建设项目各要素、各环节，从纵横交错和时空交互关系上有效、合理地组织的能力。项目经理要有高效的组织能力，使整个项目建设活动形成一个有机整体，保证其高效地运转。

组织能力主要包括组织分析能力、组织设计能力和组织变革能力。

（1）组织分析能力

组织分析能力是指项目经理依据组织理论和原则，对现有组织进行系统分析的能力。主要是分析现有组织的效能，对利弊进行正确评价，并找出存在的主要问题。

（2）组织设计能力

组织设计能力是指项目经理从项目管理实际出发，以提高组织管理效能为目标，对项目管理机构的架构进行设计，明确各主要部门的上下左右关系等。

（3）组织变革能力

组织变革能力是指项目经理执行组织变革方案和评价组织变革方案实施成效的能力。执行组织变革方案的能力，就是在贯彻组织变革设计方案时，引导有关人员自觉行动的能力。评价组织变革方案实施成效的能力，是指项目经理对组织变革方案实施后的利弊进行正确评价的能力，以利于组织日趋完善，使组织效能不断提高。

4. 指挥能力

项目经理是项目实施活动的最高指挥者，担负着有效地指挥项目实施活动的职责。为此，项目经理必须具有高超的指挥能力。

项目经理的指挥能力，表现在正确下达命令和正确指导下级的能力两个方面。项目经理正确下达命令的能力，是强调其指挥能力中的单一性作用；而项目经理正确指导下级的能力，则是强调其指挥能力中的多样性作用。项目经理面对的是不同类型的下级，他们年龄、学历、修养不同，性格、习惯各有差异，有各自的特点，因此，必须采取因人而异的方式和方法，使每一个下级对同一命令有统一的认识和行动。

坚持命令的单一性和指导的多样性的统一，是项目经理指挥能力的基本内容。要发挥项目经理的指挥能力，还必须制定一系列规章制度，做到赏罚分明，令行禁止。

5. 控制能力

如果工程建设缺乏有效控制，就不一定有理想的管理效果。对于工程建设实行全面而有效的控制，决定于项目经理控制能力的有效发挥。

控制能力是指项目经理运用各种手段（经济、行政、法律、教育等），来保证建设项目实施的正常进行，保证项目总目标如期实现的能力。

项目经理的控制能力，体现在自我控制能力、差异发现能力和目标设定能力等方面。自我控制能力是指通过检查自身工作，进行自我调整的能力。差异发现能力是指对执行结果与预期目标之间产生的差异，能及时测定和评估的能力。如果没有差异发现能力，就无法控制局面。目标设定能力是指项目经理结合实际需求明确工作目标的能力。这样才便于与实际结果进行比较，找出差异，以利于采取措施进行控制。

6. 协调能力

项目经理对协调能力掌握和运用得当，就可以充分调动项目管理团队成员的积极性、主动性和创造性，收到良好的工作效果，以至超出预期目标。

协调能力是指项目经理解决各方面矛盾，使各有关单位、各部门乃至全体成员为实现项目目标密切配合、统一行动的能力。

现代大型项目通常会涉及众多单位、部门和人员，要使各单位、各部门、各环节、各类人员的活动能在时间、数量、质量等方面达到和谐统一，除依靠科学的管理方法、严密的管理制度外，在很大程度上需要项目经理的协调能力。协调主要是协调人与人之间的关系。协调能力具体表现在以下几方面。

（1）善于解决矛盾的能力

由于人与人之间在职责分工、工作衔接、收益分配等方面的差异和认识水平的不同，不可避免地会出现各种矛盾。如果处理不当，还可能会激化矛盾。项目经理应善于分析矛盾产生的根源，掌握矛盾的主要方面，提出解决矛盾的良方。

（2）善于沟通情况的能力

在项目管理中出现不协调现象，往往是由于信息闭塞，情况没有沟通。为此，项目经理应具有及时沟通情况、善于交流思想的能力。

（3）善于鼓动和说服的能力

项目经理应有谈话技巧，既要在理论上和实践上讲清道理，又要以真挚的情感打动别人的心，给人以激励和鼓舞，催人向上。

当然，项目经理业务能力的高低，在很大程度上取决于知识水平的高低。项目经理应具有广博的知识。这些知识包括：社会科学、自然科学和哲学方面的知识，如价值规律、按劳分配规律、心理学、人才学等；业务知识，包括项目管理学、企业管理学、领导科学及信息技术及其应用等。除要具备上述理论知识外，还应有相应的实践知识。

复习思考题

1. 业主方管理模式有哪些？各自特点及适用条件是什么？
2. 何谓建设项目法人责任制？其组织形式有哪些？
3. 工程代建制与建设项目法人责任制有哪些区别？
4. 项目发承包模式有哪些？各有何特点？
5. 项目管理基本组织结构有哪些？各有何特点？
6. 项目经理应具备哪些业务能力？

案例分析题

1. 当初，国家决定兴建三峡工程后，出台了两项政策：一是对全国范围内的用电征收三峡工程建设基金；二是把葛洲坝电厂划归三峡工程总公司，并提高上网电价，其发电利润和提价收入用于三峡工程建设。这两部分在三峡工程建设期间筹集资金约 1 000 亿元，由财政部纳入中央预算管理。后经财政部批准，上述资金作为国家对三峡工程建设的资本金投入。

国务院成立三峡工程建设委员会，下设办公室、移民开发局和三峡工程开发总公司 3 个机构，分别负责库区移民、三峡工程建设及其有关工作的监督与协调。中国长江三峡工程开发总公司作为三峡工程的项目法人，全面负责三峡工程建设和建成后的经营管理，以及长江流域水力资源开发、水利水电科学研究和技术咨询等多种经营活动。

试分析三峡工程实施项目法人责任制的特点及效果。

2. 京沪高速铁路全长为 1 318 km，除单独立项的北京南站及动车段、南京南站及大胜关长江大桥工程外，总投资 1 982.9 亿元。经国家工商总局批准，成立京沪高速铁路股份有限公司，专门负责京沪高速铁路建设和运营。京沪高速铁路于 2011 年 6 月 30 日开通运营，是当时世界上技术标准最高、商业运营速度最快的高速铁路。投入运营后的京沪高速铁路取得良好的经济效益。2020 年 1 月 16 日，京沪高速铁路股份有限公司在上海证券交易所主板挂牌上市。

试分析京沪高速铁路工程实施项目法人责任制的特点及效果。

知识拓展题

学习和掌握监理工程师、造价工程师和建造师等职业资格条件和职责。

第 5 章　建设项目设计管理

建设项目设计是建设单位委托设计单位进行全面规划和具体描述实施意图，最终形成施工图设计文件的过程。在传统的设计—招标—建造（DBB）模式下，初步设计和施工图设计均需要设计单位来完成。在工程总承包（DB/EPC）模式下，施工图设计将由工程总承包单位来完成。对于一些技术复杂，采用新工艺、新技术的重大项目，在初步设计批准后需要增加的技术设计，也需要设计单位来完成。对于一些特殊的大型工程项目，需要进行的总体规划设计，不作为一个设计阶段，仅作为建设项目可行性研究内容和初步设计的依据。

5.1　建设项目设计管理概述

5.1.1　设计管理工作纲要

建设单位通过招标或直接选定设计单位后，需要与其签订设计合同。建设项目设计管理工作不仅包含设计阶段，而且应覆盖建设项目设计、施工及项目后评价全过程。建设项目设计管理工作纲要的具体内容如表 5－1 所示。

表 5－1　建设项目设计管理工作纲要的具体内容

项目建设阶段	建设单位	设计单位
初步设计 （扩大初步设计）	（1）在取得可行性研究报告批准书后，编制初步设计任务委托书，选定设计单位并签订设计合同 （2）选定勘察、钻探单位，签订合同。取得勘测、钻探报告后组织专家审查，副本交设计单位，并与勘察、钻探单位结算费用 （3）选定科研单位，签订合同，监督科研进展，对科研报告进行评审，副本交设计单位，并与科研单位结算费用。签订模型保留和保护合同 （4）外部条件要取得地方政府、主管部门或国家同意建设的证明书，并注明能提供的资源、动力、水、电、通信、原材料、燃料、征地等有关的量、质条款，复印件交设计单位 （5）协调各设计单位之间的协作关系，诸如互相提供设计条件、交接设计条件、提供结点设计等 （6）控制设计单位所进行的建设规模、建设投资和建设工期安排 （7）控制初步设计质量、费用和设计周期 （8）审核初步设计和概算 （9）与设计单位结算设计费用 （10）报批初步设计文件	（1）编制初步设计阶段测量、工程地质、水文地质、地震地质、矿藏地质、海洋水文、滨海观测、河流水文、气象气候等有关勘察、钻探任务委托书，交建设单位或自行委托勘测、钻探工作 （2）编制建设条件的科研、试验任务委托书和环境研究委托书，交建设单位或自行委托科研、试验工作 （3）编制初步设计文件，提出工程概算

续表

项目建设阶段	建设单位	设计单位
施工图设计	（1）在初步设计批准后，编制施工图设计任务委托书 （2）选择设计单位，委托施工图设计，签订设计合同 （3）选定测量、勘察单位，签订合同。取得测量、勘察报告经审查合格后，副本交设计单位，并与测量、勘察单位结算费用 （4）协调各设计单位之间的协作关系 （5）控制建设项目的建设规模、建设投资和工期安排 （6）控制设计质量、设计费用和设计周期 （7）审核施工图设计和概算 （8）预付和结算设计费用 （9）办理施工许可手续	（1）编制施工图设计阶段测量、工程地质勘察任务委托书，交建设单位或自行委托测量、勘察工作 （2）各专业全面展开施工图设计，并编制工程预算
施工配合和竣工验收	（1）组织技术交底会 （2）提出或审查设计变更 （3）邀请设计单位参加试运转 （4）邀请设计单位参加竣工验收 （5）结清全部设计费用	（1）向施工单位进行技术交底 （2）处理工程变更 （3）修改设计预算 （4）解决施工中的有关设计问题，协助建设单位控制质量 （5）参加试运转 （6）参加竣工验收
设计回访、设计总结和项目后评价	（1）在项目使用一段时间后，邀请设计单位进行回访，倾听设计单位的改进建议 （2）根据设计单位意见，进一步完善有关条件	（1）进行设计回访，并向建设单位提出改进意见 （2）对工程建设进行后评价 （3）编写工程设计总结 （4）检查已归档文件，完善档案材料

5.1.2 建设项目外部协作条件取证

1. 外部协作条件及取证含义

（1）外部协作条件的内容

建设项目无论是在建设实施期还是在运营维护期，都需要依赖外部协作条件。外部协作条件保证了建设项目所需要的原材料、燃料、动力、交通运输及配套供应设施。概括起来，建设项目外部协作条件主要涉及以下 6 个方面。

① 土地征收和拆迁安置：涉及地上建筑物、构筑物拆迁，被拆迁人口安置补偿等。

② 原材料及燃料供应：包括原料、主要辅助材料和燃料（煤、石油、天然气等）的来源、供应能力、供应方式等。

③ 动力供应：包括水和电两部分。水包括水源、供水管路、供应方式等；电包括电源、供电线路、供电方式等。

④ 电信网络：包括通信方式、通信线缆、信息网络等。

⑤ 交通运输条件：包括海、陆、空运输条件和港口航道、陆上交通车站枢纽、机场及仓储设施等。

⑥ 配套设施、辅助设施：包括机修、电修、气修、供气、供热等。

（2）外部协作条件取证的含义

所有外部协作条件都将服务于拟建项目。建设单位要利用外部协作条件，需要事先征得有关部门或单位的同意。由于建设项目会打破外部条件的平衡，如原有的供电平衡系统，由于新建项目用电而被打破，供电部门必须建立新的平衡系统，以确保新建项目供电。这样，供电部门就必须要有供电的新投入，才能作出供电保证。为此，在建设项目实施初期，就要向提供外部协作条件的各有关部门或单位申请供应，签订外部协作条件协议书或合同，提供给设计单位。设计单位将按此进行项目的外部协作条件设计，如供水、供电的接点、管路、设备的设计，专用交通线路的设计等，进而完成整个建设项目的系统设计。

建设单位与提供外部协作条件的各有关部门或单位签订协议书或合同，称为外部协作条件取证。这是一项迁延耗时、任务繁杂的工作，建设单位必须付出大量精力，才能顺利进行并保证时效。

2. 外部协作条件取证内容

可行性研究阶段的取证内容比较简单，主要是意向性的，数据也比较概括，故一般称为协议意向书。但即使是协议意向书，也具有法律效用，作为建设项目可行性研究和签订正式合同的依据。

初步设计阶段签订的外部协作条件协议书或合同，要求按设计容量进行详细计算后取得正式数据，付诸实践，并能保证建设项目顺利实施。协议书或合同要求条款详尽，操作性强，责任明确，索赔有据。

（1）土地征收和拆迁安置

建设项目需要使用土地，必须依法申请使用国有土地。获取国有土地使用权的基本方式有两种：一是通过出让方式获取国有土地使用权；二是通过划拨方式获取国有土地使用权。

① 通过出让方式获取国有土地使用权。是指国家将国有土地使用权在一定年限内出让给土地使用者，由土地使用者向国家支付土地使用权出让金的行为。通过土地使用权出让方式取得的土地是有期限的。《中华人民共和国城镇国有土地使用权出让和转让暂行条例》规定，土地使用权出让最高年限按不同用途分别确定。居住用地最高使用年限是 70 年，工业用地是 50 年，教育、科技、文化、卫生、体育用地是 50 年，商业、旅游、娱乐用地是 40 年，综合或者其他用地是 50 年。

通过出让方式获取国有土地使用权又可分成两种具体方式：一是通过招标、拍卖、挂牌出让方式获取；二是通过协议出让方式获取。

② 通过划拨方式获取国有土地使用权。是指经县级以上人民政府依法批准，在土地使用者缴纳补偿、安置等费用后将该幅土地交付其使用，或者将土地使用权无偿交付给土地使用者使用的行为。以划拨方式取得的国有土地使用权，除法律、行政法规另有规定外，没有使用期限的限制，土地使用权不得转让、出租、抵押。

在征收建设用地时，应根据总体设计，一次申请批准，不化整为零。分期建设项目分期征用，不得先征待用。大中型建设项目施工所需场地、道路和临时设施，应尽量在征用土地范围内安排，确实需要增加临时用地的，由建设单位另行申请，签订临时用地协议。依照法律规定，建设单位应对征收土地使原用地单位所造成的经济损失、征收的土地及其附着物给予合理补偿。

征收土地应当给予公平、合理的补偿，保障被征地农民原有生活水平不降低、长远生计有保障。征收土地应当依法及时足额支付土地补偿费、安置补助费及农村村民住宅、其他地上附着物和青苗等的补偿费用，并安排被征地农民的社会保障费用。

在初步设计阶段，应签订建设用地协议。协议包括土地使用要求，划拨方法、期限，拆迁安置具体意见，土地价格，拆迁安置费用，土地地面和地下设施及建筑处理意见等内容。

（2）原材料及燃料供应

原材料、燃料、辅助材料品种繁多，需用量庞大，须与当地有关部门或单位签订供应协议或合同。协议内容应包括原材料、主要辅助材料和燃料（煤、天然气、石油等）的来源，供应数量和质量要求，货源地点和交货地点，供应时间，包装方式、运输方式、交货方式、验收方式，供应中的安全保证措施，供应过程中的环境保护，供应价格等内容。如需要使用天然气或输油管路，则要明确管路接点、输送方式、管理方式、安全运行方式、维护检验及环保措施等。

（3）动力供应

① 供水。除由自来水公司供水外，供水水源可分为地表水（江河、湖、水库）和地下水两种。

建设单位须与当地政府主管部门签订取水地点（习称水源地）和取用量（供水）协议书。协议书内容应包括：取水地点和日取用量，水资源勘察报告（需经储量委员会批准），供水管线的投资、维护、管理及产权所属，取费标准和计量方法。因气候和流量的变化，要说明取水量容许变动范围，还有保护水源、防止污染的措施等。

② 供电。建设项目除自建电站外，一般均需外部供电。外部电源和供电方案一般由建设单位所在地供电部门，按照有关规定，从全局出发，与建设单位密切配合，共同研究确定，并签订供电协议。

（4）电信网络

建设项目需要新建通信光缆、电话局，租用卫星通信线路、信息网络或发射广播电视信号时，在项目立项阶段要征得电信、广播及网络等部门的同意，并签订同意建设的意向书。在初步设计前，要签订电信、广播及网络等协议书或合同，内容包括新增中继线数量，新建电话局容量、运行方式，通信线路的敷设、产权、分工，以及租用卫星频道，信息网络接入，网络布置，发射频率、发射时间、使用方式，电信费用、计费方式等。对通信及网络无特殊要求的中小型项目，也可在施工图设计阶段办理有关手续。

（5）交通运输条件

外部交通运输包括铁路运输、公路运输和航空运输。大中型建设项目，一般很少考虑航空运输。不论是自建线路、车站、港口还是委托铁路部门、公路部门和港务部门运输货物，建设单位均须在项目立项时到有关主管部门备案，在可行性研究阶段取得准建证或运输协议意向书，在初步设计阶段要取得运输协议书。自建铁路、公路和港口与自建电站一样，建设单位要按建设程序，包括立项在内，按建设阶段办理申报审批手续。

（6）配套设施、辅助设施

配套设施是指项目所在地为建设项目的原材料加工及机械维修所配套的设施；辅助设施是指项目所在地为建设项目所提供的生活服务设施，诸如供热、供气等设施。如果项目所在地能为建设项目提供服务，则建设项目中属于此类的设施就可不建或少建，这样既可节省投资，又能发展地方经济。因此，应在可行性研究阶段与相关部门或单位签订协作意向书，而在初步设计阶段要签订正式协议书，还要与生产厂家直接签订供应和维修合同，纳入初步设计文件。

5.2　建设项目设计目标控制

5.2.1　建设项目设计目标

传统的建设项目设计要实现三大目标：安全可靠、适用和经济。在当代追求绿色低碳发展的理念下，建设项目设计还要将绿色低碳作为重要目标。建设单位需要根据设计目标要求，向设计单位提供设计基础资料，全面检验设计成果的质量。

1. 安全可靠性——建设单位对设计标准的控制

建设项目设计标准的选择是为了保证建设项目的安全可靠。所谓安全可靠，就是要保证建设项目的大部分或全部使用价值不致丧失、投资不致浪费。

（1）设计标准的内容

设计标准的内容包括建设规模、占地面积、工艺装备、建筑标准、配套工程、劳动定员、环境保护、安全防护、卫生标准，以及防灾抗灾级别等的标准或指标。

（2）设计标准的类别

① 国家标准、行业/地方标准及团体标准。在总结大量工程实践的基础上，政府主管部门及行业协会（学会）通过规范、规程或标准、规定等形式提出的标准。

② 建设单位标准。建设单位根据工程的性质、规模、使用期限、企业形象等规划条件提出的标准，以及根据设备类型、性能、备件配置、操作特点等生产条件提出的标准。

③ 厂家标准。设备生产厂家制定的与设备有关的标准。

（3）设计标准与设计目标之间的关系

设计的四大目标是相互制约、相辅相成的。建设单位应要求设计单位在选定设计标准时，将四大目标通盘考虑，严格控制。既不能为了降低造价而降低设计标准，又不能为了安全而片面追求高标准。对于非规范性标准，建设单位要经过详细调查、试验，并结合设计目标，综合平衡后，督促设计单位采用。

建设单位对工程可靠性的要求应从以下 3 方面考虑：

① 在生产使用上要有效和耐久；

② 在建筑结构上要保证强度、刚度和稳定；

③ 从总体规划上要满足防灾、抗灾的安全要求。

2. 适用性——建设单位对使用功能的控制

适用性是指建设项目要具有良好的使用功能和美观效果，既方便生产，又方便生活。建设项目的使用功能是第一位的，但优美的生产和生活环境，则有利于提高生产效率和产品质量，两者不可偏废。

（1）建设单位对适用性的控制

适用性主要是在项目决策阶段和初步设计阶段形成的。建设单位应抓住以下环节：总体布置要便于交通和联系，避免干扰和矛盾；室内布置则要求有必要的工作面积和空间，有必要的通风、照明、空调、防尘、防毒、防煤气、防火等设施，保证营业人员的身体健康；建设项目的形象处理，要统一而有序，要有合适的体形，比例要适宜，装饰要明快，与外部空间和环境要协调，要给人以庄重大方、明快和充满活力、富有时代气息的感受。

（2）使用功能

适用性又表现为使用功能。使用功能包括基本使用功能和外部使用功能。以港口工程为例，基本使用功能是货运（吞吐量）和客运（客运量），要保证船舶停泊，要保证货运和客运方便；外部使用功能则是货物的集疏运条件：地面运输（铁路、公路运输）、水上运输和空中运输的条件、能力，以及满足环境和社会的使用要求。使用功能必须满足市场需求，否则就失去了建设的意义。

3. 绿色低碳——建设单位对设计目标的选择

发展绿色低碳建筑，是工程建设领域贯彻落实绿色低碳发展新理念的重要举措。所谓绿色低碳建筑，是指在建筑全寿命期内，节约资源、保护环境、减少污染，为人们提供健康、适用、高效的使用空间，最大限度地实现人与自然和谐共生的高质量建筑。

“绿色建筑”中的“绿色”，并不是指一般意义上的立体绿化、屋顶花园，而是代表一种概念或象征，不仅能够提供舒适而安全的室内环境，同时应具有与自然环境相和谐的良好建筑外部环境，能充分利用自然环境，并在不破坏环境基本生态平衡条件下建造的一种建筑。按照绿色建筑评价标准，绿色建筑有不同等级，建设单位可结合建设项目实际情况，要求设计单位选择不同等级的绿色建筑设计标准。

“低碳建筑”是要通过提高建筑节能标准，推广高标准节能建筑应用，包括超低能耗建筑、净零能耗建筑等。建设单位同样可根据建设项目实际情况，要求设计单位设计不同的低碳建筑，以减少建筑碳排放量。

4. 经济性——建设单位对主要参数的选择

经济性是指保证工程安全可靠、适用及绿色低碳的前提下，做到建设周期短、工程投资低、交付使用后经济效益高。

工程建设是否经济，体现在工程建设和交付使用全过程。因此，评价建设项目的经济性，不应只看一次性建设投资，还要综合考虑交付使用后的日常费用，即应从建设工程全寿命期角度来考虑。

（1）经济性与设计参数的选择

建设投资和建成后使用成本的决定性因素，是设计阶段设计参数的正确选择。有些设计参数是由客观自然条件决定的，应按实际情况采用，如气温、地质情况等；有些是人为的，如建筑布局、建筑层高等。建设单位提供的原始数据必须准确、有根据且经过检验；设计单位选定的参数，必须要先进、合理且具有科学性。有些关键参数，建设单位应负责审定。设计参数的来源如下：

① 勘探和科研部门提供的资料；

② 国家标准、行业或地方标准、团体标准；

③ 建设单位（及设备厂家）提供的资料。

（2）经济性评价标准

采用先进技术、降低造价是设计单位的职责。但是，投资省的设计并不等于是一个经济的设计。只有结合使用成本进行综合评价，才能评价设计的经济性。建设投资省、使用成本低的方案当然是最佳方案。但在通常情况下，投资省的方案，其使用成本往往高；使用成本低的方案，其投资又往往高，这正是建设单位要把握的关键所在。设计单位要对方案进行技术经济分析，用投资回收期和内部收益率等指标来综合评价项目设计的经济性。建设项目经济评价，不仅要评价建设单位自身效益，还要评价社会效益和环境效益，从对国民经济和整个社会的受益或受损来正确评价。建设单位要认真审查设计单位的经济性评价文件，反复咨询调研，避免走入误区。

（3）经济性内涵

① 节约用地、能源；

② 投资回收期短、内部收益率高（与国内同类建设项目及国际常规项目相比）；

③ 建设工期短、全寿命期成本（life cycle cost，LCC）低。

5.2.2　建设单位对工程设计的控制

从广义角度讲，设计过程是指从建设项目选址、可行性研究开始，直到竣工验收、投产回访总结全过程，亦即设计贯穿于投资决策和工程建设全过程。因此，建设单位对设计的控制也贯穿于投资决策和工程建设全过程。设计阶段的不同，建设单位对设计的控制也有所不同。控制的重点应放在可行性研究和初步设计阶段。一个建设项目的成败主要取决于投资决策和初步设计阶段。施工图设计阶段则具体到工程实施问题，虽然设计量大、内容具体，但由于大方案已定，建设单位的控制相对可少些。因为此时建设单位的工作重心已转移到繁杂的施工筹备工作。

建设单位对工程设计的控制，主要体现在工程质量控制、进度控制和投资控制中。

1. 质量控制

工程质量目标和水平需要通过设计加以具体化。工程设计应遵循“统一规划，合理布局，因地制宜，综合开发，配套建设”的方针，做到适用、经济、美观、安全、节地，并与环境相协调，做到“造价不高质量高、标准不高水平高、面积不大功能全、占地不多环境美”。

建设单位控制工程设计质量的主要工作内容如下。

（1）组织设计招标或方案竞赛

根据工程建设有关批文、资料，编制设计大纲或设计方案竞赛文件，组织设计招标或设计方案竞赛，签订设计合同。

（2）优选勘察、科研单位

进行勘察、科研单位资质审查，优选勘察、科研单位，签订并履行勘察、科研合同。

（3）审查设计方案

审查设计方案，以保证工程设计符合设计大纲要求，符合国家有关工程建设的方针、政策，符合工程设计标准及国情；结合工程实际，技术先进，能充分发挥建设项目的社会效益、经济效益和环境效益。

① 审查总体方案。重点审核设计依据、设计规模（对生产性建设项目是指设计年生产能力，对非生产性建设项目是指设计容量）、产品方案、工艺流程、项目组成及布局、设备配套、占地面积、建筑面积、建筑造型、协作条件、环保节能措施、防灾抗灾、建设期限、

设计概算等的可靠性、合理性、经济性、先进性和协调性，判断其是否满足投资决策阶段所确定的质量目标和水平。

② 审查专业设计方案。重点审核专业设计方案的设计参数、设计标准、设备和结构造型、功能和使用价值等是否满足适用、经济、美观、安全、可靠、绿色的要求。

设计方案审核要结合工程概算资料进行，做好技术经济比较和多方案论证，以确保工程质量、进度和投资 3 个目标的合理匹配。

（4）审核设计图纸

设计图纸是工程设计工作成果，同时又是工程施工的直接依据。因此，设计阶段的质量控制最终要体现在设计图纸的审核上。

① 初步设计图纸审核。初步设计是决定工程采用何种技术方案。审核的重点是：所采用的技术方案是否符合总体方案的要求，是否达到投资决策阶段的质量标准。同时，要审核工程概算是否在控制限额之内。

② 技术设计图纸审核。技术设计是初步设计技术方案的具体化。审核的重点是：各专业设计是否符合预定的质量标准和要求。同时，要审核修正概算是否在投资控制限额之内。

③ 施工图审核。施工图是对设备、设施、建筑物、管线等工程对象的尺寸、布置、选材、构造、相互关系、施工及安装质量要求的详细描述和说明，是指导施工的直接依据，也是设计阶段质量控制的重点，其审核重点是使用功能能否满足质量目标和水平。

（5）组织设计交底和图纸会审

① 目的：进一步提高质量，使施工单位、监理单位熟悉图纸、了解工程特点和设计意图、关键部位的质量要求，发现图纸错误并进行改正。

② 程序：建设单位组织施工单位、监理单位和设计单位进行图纸会审，先由设计单位进行设计交底，即由设计单位介绍工程概况、特点、设计意图、施工要求、技术措施等有关注意事项；然后由施工单位、监理单位提出图纸中存在的问题和需要解决的技术难题，通过建设单位及监理单位、设计单位、施工单位协商，拟订解决方案；最后，参会各方在会议纪要上签字。

③ 图纸会审的主要内容：

● 图纸是否经设计单位签署意见，图纸与说明是否齐全，有无续图供应。

● 地质与外部资料是否齐全，抗震、防火、防灾、安全、卫生、环保、节能是否满足要求。

● 总平面图与施工图是否一致；设计图之间、各专业图之间有无矛盾，标志是否有遗漏；总图布置中工艺管线、电气线路、设备位置、运输通路与构筑物之间有无矛盾，布局是否合理。

● 地基处理是否合理；施工与安装是否存在不能实现或难以实现的技术问题，或者易于导致质量、安全及费用增加等方面的问题；材料来源是否有保证、能否代换。

● 标准图册、通用图集、详图做法是否齐全，非通用设计图纸是否齐全。

（6）组织配合施工和竣工验收

建设单位组织设计单位配合施工，任务有两个：一是处理在施工过程中发生的设计问题，解决施工单位、监理单位、建设单位提出的质量问题；二是处理设计变更和预算修改。

竣工验收既是对施工质量的最后考核，也是对设计质量的最后审定。验收期间发现的设计或施工质量问题，限定期限要求设计单位或施工单位予以消除。工程经验收达到预期质量要求，设计质量控制工作也就宣告终止。

2. 进度控制

建设项目实施进度取决于设计单位所做的工程设计。设计所采用的总体规划、外部协作条件、主体工艺流程、设备制造及安装方式、主体建筑结构形式、施工方法等，都直接决定项目的实施进度。

建设单位对设计文件形成的进度控制，主要是审核设计单位提交的设计进度控制计划和详细的出图计划，并在计划执行过程中对设计进度实施动态监测，以确保设计文件能按时提交。同时，还要审查项目实施过程安排，判断项目能否在投资决策阶段确定的计划工期内完成。

进度控制审查的重点是：在设计文件中编制的实施总工期和实施进度安排是否能保证实现。包括：劳动力来源、劳动者技能要求、劳动生产率等要求能否落实；建筑材料来源、数量、运输和规格、性能、加工等要求能否落实；施工准备能否按时完成；外部协作条件能否按时具备；临时设施等外部条件能否准时完成；主要设备订货周期、生产周期及运输周期是否正确无误；主要建筑构件的预制、运输及安装是否能按期实现；主体设计及辅助设施的安装、调试、试生产等是否考虑充分；验收、生产准备时间是否落实；人员培训是否落实；有关施工、生产准备的时间是否在进度表中均有充分反映。同时，与已建成的类似项目建设周期进行分析对比，论证设计总进度安排是否合理可行。

3. 投资控制

设计阶段投资控制的目标是：初步设计概算不超过可行性研究报告中的估算总投资；施工图预算不超过设计概算；在施工配合过程中设计变更引起的预算改变不超过批准的总投资额。

（1） 投资控制目标及其形成期

建设项目投资是指进行某项工程建设所花费的全部费用，包括固定资产投资和铺底流动资金（对于生产性项目而言）。

由于工程建设期长、消耗物资多、价格变动范围大、技术进步速度快，不可能从工程建设开始，就确定一个固定投资目标，而只能设置一个大致的投资控制目标。随着工程建设不断推进，投资控制目标才逐渐清晰、准确，这就是投资估算、设计概算、施工图预算、承包合同价。因此，投资控制目标应分阶段设置。

① 投资估算：方案设计和初步设计阶段投资控制目标。

② 设计概算：技术设计和施工图设计阶段投资控制目标。

③ 施工图预算：施工招标阶段投资控制目标。

④ 承包合同价：施工阶段投资控制目标。

投资估算是在建设项目可行性研究阶段形成的。由此可见，可行性研究能影响整个投资目标，影响的可能性几乎为 100%；设计概算是在初步设计阶段形成的，初步设计影响项目投资的可能性为 75%～95%；技术设计阶段将形成修正概算，影响投资的可能性为 35%～75%；施工图设计阶段将形成施工图预算，影响投资的可能性仅为 10%左右。因此，投资控制的重点在设计前期和设计阶段。上述阶段性投资控制目标之间相互制约、相互补充，前者控制后者，后者补充前者，共同形成建设项目投资控制目标系统。

（2）设计概算的组成和审查

① 设计概算组成。设计概算由三级概算组成：单位工程概算、单项工程综合概算和建设项目总概算。

- 单位工程概算。单位工程概算分建筑工程概算、设备及安装工程概算两部分。建筑工程概算又分为土建工程概算、给排水工程概算、采暖工程概算、通风工程概算、电气照明工程概算、管道工程概算等。设备及安装工程概算又分为机械设备及安装工程概算、电气设备及安装工程概算等。一般按工程量依据概算定额/指标编制。
- 单项工程综合概算。是指将组成单项工程的单位工程概算列表汇总。
- 建设项目总概算。由单项工程综合概算（称第一部分工程费用）、第二部分费用（工程建设其他费用）、预备费用、利息和税金组成。

第一部分工程费用：包括主要工程综合概算、辅助和服务性工程综合概算、生活福利设施工程综合概算、室外工程综合概算、场外工程综合概算等。

第二部分费用：包括土地使用费、建设单位管理费、研究试验费、勘察设计费、工程监理费、工程保险费、建设单位临时设施费、供电贴费、引进技术和设备费用、工程总承包费、联合试运转费、生产准备费、办公和生活家具购置费等。

② 设计概算审查。设计概算编得准确合理，才能保证投资计划的真实性。概算审查的目的就是力求投资的准确、完整，防止扩大投资规模或出现漏项，减少投资缺口。要打足投资、不留缺口，提高建设项目投资效益。

- 审查编制依据：编制依据是否合法，审查定额/指标、标准、价格、取费标准的时效性，审查编制依据的适用范围。
- 审查概算构成：包括工程量、单价、取费标准；审查经济效益、“三废”投资和各项经济技术指标。
- 审查方式：掌握建设项目概况，在理解设计意图和概算编制说明的基础上，与国内外同类建设项目投资进行对比分析，了解国内外新形势、新问题，研究调整总概算，并报审批单位批准。

（3）施工图预算审查重点和方式

① 审查重点：审查编制依据是否合法及定额/指标的时效性，工程量是否准确，预算单价是否正确，取费标准是否符合规定，有无重复计费，费用调整是否真实等。

② 审查方式：审查方式有单审和会审两种。

- 单审。由建设单位和施工承包单位单独进行，发现问题，依法依规充分协商，实事求是地修正预算。
- 会审。由建设单位牵头，邀请设计、监理、施工承包单位进行审查。

一般而言，单审适用于中小型项目，会审适用于复杂大型项目。

施工图预算审查涉及单位多、工作量大，因此，选定审查方法非常重要。常用的方法有对比审查、利用手册审查、标准单元审查、编制标准工程做法审查、重点审查、逐项审查等。

（4）施工过程中预算修改的审查

建设单位由于工程变化或要求修改设计；设计单位对设计提出变更和施工承包单位在施工过程中要求设计变更，均需由设计单位出具设计变更书，经建设单位认可后执行。由于这些变更所引起的工程费用增减，就是预算修改。建设单位需要对变更费用进行审查，使其尽量不超过批准的概算投资额。否则，有可能需要重新报批设计概算。

5.3　初步设计及施工图设计管理

5.3.1　初步设计（技术设计）管理

1. 初步设计的必备条件

建设单位委托初步设计的必备条件如下：

① 建设项目可行性研究报告已获批准；

② 已取得建设用地规划许可证和建设用地红线图；

③ 已取得规划设计条件通知书。

在初步设计过程中，建设单位要办理各种外部协作条件的取证工作，并完成科研、勘察任务委托工作，从而为工程设计和设计概算编制提供依据。

2. 初步设计内容及深度要求

（1）初步设计主要内容

初步设计主要内容如下。

① 设计原则。在工程设计中遵循的主要方针政策和指导思想。

② 建设规模，分期建设及远景规划，建设地点，占地面积，征地数量，总平面布置和内外交通、外部协作条件。

③ 各专业主要设计方案和工艺流程。

④ 原料、燃料、动力来源、用量、供应条件；主要材料用量；主要设备选型、数量、配置。

⑤ 新技术、新工艺、新设备采用情况。

⑥ 主要建筑物、构筑物，公用、辅助设施，生活区建设，抗震和人防措施。

⑦ 综合利用，环境保护、建筑节能和“三废”治理。

⑧ 生产组织，工作制度和劳动定员。

⑨ 各项技术经济指标。

⑩ 建设顺序，建设期限。

⑪ 经济评价，成本、产值、税金、利润、投资回收期、贷款偿还期、净现值、投资收益率等指标分析。

⑫ 总概算。

⑬ 附件、附表、附图，包括作为设计依据的批文，各项协议，主要设备表，主要材料明细表，劳动定员表等。

（2）初步设计深度要求

初步设计应满足下列要求。

① 多方案比较：在充分细致论证项目经济效益、社会效益、环境效益的基础上，择优推荐设计方案。

② 建设项目的单项工程要齐全，主要工程量误差应在允许范围之内。

③ 主要设备和材料明细表，要符合订货要求，可作为订货依据。

④ 总概算不应超过可行性研究报告中的总投资估算额。

⑤ 满足施工图设计准备工作的要求。

⑥ 满足土地征用、招标发包、施工准备、开展施工组织设计，以及生产准备等工作的要求。

经批准的可行性研究报告中所确定的主要设计原则和方案，如建设地点、规模、主要设备、主要建筑标准等，在初步设计中不应有较大变动，若有重大变动或概算突破估算投资较大时，则要申明原因，报请原审批部门批准。

3. 初步设计审查

建设单位对初步设计文件的审查，需要围绕所设计的建设项目质量、进度及投资进行。总目录和设计总说明审查，查核设计质量是否符合决策要求，项目是否齐全，有无漏项，设计标准、装备标准是否符合预定要求。针对建设单位所提的委托条件和建设单位对设计的原则要求，逐条对照，审核设计是否均已满足。在初步设计中所安排的施工进度和交付使用时间，是否确有可能实现，各种外部因素是否考虑周全。投资审查，主要是审核总概算。要审核全部投资是否节约，外部条件设计是否经济，方案比较是否全面，经济评价是否合理；设备投资是否合理，主要设备的订货价格是否符合当前市场价格，能否用国产设备；采购国外设备的充要条件，运输费用是否合理，报关是否合理，有无替代途径。

对初步设计图纸的审查，重点是审查总平面布置。总图布置要方便使用，获得最佳的工作效率，同时要满足环境保护、安全生产、防震抗灾、消防、防洪、美化生活环境等要求，充分考虑方向、风向、采光、通风等要素。工艺设备、各种管线和道路的关系要匹配，不能存在矛盾。

要审查初步设计是否创造了一个良好的生产和生活环境，是否创造了高效、低耗和充满生机的条件。这主要体现在建筑设计标准、建筑平面和空间的处理及环保要求等方面。一个建筑区域，或者一个新兴城市，要有完美、和谐、统一的建筑风格。

4. 初步设计报批

根据《国务院关于投资体制改革的决定》（国发〔2004〕20 号），对于采用直接投资和资本金注入方式的政府投资项目，政府应严格审批其初步设计、概算；对于采用投资补助、转贷和贷款贴息方式的政府投资项目，则只审批资金申请报告，不需要审批建设项目的初步设计、概算。

5. 技术设计管理

（1）开展技术设计的条件

① 初步设计已被批准；

② 对于特大规模的建设项目，或者工艺极为复杂，或者采用新工艺、新设备、新技术

且有待试验研究的新开发项目，某些援外项目及极为特殊的项目，经主管部门批准需要进行技术设计的项目。

（2）技术设计应解决的主要问题及深度

技术设计是根据已批准的初步设计，对设计中比较复杂的项目、遗留问题或特殊需要，通过更详细的设计和计算，进一步研究和阐明其可靠性和合理性，准确地决定各主要技术问题。设计深度和范围，应与初步设计基本一致。

（3）技术设计报批

技术设计是初步设计的补充和深化，一般不再进行审核。建设单位可直接报送技术设计审批部门，一旦批准便可开展施工图设计。

5.3.2　施工图设计管理

1. 施工图设计的条件

开展施工图设计的条件如下。

① 初步设计及技术设计批准文件。

② 在初步设计审查时提出的重大问题和初步设计遗留问题，诸如补充钻探、勘察、试验、模型等已解决；施工图勘察及地形测绘图已完成。

③ 外部协作条件的各种协议已签订或基本落实。

④ 主要设备订货基本落实，设备总装图、基础图资料已收集齐全，可满足施工图设计的要求。

2. 施工图设计内容及深度

（1）施工图设计内容

施工图设计内容主要包括工程施工、设备安装所需的全部图纸，重要施工、安装部位和生产环节的施工操作说明，施工图设计说明，工程预算书和设备、材料明细表。

在施工总图（平、剖面图）中应有设备、建筑或构筑物、结构、管线等各部分布置，以及各组成部分的标高、外形尺寸、坐标；设备和标准件清单；预制的建筑构配件明细表等。在施工详图中，应设计非标准详图，设备安装及工艺详图，设计建、构筑物及一切配件和构件尺寸，联接、结构断面图，材料明细表及编制预算。图纸应按有关专业配套出齐，包括主体工艺、水、暖、风、电、通信、运输、自动化、设备、机械制造、水工、土建等专业。

（2）施工图设计深度

施工图设计应满足以下要求：

① 设备材料的安排；

② 非标准设备和结构件的加工制作；

③ 编制施工图预算，并作为工程招标及施工合同签订依据；

④ 施工组织设计的编制，应满足设备安装和土建施工的需要。

3. 施工图设计文件审查

建设单位应当将施工图设计文件送施工图审查机构审查，但审查机构不得与所审查项目的建设单位、勘察设计企业有隶属关系或者其他利害关系。施工图设计文件审查主要包括以下内容：

① 是否符合工程建设强制性标准；

② 地基基础和主体结构的安全性；

③ 消防安全性；

④ 人防工程（不含人防指挥工程）防护安全性；

⑤ 是否符合民用建筑节能强制性标准，对执行绿色建筑标准的项目，还应当审查是否符合绿色建筑标准；

⑥ 勘察设计单位、注册执业人员及相关人员是否按规定在施工图上加盖相应的图章和签字；

⑦ 法律、法规、规章规定必须审查的其他内容。

任何单位或者个人不得擅自修改审查合格的施工图。确需修改的，凡涉及上述审查内容的，建设单位应当将修改后的施工图设计文件送原审查机构审查。

复习思考题

1. 建设项目外部协作条件包括哪些内容？
2. 建设项目设计目标及其控制包括哪些内容？
3. 设计方案审查包括哪些内容？图纸会审包括哪些内容？
4. 建设项目投资控制目标系统包括哪些内容？设计概算审查包括哪些内容？
5. 初步设计和施工图设计条件分别有哪些？
6. 施工图设计文件审查包括哪些内容？

案例分析题

中国国家大剧院是新“北京十六景”之一的地标性建筑，由主体建筑及南北两侧的水下长廊、地下停车场、人工湖、绿地组成。国家大剧院外观呈半椭球形，总建筑面积约 16.5 万 m^2，其中主体建筑为 10.5 万 m^2，地下附属设施为 6 万 m^2，总造价为 30.67 亿元。设有歌剧院、音乐厅、戏剧场及艺术展厅、餐厅、音像商店等配套设施。2009 年入选新中国成立 60 周年“百项经典暨精品工程”。

中国国家大剧院建筑设计方案经过两轮竞赛 3 次修改，来自 10 个国家的 36 个设计单位参赛，先后有 69 个方案参加评选。最终确定由法国著名建筑设计师保罗·安德鲁主持设计。

试分析国家大剧院建筑特色及设计方案竞赛过程。

知识拓展题

学习工程设计招标过程及特点。

第 6 章　建设项目监理

工程监理是我国工程建设领域的一项基本制度。对于依法强制实施监理的建设项目，建设单位必须委托具有相应资质条件的工程监理单位实施监理。对于实施监理的建设项目，业主方在施工阶段的大部分管理工作将会由工程监理单位派出的项目监理机构执行。

6.1　建设项目监理任务和内容

6.1.1　建设项目监理含义和中心任务

1. 建设项目监理的含义

建设项目监理是指工程监理单位受建设单位委托，根据法律法规、工程建设标准、勘察设计文件及合同，在施工阶段对建设工程质量、投资、进度进行控制，对合同、信息进行管理，对工程建设相关方的关系进行协调，并履行建设工程安全生产管理法定职责的服务活动。

建设单位是工程监理任务的委托方，工程监理单位是监理任务的受托方。在建设单位的委托授权范围内，工程监理单位从事专业化服务活动。与国际上一般的工程咨询服务不同，具有中国特色的工程监理制度，不仅定位于工程施工阶段，而且法律法规将工程质量、安全生产管理方面的责任赋予工程监理单位。概括而言，工程监理是指工程监理单位在建设单位的委托授权范围内进行的“三控两管一协调”和建设工程安全生产管理。

对具体建设项目而言，工程监理的行为主体是工程监理单位，工程监理既不同于政府监管部门的强制性监督管理，也不同于总承包单位对分包单位的监督管理。工程监理的实施需要建设单位的委托和授权，只有在建设单位委托的前提下，工程监理单位才能根据有关工程建设法律法规、工程监理合同及其他有关合同实施监理。

工程监理制度的实施，已将原来工程建设由建设单位和承包单位承担的“二元”管理体制，变为建设单位、工程监理单位和承包单位三家共同承担的“三元”管理体制。实施工程监理制度后的工程建设管理格局如图 6－1 所示。

2. 建设项目监理的中心任务

建设项目监理的中心任务是控制建设项目目标，也就是控制经过科学规划所确定的建设项目质量、进度和投资目标。这三大目标是相互关联、相互制约的目标系统。同时，工程监理单位还要履行安全生产管理的法定职责。

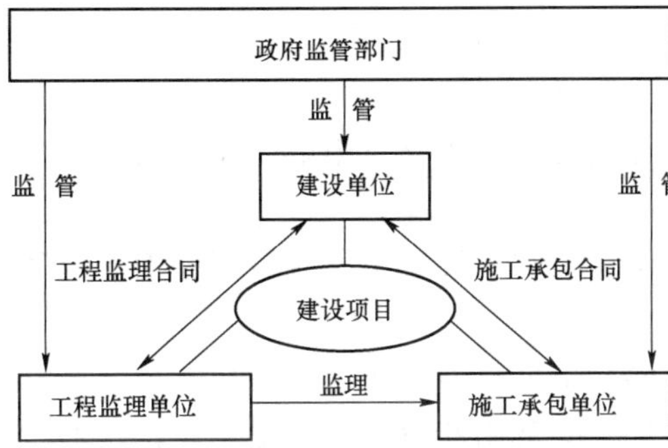

图 6－1　实施工程监理制度后的工程建设管理格局

需要说明的是，建设项目监理要达到的目的是“力求”实现项目目标。工程监理单位和监理工程师“将不是，也不能成为任何承包商的工程承保人或保证人”。因为在市场经济条件下，任何承包单位作为建筑产品的卖方，都应当根据工程承包合同约定完成工程承包任务。否则，将承担合同责任。施工承包单位与建设单位之间是承发包关系，它们要承担承发包风险。建设单位和施工承包单位只能各自保证履行其合同义务，而作为工程承包合同“甲方和乙方”之外“第三方”的工程监理单位和监理工程师，则没有义务替它们承担责任。谁设计谁负责，谁施工谁负责，谁供应材料和设备谁负责。当然，如果工程监理单位、监理工程师未能履行法律法规及工程监理合同中规定的监理职责和义务，将会承担相应的监理责任。

控制建设项目质量、进度和投资三大目标是工程监理单位的合同责任，履行建设工程安全生产法定职责，则是工程监理单位不可回避的社会责任。

6.1.2　建设项目监理的工作内容及方式

1. 建设项目监理的工作内容

根据施工阶段目标规划和计划，通过动态控制、组织协调、合同管理和信息管理，力求使建设项目施工质量、进度和费用支出符合预定目标要求。建设项目监理的基本工作内容如下：

① 编制监理规划和监理实施细则；

② 熟悉工程设计文件，并参加由建设单位主持的图纸会审和设计交底会议；

③ 参加由建设单位主持的第一次工地会议，主持监理例会并根据工程需要主持或参加专题会议；

④ 审查施工承包单位提交的施工组织设计、施工方案、专项施工方案；

⑤ 检查施工承包单位工程质量、安全生产管理制度及组织机构和人员资格；

⑥ 检查施工承包单位专职安全生产管理人员的配备情况；

⑦ 审查施工承包单位提交的施工进度计划，核查施工承包单位对施工进度计划的调整；

⑧ 检查施工承包单位的试验室；

⑨ 审核施工分包单位资质条件；

⑩ 查验施工承包单位的施工测量放线成果；

⑪ 审查工程开工条件，对条件具备的签发开工令；

⑫ 审查施工承包单位报送的工程材料、构配件、设备质量证明文件的有效性和符合性，抽检进场用于工程的材料、构配件质量；

⑬ 审核施工承包单位提交的工程款支付申请，签发或出具工程款支付证书，并报建设单位审核批准；

⑭ 在巡视、旁站和检验过程中，发现工程质量、施工安全存在事故隐患的，要求施工承包单位整改并报建设单位；

⑮ 经建设单位同意，签发工程暂停令和复工令；

⑯ 审查施工承包单位提交的采用新材料、新工艺、新技术、新设备的论证材料及相关验收标准；

⑰ 验收隐蔽工程、分部分项工程；

⑱ 审查施工承包单位提交的工程变更申请，协调处理施工进度调整、费用索赔、合同争议等事项；

⑲ 审查施工承包单位提交的竣工验收申请，编写工程质量评估报告；

⑳ 参加工程竣工验收，签署竣工验收意见；

㉑ 审查施工承包单位提交的竣工结算申请并报建设单位；

㉒ 编制、整理工程监理归档文件并报建设单位。

2. 建设项目监理的工作方式

工程监理单位派驻施工现场的项目监理机构通常会采取检查、审查（核）、巡视、平行检验、旁站、见证取样、报告等方式履行监理职责。

（1）检查、审查（核）

项目监理机构需要检查施工承包单位的工程质量、施工安全保障条件，如检查施工承包单位工程质量、安全生产管理制度及组织机构和人员资格、检查施工承包单位专职安全生产管理人员的配备情况、检查施工承包单位的试验室等。对于施工承包单位提交的文件资料，项目监理机构将需要进行审查（核）。如：审查施工承包单位提交的施工组织设计、施工方案、专项施工方案，审查施工承包单位提交的工程变更申请、竣工验收申请、竣工结算申请等，审核施工分包单位资质条件、施工承包单位提交的工程款支付申请及查验施工承包单位的施工测量放线成果等。

（2）巡视

巡视是项目监理人员对现场施工质量和施工安全情况进行的日常检查工作。项目监理机构要结合工程实际情况，在监理规划及监理实施细则中明确巡视范围、主要对象、内容及频率并严格执行。巡视重点是施工质量问题、质量缺陷和各类生产安全事故隐患，一旦发现有不符合要求的情况，要及时要求施工承包单位进行整改，要将问题消灭在萌芽状态。

（3）平行检验

对于一些重要的工程材料和工程实体质量，在施工承包单位进行自检的同时，还需要项目监理机构进行检测试验，以确保工程质量检测试验结论更加真实可靠。为此，需要项目监理机构结合工程特点编制平行检验方案，明确平行检验的范围、内容及方式等，并严格执行平行检验方案。

（4）旁站

旁站是项目监理机构对关键部位或关键工序施工质量进行监督的一种方式。通过旁站可以直接监督施工过程，确保施工方案得到切实执行。为此，项目监理机构要结合施工组织设计和施工方案，编制旁站计划，明确旁站对象、内容、方式及旁站人员职责，并切实执行旁站计划和做好旁站记录。

（5）见证取样

见证取样是项目监理机构对施工单位涉及结构安全的试块、试件及工程材料进行现场取样、封样、送检工作的一种监督方式。为确保取样的真实和试块、试件及工程材料样本能代表母体的质量状况，项目监理机构派出专业监理人员对施工承包单位的现场取样、封样、送检工作非常重要。为此，需要项目监理机构在监理实施细则中明确见证取样人员职责及工作程序。

（6）报告

项目监理机构向建设单位、政府主管部门报告也是履行监理职责的一种重要方式。特别是在履行安全生产管理方面，当项目监理机构发现存在严重的安全事故隐患时，不仅应要求施工承包单位停工整改，还应及时报告建设单位。施工单位拒不整改或者不停止施工的，应及时向有关主管部门报告。

6.2　建设项目监理单位的选择

6.2.1　项目监理委托方式及合同结构

1. 项目监理委托方式

建设单位可将建设项目监理任务直接委托工程监理单位。但对于招标投标法律规定必须通过招标方式选择工程监理单位的，需要采用招标方式委托工程监理任务。工程监理招标有公开招标（发出招标公告）和邀请招标（发出投标邀请函）两种方式。工程监理招标程序如图 6－2 所示。

2. 项目监理合同结构

建设单位在确定工程监理任务委托范围后，需要结合自身管理能力及工程监理特点选择监理合同结构，考虑委托综合型监理单位，还是委托专业型监理单位。

（1）建设项目监理合同结构类型

仅就工程监理任务而言，合同结构主要有两种类型，即平行委托合同结构和总委托合同结构。

① 平行委托合同结构。建设单位将整个建设项目按不同标段或不同专业分成若干个子项目，分别委托不同的工程监理单位实施监理。各工程监理单位均向建设单位负责，由建设单位组织、协调其开展监理工作。

采用平行委托合同结构的优点是：建设单位可以分批委托工程监理单位开展监理工作，有利于控制建设项目目标；由专业监理单位分别承担相应专业工程监理任务，可以提高监理工作成效。

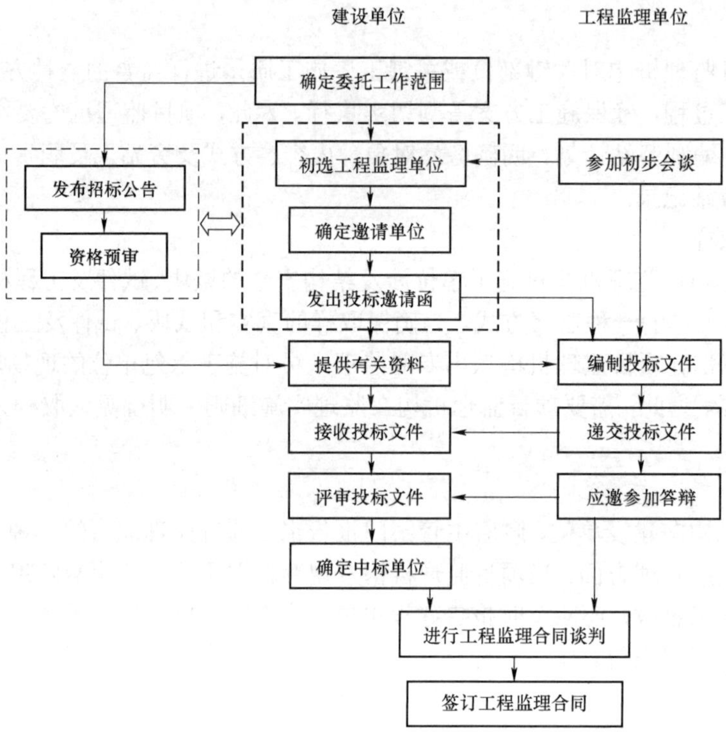

图 6-2 工程监理招标程序

采用平行委托合同结构的不足之处不仅在于整个建设项目的监理工作被分为若干部分，不利于总体规划与协调控制，而且由于建设单位要负责协调各工程监理单位的工作，协调工作量较大。

② 总委托合同结构。当建设项目规模较小，工程监理单位（或工程监理单位联合体）有足够能力承担一个建设项目全部监理任务时，建设单位可委托一家工程监理单位（或工程监理单位联合体）独立开展监理工作，而不必划分为几个标段。

采用总委托合同结构，建设项目全部监理任务由一家工程监理单位（或工程监理单位联合体）承担，不仅有利于整个建设项目的目标规划与协调控制，而且项目监理机构内部协调工作也较方便。但在这种情况下，需要工程监理单位具有较强的目标规划、合同管理及协调控制能力，这将是建设项目监理成败的关键。

（2）选择项目监理合同结构应考虑的因素

建设单位选择项目监理合同结构时，一般应考虑以下几方面因素。

① 项目规模。中小型建设项目，有条件时可采用总委托合同结构，将全部监理工作委托一家工程监理单位；对于大型复杂建设项目，则应采用平行委托合同结构，分标段分别委托不同工程监理单位。

② 项目专业特点。不同专业工程的施工内容不同，对工程监理人员的业务素质、专业技能要求不同。对于大型复杂建设项目，在选择项目监理合同结构时应充分考虑不同工作内容的要求，如将土建工程与安装工程的监理任务分开委托等。若有特殊专业技能要求（如特殊基础处理工程），还可进一步细分专业工程监理任务，将其委托给具有相应专业技能的工程监理单位。

③ 合同履行难易程度。在建设项目实施期间，建设单位与有关承包单位、供应商签订的发承包合同较多。对于易履行的合同，没有必要采用平行委托合同结构，如一般建筑材料供销合同履行的监督管理等。而对于设备加工订购合同，则需委托专门的工程监理单位负责合同履行的监督管理。

④ 建设单位管理能力。当建设单位的管理能力较强时，可采用平行委托合同结构，也可由建设单位自己来承担项目实施阶段的某些管理工作内容，如施工前期现场准备管理工作等。当建设单位管理能力较弱时，可采用总委托合同结构，将更多管理工作委托工程监理单位，也可再委托一家专业化项目管理单位去实施。

6.2.2　项目监理单位资格审查与投标文件评审

1. 项目监理单位资格审查

建设单位在选择工程监理单位时的一项重要工作是进行资格审查。当采用邀请招标时，建设单位在发出投标邀请函前，应对初选名单中的工程监理单位进行资格审查。这种资格审查应采用分别座谈的形式。这样做，一方面是由于初选名单范围较宽，没有必要让工程监理单位做更多准备工作；另一方面通过面对面会谈，有助于更全面、详细地了解工程监理单位能力情况，并听取其开展项目监理工作的想法和建议。与初选的各家工程监理单位会谈后，通过资格审查确定邀请投标的工程监理单位短名单。当采用公开招标时，则需要通过资格预审环节审查投标单位的资格。

由于工程监理单位是用自己的知识和技能为建设单位提供监理服务工作，因此，对工程监理单位进行资格审查，主要是从总体角度考察拟邀请或投标监理单位的能力是否与拟建项目监理需求相适应，而不是评审其实施项目监理工作的建议或方案是否可行、适用。因此，资格审查重点应侧重于投标邀请对象或申请人的资质条件、监理经验、可用资源、社会信誉、新项目承接能力等方面。工程监理单位资格审查基本内容如表 6－1 所示。

表 6－1　工程监理单位资格审查基本内容

审查内容	审查重点	判别原则
资质条件	① 资质等级 ② 业务范围 ③ 公司组织形式，公司总部及分支机构所在地 ④ 隶属关系 ⑤ 法人条件和公司章程	① 工程监理单位资质等级应与工程项目级别相适应 ② 工程监理业务范围应满足工程项目要求 ③ 工程监理单位与可能选择的施工承包单位或供货商，不应有行政隶属关系或合伙关系，以保证监理工作的公平性
监理经验	① 已监理过的代表性工程项目 ② 已监理过的类似工程项目	① 应具有丰富的工程监理经验 ② 应具有丰富的类似工程监理经验，已完成或参与过与拟委托项目相适应的监理工作
现有资源条件	① 公司人员 ② 开展正常监理工作可采用的检测设备工器具或手段 ③ 数字化管理能力	① 公司可动用的专业人员数量、专业结构、管理和技术能力应满足项目监理工作要求 ② 必要的检测设备工器具及其获取途径应满足项目监理工作需要 ③ 已拥有的数字化系统或平台较先进，应满足项目监理工作需要
社会信誉	① 公司在专业方面的声誉 ② 公司在以往服务过的工程项目中的信誉	① 工程监理单位在科学、诚信、独立、公平方面是否具有良好信誉 ② 在以往监理工作中是否存在因其失职行为而给建设单位带来重大损失的情况

续表

审查内容	审查重点	判别原则
社会信誉	③ 公司与建设单位和施工承包单位的合作关系	③ 是否有因工程监理单位自身原因与建设单位发生合同纠纷而导致仲裁或诉讼的记录 ④ 是否发生过工程监理单位或其监理人员收受施工承包单位佣金、礼品、津贴等行为
新项目承接能力	① 正在实施监理的工程项目数量、规模 ② 正在实施监理的工程项目开工和预计竣工时间 ③ 正在实施监理的工程地点	① 工程监理单位可投入的资源能否满足项目监理需要 ② 对部分不满足专业要求的监理工作，所提出的解决方案是否可接受

2. 项目监理投标文件评审

（1）评标方法

建设项目监理评标方法，一般有专家评审法和综合评分法两种。

① 专家评审法。专家评审法是由评标小组的各位专家分别就各投标书的内容进行充分评论，最终以投票方式评选出最具实力的工程监理单位。这种方法的优点是：各评审专家可充分发表自己对各投标书的意见，能集思广益地进行全面评价，节约评标时间。缺点是以定性的因素作为评审条件，没有量化指标对各投标书进行全面的综合比较，评审人的主观因素影响较大。

② 综合评分法。综合评分法是采用量化指标考察每一有效投标人的综合水平，以各项因素评价得分的累计分值高低，排出各投标书的优劣顺序。由于评标是对各投标人针对本项目的监理方案进行审查比较，因此，评标时主要考虑技术、管理能力是否符合工程监理要求，监理方法是否科学，措施是否可靠，监理取费是否合理。

在进行评标时，首先应根据项目监理工作特点确定评审比较的内容，然后再根据重要程度规定各主要部分的分值权重。在此基础上，还应细致地规定出各主要部分的评分标准。各投标书的分项内容经评标委员会专家打分后，再乘预定的权重，即可算出该分项内容得分，累加各分项内容得分即可得到该投标书的总评分。

项目监理投标书一般以投标人准备如何实施监理任务的建议书（监理大纲）方式编报。在评审时应划分成技术建议书和财务建议书两大部分。这两部分在评审记分时可分别考虑，也可同时综合考虑。到底采用何种方式，要根据建设项目特点和监理工作范围等因素来决定。技术建议书评审可分为监理经验、实施方案和人员配备方案 3 个主要方面；财务建议书主要评审报价的合理性。若两大部分同时记分，技术评审权重一般为 70%～90%；财务评审权重为 10%～30%。其中，技术评审所考虑的 3 个方面在技术评审总分中所占的权重分配一般为：监理经验占 10%～20%，实施方案占 25%～40%，人员配备占 40%～60%。

（2）技术评审内容

① 监理经验评审。通常会包括一般经验和特殊经验两方面。

- 一般经验。主要通过投标人提供的最近几年所承担的工程项目一览表，从数量、规模、专业性质、监理工作内容等方面进行评价。
- 特殊经验。在考察投标人是否有类似项目监理经验的基础上，根据建设项目专业特点，如复杂地基处理、特殊施工工艺要求（特殊焊接工艺、大型专业设备安装）等，考察投标人监理经验是否能满足要求。

② 实施方案评审。主要评价以下几方面内容。

- 监理工作指导思想和目标。看其是否理解建设单位的建设意图，工作内容是否已包括委托的全部工作任务，监理目标是否与投资目标和建设意图相一致。
- 项目监理机构。在组织形式、管理模式等方面是否合理，是否结合项目实施特点，能否与建设单位和施工承包单位的组织关系相协调等。
- 工作计划。工程监理实施计划是否合理可行，工程质量、进度、投资控制及安全生产管理方法是否科学有效，所采取的组织、技术、经济、合同措施及组织协调方式和方法是否恰当等。
- 数字化管理系统或平台。审查其功能是否能满足项目监理工作需要。
- 实施方案的创新性。主要审查监理服务拟采用的技术手段是否独特、先进，是否能提升建设项目价值等。

③ 人员配备评审。要考察监理人员数量、结构及进退场计划，还要考察监理人员的独立性。

- 总监理工程师人选。建设项目监理实行总监理工程师负责制，因此，总监理工程师的人选是否合适，是项目监理成败的关键。为此，应根据项目特点，考察总监理工程师以下条件：学历、专业、现任职务、年龄、健康情况、以往工作成就等。除此以外，更应侧重于考察其在以往所监理工程中担任的职务，类似项目监理工作经验，对项目的理解和熟悉程度，应变和决策能力，对项目监理的具体设想、专业水平和管理能力、责任心，以及能否与建设单位顺畅交流及善于与施工承包单位交往等。
- 项目监理机构其他监理人员。在项目监理机构中，除总监理工程师外，还包括专业监理工程师和监理员。要从投标书所提供的拟派驻项目监理人员名单中，侧重审查专业监理工程师的学历、专业成就、现任职称或职务，工程监理工作业绩，从中判定是否有不合格人员。
- 监理人员专业满足程度。应根据项目特点和监理工作范围，不仅要考虑监理专业人员是否覆盖项目监理所需各种专业，还要考虑监理人员的职称和年龄结构是否合理。
- 监理人员数量满足程度。应根据项目规模、复杂程度、专业特点等考虑监理人员数量是否满足监理工作需求。
- 监理人员进退场计划。建设项目不同进展阶段，对监理人员在数量和专业等方面的需求是不同的。因此，应考虑工程建设不同阶段拟派驻现场监理人员的数量、专业是否与工程建设进度计划相适应。
- 监理人员的独立性。为确保监理人员能够公平、独立、自主地开展监理工作，维护建设单位和施工承包单位的合法权益，应考察拟派驻现场监理人员的独立性。这些监理人员不得在政府机关或施工、设备制造和材料、构配件供应单位兼职，不得是施工、设备制造和材料、构配件供应单位的合伙经营者。

（3）财务评审内容

在通常情况下，建设项目监理合同计价方式主要有两种：一种是成本加酬金方式，即根据监理人员级别按出勤人月计取酬金；另一种是按所监理项目概（预）算的百分比计算总酬金。如果不宜按上述方式计取酬金时，可按双方商定的其他方式计取酬金。

在审核投标单位财务建议书时，应重点评价审核以下几方面内容。

① 酬金项目的合理性。酬金计算内容应是用于开展监理工作的直接成本、间接成本，以及需交纳的税金和合理利润。

② 各类监理人员的人月费和应报销费用。人月费应包括基本工资、福利、公司管理费和利润。

③ 工程监理单位自有并准备用于项目监理工作的仪器设备的取费合理性。侧重于审查预计使用时间和取费标准。

④ 工程监理单位要求建设单位提供的设施、设备及其他服务的合理性。

（4）综合评分法评标示例

评标委员会依据评审重点内容、权重及评分原则，对技术建议书和财务建议书分别评审打分，并在技术建议书评定后再对财务建议书进行打分。如果技术建议书评审后某投标书的得分低于及格标准分，则不再对其财务建议书进行评价。根据最终得分高低，排出各投标书的优劣次序，最终确定中标单位顺序。

① 技术建议书评分。某项目评标内容分为公司经验、实施方案、人员配备三大部分，分值权重分别为10%、40%和50%。各部分评标内容又可细分为几类。5位评委分别对各投标人打分后，其中对A、B两家公司的评分结果列于表6－2中。从比较结果看，B公司的投标书较优。

表6－2　技术建议书评分

评价因素	权重/%	A公司			B公司		
		评委打分	平均得分	加权得分	评委打分	平均得分	加权得分
1. 公司经验	10						
（1）一般经验	4	90，80，90，80，85	85.0	3.40	80，75，75，75，80	77.0	3.08
（2）特殊经验	6	80，70，75，85，75	77.0	4.62	90，90，85，85，85	87.0	5.22
2. 实施方案	40						
（1）组织机构	6	95，90，85，90，85	89.0	5.34	80，80，75，85，85	81.0	4.86
（2）工作计划	6	70，75，80，75，80	76.0	4.56	90，90，85，85，85	87.0	5.22
（3）目标控制及安全生产管理手段	14	80，85，75，75，80	79.0	11.06	90，90，85，85，95	89.0	12.46
（4）数字化管理水平	6	80，85，90，90，85	86.0	5.16	80，75，70，70，75	74.0	4.44
（5）方案的创新性	8	60，50，50，55，55	54.0	4.32	80，85，85，75，80	81.0	6.48
3. 人员配备	50						
（1）总监理工程师	16	85，80，80，75，80	80.0	12.80	70，75，75，70，75	73.0	11.68
（2）其他监理人员	10	80，85，75，75，80	79.0	7.90	80，80，85，80，85	82.0	8.20
（3）专业满足程度	8	100，95，100，95，90	96.0	7.68	95，90，95，90，95	93.0	7.44
（4）监理人员数量	8	95，90，90，90，95	92.0	7.36	90，85，90，85，85	87.0	6.96
（5）监理人员进退场计划	8	80，85，80，80，85	82.0	6.56	90，85，80，85，85	85.0	6.80
合计	100			80.76			82.84

② 财务建议书评分。如果将报价也作为选定中标单位的条件，那么在评标时应对技术建议书得分和财务建议书得分合计值进行比较。通常的做法是：在评标办法中规定技术建议书和财务建议书的评分权重，在评标时根据各投标书报价计算出的报价折算分乘权重后得到

财务建议书评分值，再与技术建议书评分值相加后得出综合评分值，最后根据综合评分值排出各投标书的优劣次序。

如果建设单位在进行监理招标时预先未确定标底，则报价折算分可按下列公式计算：

$$\text{各投标书报价折算分} = \frac{\text{最低报价}}{\text{各家报价}} \times 100$$

表 6–3 给出了某项目监理 5 家投标单位的技术建议书评分和报价折算分。如果技术建议书评分权重占 90%，报价评分权重占 10%，则从表 6–4 可以看出，A 单位的分数最高；如果技术建议书评分权重占 70%，报价评分权重占 30%，则依据表 6–5 的计算结果，B 单位的分数最高。

表 6–3 各投标单位技术建议书和报价评审分

投标单位	A	B	C	D	E
技术评审分	92	90	83	76	68
报价/万元	15	12	10.5	11	16.5
报价折算分	70.00	87.50	100	95.45	63.64

表 6–4 报价权重为 10%时的综合评分

投标单位	权数	A	B	C	D	E
技术评审分	90%	82.80	81.00	74.70	68.40	61.20
报价评审分	10%	7.00	8.75	10.00	9.55	6.36
报价折算分	—	89.80	89.75	84.70	77.95	67.56

表 6–5 报价权重为 30%时的综合评分

投标单位	权数	A	B	C	D	E
技术评审分	70%	64.40	63.00	58.10	53.20	47.60
报价评审分	30%	21.00	26.25	30.00	28.64	19.09
报价折算分	—	85.40	89.25	88.10	81.84	66.69

在中标候选人确定后，建设单位即可在合同谈判的基础上签订项目监理合同。

6.3 建设项目监理合同管理

6.3.1 项目监理合同谈判

建设单位首先应与第一中标候选人谈判，若双方能够达成一致，则签订监理合同，并通知其他未中标单位。如果第一中标候选人放弃签订监理合同，再与第二中标候选人进行谈判，以此类推，直到与某工程监理单位达成一致为止。建设单位在发出的谈判通知书中，应说明需工程监理单位在谈判时携带的补充材料，以及对其投标书建议的人员配备、工作计划等的主要保留意见，以便工程监理单位有时间考虑进行适当的调整或补充。

监理合同谈判是针对监理项目特点，就《建设工程监理合同（示范文本）》中专用条件进行具体协商议定。在谈判时，通常是先谈实施方案、人员配备、建设单位投入等问题，然后再进行价格谈判。在双方谈判达成一致后，签订建设项目监理合同。

1. 监理服务内容谈判

① 细致讨论投标书中的工作计划和建议，根据讨论结果形成正式的监理任务大纲。

② 着重讨论监理单位提出的人员配备计划。包括主要监理人员职责、专业监理人员不足的补充方式，对建设单位认为不合格人员的更换等问题。

③ 确定各专业监理人员派驻现场的时间计划，落实各专业监理人员派驻现场的时间。在合同谈判中应明确，项目监理合同签订后，除非有正当理由（如健康原因或确实不适应工作等），各专业监理人员一律不许私自更换。确需更换时，需要按规定程序进行更换。更换总监理工程师需要征得建设单位书面同意后方可更换。在项目监理合同履行过程中，如果建设单位认为监理人员中有不胜任者，可以随时据实提出更换人员要求。

④ 确定建设单位应为项目监理机构开展正常服务工作提供的办公、生活条件，以及必要的设施、设备等内容。如果有些设备可由工程监理单位提供的，也应明确约定内容和计费标准。

⑤ 讨论双方关心的其他问题。

2. 监理服务酬金谈判

项目监理服务酬金谈判，并非通过谈判来降低服务酬金。一是法规不允许。《中华人民共和国招标投标法》规定，在确定中标人前，招标人不得与投标人就投标价格、投标方案等实质性内容进行谈判。在中标通知书发出后，招标人和中标人应按照招标文件和中标人的投标文件订立书面合同，双方不得再行订立背离合同实质性内容的其他协议。二是通过谈判降低服务酬金，会损害项目监理服务质量。因此，项目监理服务酬金谈判主要解决以下问题：

① 合同计价及酬金支付方式；

② 附加监理工作取费标准；

③ 工程监理单位提供仪器设备的取费标准；

④ 应由工程监理单位交纳税费的种类；

⑤ 长期合同的酬金调整方式；

⑥ 预付款的支付和扣还；

⑦ 建设单位逾期付款利息；

⑧ 关于酬金的其他问题。

6.3.2 项目监理合同签订

为规范市场行为，国务院有关部门联合发布《建设工程监理合同（示范文本）》，在通常情况下，建设单位（委托人）与工程监理单位（监理人）会按照该示范文本签订项目监理合同。示范文本由协议书、通用条件、专用条件、附录 4 部分组成。

1. 协议书

协议书不仅明确了委托人（建设单位）和监理人（监理单位），而且明确了双方约定的工程监理与相关服务的工程概况（工程名称、工程地点、工程规模、工程概算投资额或建筑安装工程费）；总监理工程师（姓名、身份证号、注册号）；签约酬金（监理酬金、相关服务酬金）；服务期限（监理期限、相关服务期限）；双方对履行合同的承诺及合同订立的时间、地点、份数等。

协议书还明确了工程监理合同的组成文件：

① 协议书；

② 中标通知书（适用于招标工程）或委托书（适用于非招标工程）；

③ 投标文件（适用于招标工程）或监理与相关服务建议书（适用于非招标工程）；

④ 专用条件；

⑤ 通用条件；

⑥ 附录，即

- 附录 A 相关服务的范围和内容
- 附录 B 委托人派遣的人员和提供的房屋、资料、设备。

在项目监理合同签订后，双方依法签订的补充协议也是项目监理合同文件的组成部分。

协议书是一份标准的格式文件，经当事人双方在空格处填写具体规定的内容并签字盖章后，即具有法律效力。

2. 通用条件

通用条件涵盖了工程监理合同中所用的词语定义与解释，监理人义务，委托人义务，签约双方违约责任，酬金支付，合同生效、变更、暂停、解除与终止，争议解决及其他诸如外出考察费用、检测费用、咨询费用、奖励、守法诚信、保密、通知、著作权等方面的约定。通用文件适用于各类建设工程监理，各委托人、监理人都应遵守通用条件中的规定。

通用条件作为通用性范本，各条款内容规定得明确、具体，双方在签订合同时不需要作任何改动或补充。建设单位与监理单位都应当遵守。

3. 专用条件

由于通用条件适用于各行业、各专业工程监理，因此，其中的某些条款规定得比较笼统，需要在签订具体项目监理合同时，结合地域特点、专业特点和委托监理的工程特点，对通用条件中的某些条款进行补充、修改。

所谓“补充”，是指通用条件中的条款明确规定，在该条款确定的原则下，专用条件中的条款需进一步明确具体内容，使通用条件、专用条件中相同序号的条款共同组成一条内容完备的条款。如通用条件 2.2.1 规定，监理依据包括：

① 适用的法律、行政法规及部门规章；

② 与工程有关的标准；

③ 工程设计及有关文件；

④ 本合同及委托人与第三方签订的与实施工程有关的其他合同。

双方根据工程的行业和地域特点，在专用条件中具体约定监理依据。

于是，就具体工程监理而言，委托人与监理人就需要根据工程的行业和地域特点，在专用条件中相同序号（2.2.1）条款中明确具体的监理依据。

所谓“修改”，是指通用条件中规定的程序方面的内容，如果双方认为不合适，可以协议修改。如通用条件 3.4 中规定，“委托人应授权一名熟悉工程情况的代表，负责与监理人联系。委托人应在双方签订本合同后 7 天内，将委托人代表的姓名和职责书面告知监理人。当委托人更换委托人代表时，应提前 7 天通知监理人。”如果委托人或监理人认为 7 天的时间太短，经双方协商达成一致意见后，可在专用条件相同序号条款中写明具体的延长时间，如改为 14 天等。

通用条件和专用条件起着互为补充说明的作用，专用条件中的条款顺序号应与被补充、修正或说明的通用条件中的条款序号一致，即两部分内容中相同序号的条款共同组成一个内容完备、说明某一问题的条款。若通用条件中条款已是一个完备的条款时，专用条件可不再列此序号。因此，专用条件中的条款只是按序号大小排列。

4. 附录

附录包括两部分，即附录 A 和附录 B。

① 附录 A。如果委托人委托监理人完成相关服务时，应在附录 A 中明确约定委托的工作内容和范围。委托人根据工程建设管理需要，可以自主委托全部内容，也可以委托某个阶段的工作或部分服务内容。如果委托人仅委托工程监理，则不需要填写附录 A。

② 附录 B。委托人为监理人开展正常监理工作派遣的人员和无偿提供的房屋、资料、设备，应在附录 B 中明确约定派遣或提供的对象、数量和时间。

6.3.3 项目监理合同履行

在项目监理合同签订后，建设单位除了为监理单位提供合同内约定的外部协调、物资和人员服务外，委托监理工作范围内的项目实施活动就由监理单位具体负责协调、管理和监督，建设单位仅对重大问题的决策作出决定，对超越监理授权范围的事项给予指示，对项目目标进行较为宏观的控制。为了保证建设项目的顺利实施，建设单位应依据项目监理合同对监理机构履行合同的行为进行监督和检查。

1. 建设单位在工程开工前的义务

① 办理施工许可手续和进行外部协调，提供开展项目监理工作的外部条件。

② 向工程监理单位提供项目监理合同专用条件约定的资料、设施和人员服务。

③ 授权一名熟悉项目情况、能迅速作出决定的常驻代表，负责与工程监理单位建立工作联系。在需要更换常驻代表时，要提前通知工程监理单位。

④ 核准工程监理单位报送的项目监理机构主要成员名单。总监理工程师应是由签订项目监理合同的工程监理单位派出的注册监理工程师。项目监理机构主要成员的专业、职称、年龄结构要合理，人员数量应满足监理工作需要。工程监理单位聘请的技术顾问不能作为项目监理机构成员。

⑤ 主持召开图纸会审及设计交底会议。

⑥ 审批工程监理单位报送的监理规划。项目监理规划内容如表 6-6 所示。

表 6-6　项目监理规划内容

规划条目	主要内容	内容说明
项目概况	（1）项目特征	项目名称、建设地点
	（2）项目内容及规模	项目组成、主要建筑结构类型、项目结构图及编码系统、建设规模
	（3）设计单位及施工承包单位	
监理工作的范围、内容、目标	（1）监理工作范围	建设项目全部或某标段或某子项目
	（2）监理工作内容	质量控制、进度控制、投资控制、安全生产管理等
	（3）监理工作目标	质量目标、进度目标、投资目标
监理工作依据	（1）工程建设法律法规	
	（2）国家批准的工程建设文件	
	（3）建设工程监理合同	
	（4）建设工程施工合同等	
项目监理机构	（1）机构组织形式	可用组织机构图表示
	（2）人员配备及进退场计划	可用横道图表示
	（3）人员岗位职责	总监理工程师、专业监理工程师职权范围和监理员职责分工
监理工作制度	（1）项目监理工作制度	
	（2）项目监理机构内部工作制度	
工程质量控制	工程质量控制的内容、方法及措施	质量目标体系、质量控制风险分析、质量控制流程图、质量动态监测方法及质量控制措施
工程进度控制	工程进度控制的内容、方法及措施	进度目标分解、进度目标风险分析、进度控制流程图、进度动态比较方法及控制措施
工程投资控制	工程投资控制的内容、方法及措施	投资目标分解、投资风险分析、投资控制流程图、投资动态比较方法及控制措施
安全生产管理	安全生产管理的内容、方法及措施	安全生产管理工作流程、安全生产状态动态分析比较、安全事故处理程序
合同与信息管理	（1）合同管理内容、方法及措施	合同结构、合同管理工作流程、合同执行状态动态分析比较、合同争议解决及索赔处理方法
	（2）信息管理内容、方法及措施	信息分类与信息流程、信息管理措施
组织协调	协调管理方法及措施	项目组织系统、项目参建各方关系、协调工作程序
监理工作设施	（1）办公设施	
	（2）交通设施	
	（3）通信设施	
	（4）生活设施	

⑦ 主持召开第一次工地会议。第一次工地会议是建设单位、工程监理单位和施工承包单位（总承包单位和分包单位）对各自人员及其职责分工、开工准备、监理例会要求等情况

进行沟通和协调的会议。会议的目的是检查工程开工条件，创造良好的合作环境。第一次工地会议的会议纪要需要由与会各方代表会签。

⑧ 将授予工程监理单位的权力及项目监理机构主要成员职责分工，及时书面通知已选定的施工承包单位，并在与其签订的施工承包合同中予以明确。

2. 建设单位在工程施工过程中对项目监理合同的管理

在工程施工过程中，建设单位必然要关注工程建设进展，参与工程施工过程管理。然而，由于建设单位与工程监理单位签订了项目监理合同，会将工程施工承包合同履行过程中的具体合同管理工作交由项目监理机构去执行，建设单位只对超越工程监理单位权限的重大事项作出决策，以便对项目目标进行总体控制。按照项目监理合同约定，建设单位对监理合同的管理主要表现在以下几方面。

（1）合同正常履行过程中的管理

① 负责满足工程正常进行和开展监理工作所需外部环境条件的协调工作。

② 选择可靠的施工承包单位。建设单位有权选定工程施工承包单位并与其签订合同。项目监理机构在建设单位选择过程中有建议权，并负责配合招标工作。但建设单位不与分包单位发生直接关系，而将施工分包单位的确认或否定权授予监理单位。

③ 积极与监理单位沟通交流。及时将建设项目实施的某些意图或想法通知监理单位，由监理单位在协调管理过程中贯彻落实。为了避免指令多元化而造成合同履行混乱，建设单位对施工承包单位的各种指令都应通过项目监理机构发出。

④ 及时回复项目监理机构提出的各种要求，不要因其延迟回复而耽误工程进展。

⑤ 保证各项资金及时到位，按时支付监理单位酬金和施工承包单位工程进度款。建设单位要审查工程监理单位酬金支付通知书中监理酬金计取的合理性和计算的正确性。当有异议时，应在项目监理合同规定的时间内发出异议通知，由双方通过协商解决，但不应拖延无异议部分的酬金支付。

在施工承包合同约定的工程价款范围内，项目监理机构有权审核和签认施工承包单位的工程款支付申请。未经总监理工程师签字确认，建设单位不得支付工程款。对于施工承包合同价款外需支付的变更工程款和索赔款，经总监理工程师签字确认后，建设单位还应进行严格审查。

⑥ 参加协调会议。建设单位派驻工地的代表应参加各种协调会议，除第一次工地会议外，应参加总监理工程师主持召开的工地协调例会，还有一些专题会议。这些会议大多是协商解决工程施工过程中发生的某些特殊事件，包括对原合同条款变更的洽商等。

⑦ 文档管理工作。建设单位应建立各种文件、报表管理系统，利用计算机信息技术进行文件档案管理。

（2）对监理单位授权范围之外事件的决策

对于监理单位授权范围之外的重大事件，建设单位的决策权表现在以下几方面。

① 审定工程设计变更，包括建设规模、建设标准和使用功能的变更认定等。

② 对项目监理机构合理化建议的认定。项目监理机构可以按照安全、优化的原则，针对工程设计、施工组织设计和技术方案，通过建设单位向设计单位或施工承包单位提出建议。如果因提出的建议会提高工程造价或延长工期，应事先征得建设单位同意。

③ 批准项目监理机构完成重要协调事项。项目监理机构对于工程参建单位进行的重要协调事项，应事先向建设单位报告。

④ 批准项目监理机构发布开工令、停工令和复工令。总监理工程师发布工程开工令、停工令和复工令，须报经建设单位同意。在紧急情况下，总监理工程师发布工程停工令不能事先向建设单位报告时，应在发布停工令后 24 h 内向建设单位作出书面报告。

⑤ 有权中止监理合同。发生下列情形的，建设单位有权单方面中止监理合同：一是工程监理单位严重违约，使得监理合同无法顺利实施；二是在项目实施过程中发生不可抗力事件，导致双方无法再履行合同；三是由于国家政策调整，工程项目停建或缓建。

3. 督促监理单位履行合同义务

① 对项目监理机构人员进行控制。控制内容包括：监理单位不得随意更换总监理工程师；专业监理人员必须按批准的人员进退场计划按时、按量执行监理任务；建设单位有权要求监理单位更换不称职的监理人员等。

② 通过项目监理机构提供的监理月报，监督工程进展情况，检查项目监理机构工作质量。监理月报基本内容如表 6－7 所示。在确有必要时，建设单位有权要求项目监理机构提交专项报告。

表 6－7　监理月报基本内容

月报条目	主要内容
本月工程实施情况	（1）工程进展情况，实际进度与计划进度的比较，施工单位人、机、料进场及使用情况，本期在施部位的工程照片
	（2）工程质量情况，分项分部工程验收情况，工程材料、设备、构配件进场检验情况，主要施工试验情况，本月工程质量分析
	（3）施工承包单位安全生产管理工作评述
	（4）已完工程量与已付工程款的统计及说明
本月监理工作情况	（1）工程进度控制方面的情况
	（2）工程质量控制方面的情况
	（3）安全生产管理方面的情况
	（4）工程计量与工程款支付方面的情况
	（5）合同及其他事项的管理情况
	（6）监理工作统计及工作照片
本月施工中存在的问题及处理情况	（1）工程进度控制方面的主要问题及处理情况
	（2）工程质量控制方面的主要问题及处理情况
	（3）施工单位安全生产管理方面的主要问题及处理情况
	（4）工程计量与工程款支付方面的主要问题及处理情况
	（5）合同及其他事项管理方面的主要问题及处理情况
下月监理工作重点	（1）工程管理方面的监理工作重点
	（2）项目监理机构内部管理方面的工作重点

③ 追加或减小对项目监理机构的授权范围。建设单位对工程监理单位的授权范围应在项目监理合同中予以明确。在监理合同履行过程中，建设单位可根据工程进展情况及项目监理机构的能力和水平，适当调整项目监理机构的权限及授权范围，同时应及时通知施工承包单位。

复习思考题

1. 何谓建设项目监理？建设项目监理的中心任务和工作内容是什么？
2. 建设项目监理方式有哪些？
3. 建设项目监理合同结构及其特点有哪些？
4. 建设项目监理单位资格审查内容包括哪些？
5. 建设项目监理投标文件评审方法有哪些？评审重点是什么？
6. 建设项目监理合同谈判应考虑哪些内容？
7. 建设工程监理合同示范文本由哪几部分组成？
8. 建设单位的监理合同管理包括哪些内容？

案例分析题

京沈（北京至沈阳）铁路客运专线是京哈（北京至哈尔滨）高速铁路的重要组成部分，正线全长为 698 km，其中新建正线为 692 km，利用既有线为 6 km。区段旅客列车设计行车速度为 350 km/h。作为我国铁路“十二五”重大项目，主要标段工程监理采用中外联合体形式或由中外合资企业实施。采用中外联合体形式实施工程监理的，要求中方单位为联合体牵头人，负责对监理工作全面管理；外方成员单位则以质量控制为主。

试分析：京沈铁路客运专线工程监理采用中外联合体形式的优越性。

知识拓展题

工程监理与全过程工程咨询的区别与联系。

第 7 章　建设项目招标管理

在市场经济条件下，招标是建设单位选择实施单位的主要方式。这些实施单位包括工程勘察设计单位、施工承包或工程总承包单位，以及材料设备供应单位等。本章主要从建设单位视角，介绍施工招标、工程总承包招标及材料设备招标的实施程序和工作内容。

7.1　施工招标管理

当建设项目设计完成后，建设单位即可开始通过招标选择施工承包单位。建设单位委托的工程监理单位可协助其进行施工招标，优选施工承包单位。

7.1.1　施工招标方式和程序

1. 施工招标方式

按照投标单位竞争的开放程度不同，工程施工招标可分为公开招标和邀请招标两种方式。在通常情况下，为了保障建筑市场的公开公平竞争，通常应采用公开招标方式。对于技术复杂、有特殊要求或者受自然环境限制，只有少量潜在投标人可供选择，或者采用公开招标方式的费用占项目合同金额的比例过大的，应采用邀请招标方式。

（1）公开招标

公开招标又称无限竞争性招标，是指招标单位按程序，通过报刊、广播、电视、网络等媒体发布招标公告，邀请具备条件的施工承包单位投标竞争，然后从中确定中标者并与之签订施工承包合同的过程。

公开招标的优点是：招标单位可在较广范围内选择施工承包单位，投标竞争激烈，择优率更高，有利于招标单位将工程项目交予可靠的施工承包单位实施，并获得有竞争性的报价，同时，也可在较大程度上避免招标过程中的贿标行为。因此，在国际上政府采购通常采用这种方式。

公开招标的缺点是：准备招标、对投标申请者进行资格预审和评标工作量大，招标时间长、费用高。同时，参加竞争的投标者越多，中标机会就越小；投标风险越大，损失的费用也就越多，而这种费用的损失必然会反映在标价中，最终会由招标单位承担，故这种方式在有些国家较少被采用。

（2）邀请招标

邀请招标也称有限竞争性招标，是指招标单位以投标邀请书形式邀请预先确定的若干家施工承包单位投标竞争，然后从中确定中标者并与之签订施工承包合同的过程。

在采用邀请招标方式时，邀请对象应以 5～7 家为宜，不应少于 3 家，否则会失去竞争意义。与公开招标相比，邀请招标的优点是不需要发布招标公告和设置资格预审环节，简化了招标程序，因而可节约招标费用、缩短招标时间。而且由于招标单位比较了解投标人以往的业绩和履约能力，从而可减少合同履行过程中施工承包单位违约的风险。对于采购标的较小的项目，采用邀请招标方式比较有利。此外，有些项目的专业性强，有资格承接的潜在投标人较少或者需要在短时间内完成任务等，不宜采用公开招标方式的，也应采用邀请招标方式。值得注意的是，尽管邀请招标不进行资格预审，但为了体现公平竞争和便于招标单位对各投标人的综合能力进行比较，仍要求投标人按招标文件有关要求，在投标文件中提供有关资格审查资料，在评标时以资格后审的形式作为评审内容之一。

邀请招标的缺点是：由于投标竞争的激烈程度较差，有可能会提高中标合同价，也有可能排除某些在技术上或报价上有竞争力的施工承包单位参与投标。

2. 施工招标程序

公开招标与邀请招标在程序上的主要差异，一是使施工承包单位获得招标信息的方式不同；二是对投标人资格审查的方式不同。但是，两种招标方式均要经过招标准备、招标过程、决标成交3个阶段。工程施工招标各阶段工作内容如表7－1所示。

表7－1 工程施工招标各阶段工作内容

阶段	主要工作步骤	主要工作内容	
		招标单位	投标单位
招标准备	申请批准、核准招标	将施工招标范围、招标方式、招标组织形式报项目审批、核准部门审批、核准	进行市场调研 组成投标小组 收集招标信息 准备投标资料
	组建招标机构	自行建立招标组织或委托招标代理机构	
	策划招标方案	划分施工标段、确定承包模式、选择合同计价方式及合同类型	
	招标公告或投标邀请	发布招标公告或发出投标邀请函	
	编制标底或招标控制价	编制标底或招标控制价，必要时报有关部门审批	
	准备招标文件	编制资格预审文件和招标文件	
招标过程	发售资格预审文件	发售资格预审文件	索购资格预审文件 填报资格预审材料
	进行资格预审	分析资格预审材料 确定合格投标单位名单 发出资格预审结果通知	接收资格预审结果通知
	发售招标文件	发售招标文件	购买招标文件 分析招标文件
	组织现场踏勘和标前会议	组织现场踏勘和标前会议，进行招标文件的澄清和补遗	参加现场踏勘和标前会议，对招标文件提出质疑
	递交和接收投标文件	接收投标文件（包括投标保函）	编制投标文件 递交投标文件（包括投标保函）
决标成交	开标	组织开标会议	参加开标会议
	评标	初步评审投标文件 详细评审投标文件 必要时组织投标单位答辩 编写评标报告	按要求进行答辩 按要求提供证明材料

续表

阶段	主要工作步骤	主要工作内容	
		招标单位	投标单位
决标成交	授标	发出中标通知书（退回未中标者投标保函） 组织合同谈判 签订施工合同	接收中标通知书 参加合同谈判 提交履约保函 签订施工合同

7.1.2　施工招标准备工作内容

施工招标准备工作包括成立招标机构及备案、施工招标策划、发布招标公告或投标邀请书、编制招标控制价或标底、准备招标文件。

1. 成立招标机构及备案

建设项目施工招标单位是提出招标项目，发出招标邀约要求的法人或其他组织。招标单位应有必要的财产或者经费，有自己的名称、组织机构和场所，具有民事行为能力，且能够依法独立享有民事权力和承担民事义务，包括企事业单位、政府机关和社会团体法人等。

（1）招标机构资格

招标单位如具有与招标项目规模和复杂程度相适应的技术、经济等方面的专业人员，具有编制招标文件和组织评标的能力的，可自行组织招标。招标单位如不具备自行组织招标的能力条件，应委托招标代理机构办理招标事宜。

（2）招标条件

建设项目施工招标应具备以下条件：

① 按照国家有关规定需要履行项目审批、核准、备案手续的，已履行相应手续；

② 建设资金或者资金来源已落实；

③ 有满足施工招标需要的设计文件及其他技术资料；

④ 法律、法规规定的其他条件。

施工招标可以进行项目的全部工程招标、单位工程招标、特殊专业工程招标等，但不得肢解工程进行招标。

（3）招标备案

招标单位应向政府主管部门办理申请招标手续。招标备案文件应说明：招标工作范围；招标方式；计划工期；对投标人的资质要求；招标项目前期准备工作完成情况；自行招标还是委托代理招标等。

2. 施工招标策划

施工招标策划是指建设单位及其委托的招标代理机构在准备招标文件前，根据工程特点及潜在投标人情况等确定招标方案的过程。招标策划的好坏直接影响投标人的投标报价乃至施工合同价。施工招标策划主要包括划分施工标段、确定承包模式、选择合同计价方式及选择合同类型等内容。

（1）划分施工标段

工程施工是一个复杂的系统工程，影响标段划分的因素有很多。应根据工程内容、建设规模和专业复杂程度确定招标范围，合理划分标段。对于工程规模大、专业复杂的工程，建设单位管理能力有限时，应考虑采用施工总承包招标方式。这样，有利于减少各专业之间因配合不当造成的窝工、返工、索赔风险。但采用这种承包方式，有可能使工程报价相对较高。对于工艺成熟的一般性工程，涉及专业不多时，可考虑采用平行承包的招标方式，分别选择各专业承包单位并签订施工承包合同。采用这种承包方式，建设单位一般可得到较为满意的报价，有利于控制工程造价。

在划分施工标段时，应考虑的因素包括：工程特点、对工程造价的影响、施工承包单位专长的发挥、工地管理及其他因素等。

① 工程特点。如果工程场地集中、工程量不大、技术不太复杂，由一家施工单位总承包易于管理，则一般不划分标段。但如果工地场面大、工程量大，有特殊技术要求，则应考虑划分为若干标段。

② 对工程造价的影响。在通常情况下，一项工程由一家施工单位总承包易于管理，同时便于劳动力、材料、施工机械设备调配，因而可得到交底造价。但对于大型复杂工程，对承包单位的施工能力、施工经验、施工机械设备等有较高要求。在这种情况下，如果不划分标段，就可能使有资格参加投标的承包单位大大减少。竞争对手的减少，必然会导致工程报价上涨，反而得不到较为合理的报价。

③ 施工承包单位专长的发挥。在划分施工标段时，既要考虑不会产生各承包单位施工的交叉干扰，又要注意各承包单位之间在空间和时间上的衔接。

④ 工地管理。从工地管理的角度看，在划分标段时应考虑两方面问题：一是工程进度的衔接，二是工地现场的布置和干扰。工程进度的衔接很重要，特别是工程网络计划中关键线路上的工程一定要选择施工水平高、能力强、信誉好的承包单位，以防止影响其他承包单位的进度。从工地现场的布置角度看，承包单位越少越好。在划分标段时，要对几个承包单位在现场的施工场地进行细致周密的安排。

⑤ 其他因素。除上述因素外，还有许多其他因素影响施工标段划分，如建设资金、设计图纸供应等。当资金不足、图纸分期供应时，可先进行部分招标。

总之，标段划分是选择招标方式和编制招标文件前的一项非常重要的工作，需要考虑上述因素综合分析后再确定。

（2）确定承包模式

对于大型复杂建设项目施工，往往会有不止一个施工承包单位承担。建设单位与施工承包单位之间的关系不同，以及不同施工承包单位之间的关系不同，便会形成不同的承包模式。

① 施工总承包模式。施工总承包模式是指建设单位将建设项目全部施工任务发包给一家符合要求的施工承包单位承担的承包模式。当然，施工总承包单位还可经建设单位同意，将其承包的部分专业性较强的工程分包给不同专业承包单位去完成，并统一协调和监督管理各分包单位工作。施工总承包合同结构如图 7-1 所示，建设单位只与施工总承包单位有合同关系，与各专业分包单位之间没有合同关系。

采用施工总承包模式有以下几个特点。

● 有利于项目组织管理。由于建设单位只与施工总承包单位签订合同，合同结构简单。同时，由于合同数量少，使得建设单位的组织管理和协调工作量小，可发挥施工总承包单位总体协调的积极性。

● 有利于控制工程造价。由于总承包合同价格可以较早确定，建设单位可承担较少的风险。

● 有利于控制工程质量。由于施工总承包单位与专业分包单位之间通过分包合同建立了责权利关系，在承包单位内部，工程质量既有专业分包单位的自控，又有施工总承包单位的监督管理，工程质量监控环节多。

● 有利于控制施工进度。整个工程施工进度由施工总承包单位统筹安排和协调控制，且各分包单位之间有相互制约作用，能够使施工总进度得到有效控制。

② 平行承包模式。平行承包模式是指建设单位将建设项目施工任务划分为若干标段，分别发包给多个施工单位承担的承包模式。平行承包合同结构如图 7－2 所示，建设单位需要与多个施工承包单位签订合同，各施工承包单位之间的关系是平行的。

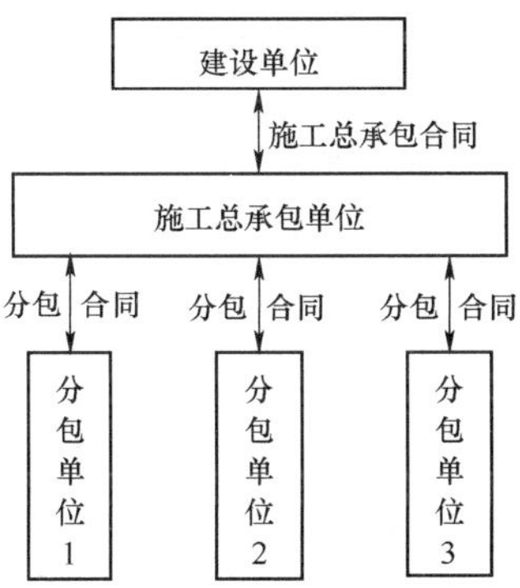

图 7－1 施工总承包合同结构

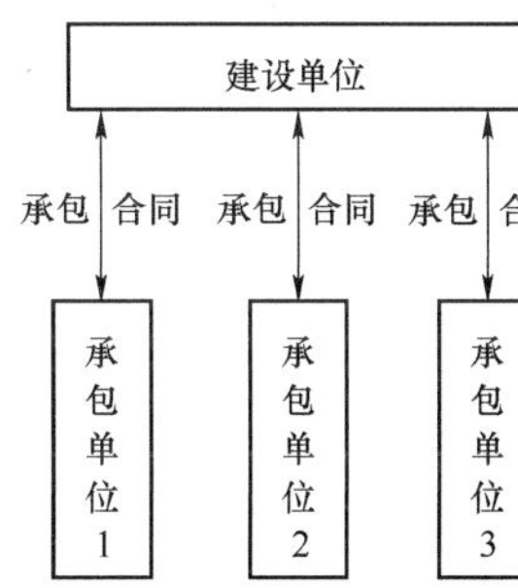

图 7－2 平行承包合同结构

采用平行承包模式有以下几个特点。

● 有利于建设单位择优选择施工承包单位。由于合同内容比较单一、合同价值小、风险小，有利于不具备总承包能力的中小承包商参与竞争。建设单位可在更大范围内进行选择施工承包单位。

● 有利于控制工程质量。整个工程经分解后分别发包给各施工承包单位，合同约束与相互制约能够使每一部分都能较好地实现其质量要求。如主体工程与装修工程分别由两个施工单位承包，当主体工程不合格时，装修承包单位不会同意在不合格的主体工程上进行装修，这样通过他控，比自控更有约束力。

● 有利于缩短施工工期。由于建设项目施工任务经过分解后平行发包，在施工工艺及场地允许的条件下，多个标段任务并行施工，从而缩短整个项目施工工期。

● 组织管理和协调工作量大。由于合同数量多，使项目系统内结合部位数量增加，要求建设单位及其委托的监理单位具有较强的组织协调能力。

● 工程造价控制难度大。由于施工招标任务量大，需控制多项合同价格，从而使工程造价控制难度增加。

● 与施工总承包模式相比，平行承包模式不利于发挥那些技术水平高、综合管理能力强的承包商综合优势。

③ 联合承包模式。当建设项目规模巨大或技术复杂，建筑市场竞争激烈，由一家施工承包单位承揽施工任务有困难时，可由几家单位联合成立联合体（consortium）来承揽施工任务，以发挥各单位的特长和优势。联合体通常由一家或几家单位发起，经过协商确定各自

投入联合体的资金份额、机械设备等固定资产及人员数量等，签署联合体协议，建立联合体组织机构，产生联合体牵头单位（代表），以联合体名义与建设单位签订施工承包合同。联合体承包合同结构如图 7－3 所示。

采用联合体承包模式有以下几个特点。

● 与施工总承包模式相同，建设单位的合同结构简单，组织协调工作量小，而且有利于工程造价和施工工期控制。

● 可以集中联合体各成员单位在资金、技术和管理等方面的优势，克服一家单位力不能及的困难，不仅有利于增强竞争能力，同时有利于增强抗风险能力。

④ 合作承包模式。当建设项目包含专业工程类别多、数量大，或专业配套需要时，一家单位无力实行总承包，而建设单位又希望承包方有一个统一的协调组织时，就可能产生几家单位自愿成立一个合作体，然后以合作体名义与建设单位签订施工承包意向合同（也称基本合同）。当达成协议后，各单位再分别与建设单位签订施工承包合同，并在合作体统一计划、指挥和协调下完成施工承包任务。合作体承包合同结构如图 7－4 所示。

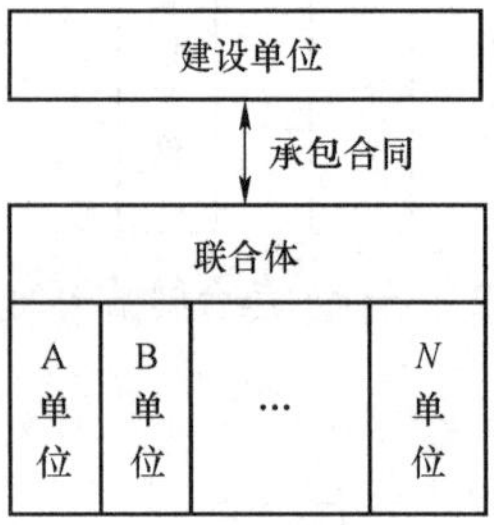

图 7－3　联合体承包合同结构

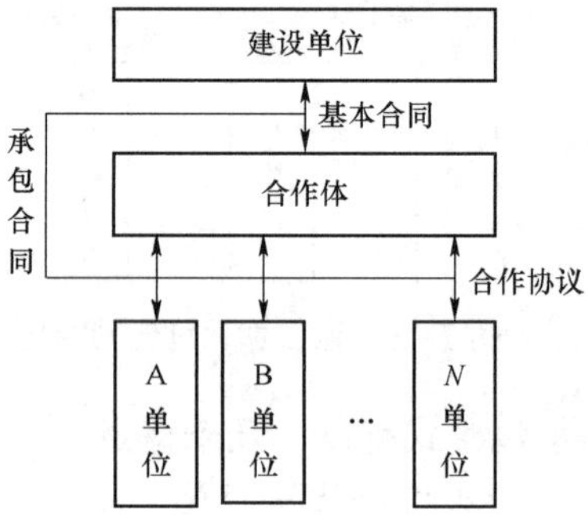

图 7－4　合作体承包合同结构

采用合作承包模式有以下几个特点。

● 建设单位组织协调工作量小，但风险较大。由于承包单位是一个合作体，各单位之间能相互协调，可减少建设单位组织协调工作量。但当合作体内某一家单位倒闭破产时，其他成员单位及合作体机构不承担其施工承包合同的经济责任，这一风险将由建设单位承担。

● 各承包单位之间既有合作愿望，又不愿意组成联合体。参加合作体的各成员单位都不具备与整体施工任务相适应的力量，都想利用合作体增强总体实力。他们之间有合作愿望，但又出于自主性要求，或彼此之间信任度不够，未采取联合体捆绑式经营方式。

（3）选择合同计价方式

施工合同计价方式可分为 3 种，即总价方式、单价方式和成本加酬金方式。相应地，施工合同也可称为总价合同、单价合同和成本加酬金合同。

① 总价合同。总价合同可分为固定总价合同和可调总价合同。

a）固定总价合同。固定总价合同是指施工承包单位按投标时建设单位接受的合同价格一揽子包死的合同。在合同履行过程中，如果建设单位未要求变更原定的承包内容，施工承包单位在完成承包任务后，不论其实际成本如何，均应按合同价获得工程款支付。

在采用固定总价合同时，施工承包单位要考虑承担合同履行过程中的主要风险，因此，投标报价较高。固定总价合同通常适用于以下 3 种情形。

● 在招标时已达到施工图设计深度，在合同履行过程中不会出现较大的设计变更，施工承包单位依据的报价工程量与实际完成的工程量不会有较大差异。

● 工程规模较小、技术不太复杂的中小型工程或承包工作内容较为简单的工程部位，施工承包单位在报价时能够合理地预见工程施工过程中可能遇到的各种风险。

● 合同工期较短（一般为 1 年之内），双方可以不必考虑市场价格浮动对施工承包价格的影响。

b）可调总价合同。这种合同与固定总价合同基本相同，但合同期较长（1 年以上），只是在固定总价合同的基础上，增加合同履行过程中因市场价格变动对承包价格调整的条款。由于合同期较长，不可能让施工承包单位在投标报价时合理地预见 1 年后市场价格的变动影响，因此，应在施工承包合同中明确约定合同价款的调整原则、方法和依据。常用的调价方法有以下 3 种。

● 文件证明法。合同履行期间，当合同约定的有关主管部门发布价格调整文件时，按文件规定执行。

● 票据价格调整法。合同履行期间，施工承包单位按合同约定，依据实际采购的票据和用工量，向建设单位实报实销与报价单中相应内容所报基价的差额。

● 公式调价法。常用的调价公式可概括为以下形式：

$$C = C_0(a_0 + a_1 \cdot M/M_0 + a_2 \cdot L/L_0 + \cdots + a_n \cdot T/T_0 - 1)$$

式中：

C——合同价格调整后应予增加或扣减的金额；

C_0——当阶段支付时或一次结算时，施工承包单位按合同约定计算的应得款；

M，L，T——合同约定允许调整价格的费用项（如分别代表材料费、人工费、运输费等），带脚标“0”的分母项为签订合同时该项费用的基价，分子项为合同价款结算时的现行价格；

a_0——非调价因子的加权系数，即合同价格中不受物价变动影响或不允许调价部分在合同价格中所占的比例；

a_1，a_2，…，a_n——对应于各调价项的加权系数，各项加权系数之和应等于 1，即 $a_0 + a_1 + a_2 + \cdots + a_n = 1$。

② 单价合同。单价合同是指施工承包单位按工程量清单中分部分项工程内容填报单价，以实际完成工程量乘所报单价计算结算价款的合同。施工承包单位所填报的单价应为计及各种摊销费用后的综合单价，而非直接费单价。若在合同履行过程中无特殊情况，一般不得变更单价。

单价合同大多用于工期长、技术复杂、实施过程中发生各种不可预见因素较多的大型土建工程，以及建设单位为缩短项目建设周期，初步设计完成后就进行招标的工程。单价合同的工程量清单所开列的工程量为估算工程量，而非准确工程量。

常用的单价合同有以下 3 种形式。

● 估算工程量单价合同。施工承包单位在投标时以工程量清单中开列的工程内容和估计工程量填报相应综合单价后，累计计算合同价。此时的综合单价应为相应工程内容计及各种摊销费用后的成品价。在合同履行过程中以实际完成工程量乘以单价作为结算和支付依据。

这种单价合同较为合理地分担了合同履行过程中的风险。因为施工承包单位据以报价的清单工程量为估算工程量，如果实际完成工程量与估算工程量有较大差异时，采用单价合同可以避免建设单位过大的额外支出或施工承包单位的亏损。此外，施工承包单位在投标阶段不可能合理准确预见的风险可不必计入合同价，有利于建设单位取得较为合理的报价。按照合同工期的长短不同，估算工程量单价合同也可分为固定单价合同和可调价单价合同两类，调价方法与总价合同调价方法相同。

● 纯单价合同。在招标文件中仅给出各项工程的工作项目一览表、工程范围和必要说明，而不提供工程量。施工承包单位只需报出各项目单价即可，在合同履行过程中按实际完成工程量结算和支付。

由于同一工程在不同施工部位和外部环境条件下，施工承包单位的实际成本投入不尽相同，因此，仅以工作内容填报单价的准确性较差。而且对于间接费分摊在许多工种中的复杂情况，或有些不易计算工程量的工作内容，采用纯单价合同往往在结算过程中会引起麻烦，甚至导致合同争议。

● 单价与包干混合合同。这种合同是总价合同与单价合同的一种结合形式。对于内容简单、工程量准确的部分，采用总价合同计价方式；对于技术复杂、工程量为估算值的部分，采用单价合同计价方式。但应注意，在合同内必须详细注明两种计价方式所限定的工作范围。

③ 成本加酬金合同。成本加酬金合同是将工程合同价划分为直接成本和施工承包单位完成工作后应得酬金两部分。在合同履行过程中发生的直接成本由建设单位实报实销，另按合同约定方式付给施工承包单位相应报酬。

成本加酬金合同大多适用于边设计、边施工的紧急工程或灾后修复工程。由于在签订合同时，建设单位还不可能提供给施工承包单位用于准确报价的详细资料，因此，在合同中只能采用商定酬金的计算方法。按照酬金的计算方式不同，成本加酬金合同有以下几种形式。

● 成本加固定百分比酬金。双方当事人在签订合同时约定，酬金按实际发生的直接成本乘某一百分比计算。合同总价计算公式为：

$$C = C_d(1 + P)$$

式中：

C——合同总价；

C_d——实际发生的直接成本；

P——双方当事人事先商定的酬金固定百分比。

从上式中可以看出，施工承包单位可获得的酬金将随着直接成本的增加而增大。这种形式的合同虽然在签订时简单易行，但不利于缩短工期和降低成本。

● 成本加固定酬金。酬金在合同中约定为某一固定值。合同总价计算公式为：

$$C = C_d + F$$

式中：

C——合同总价；

C_d——实际发生的直接成本；

F——双方约定的酬金数额。

这种形式的合同虽然也不能鼓励施工承包单位关心降低直接成本，但从尽快获得全部酬金、减少管理投入出发，施工承包单位会关心缩短工期。

● 成本加浮动酬金。双方当事人在签订合同时预先约定工程的预期成本和固定酬金，以及实际发生的直接成本与预期成本比较后的奖罚计算办法。合同总价计算公式为：

$$C=C_d+F \quad (C_d=C_0)$$
$$C=C_d+F+\Delta F \quad (C_d<C_0)$$
$$C=C_d+F-\Delta F \quad (C_d>C_0)$$

式中：

C——合同总价；

C_d——实际发生的直接成本；

C_0——双方约定的预期成本；

F——双方约定的酬金数额；

ΔF——酬金奖罚部分，可以是百分数，也可以是绝对数，且奖与罚可以是不同的计算标准。

这种形式的合同通常规定，当实际成本超支而减少酬金时，以原定的基本酬金额为减少酬金的最高限额。从理论上讲，这种合同形式对双方都没有太大风险，又能促使施工承包单位关心降低成本和缩短工期。但在实践中如何准确地估算作为奖罚标准的预期成本较为困难，也往往是双方谈判的焦点。

● 目标成本加奖罚。在仅有粗略的初步设计或工程说明书就迫切需要开工的情况下，可以根据大致估算的工程量和适当的单价表编制粗略概算作为目标成本。随着工程设计的逐步深化，可对工程量和目标成本进行调整。在签订合同时，以当时估算的目标成本作为依据，并以百分比形式约定基本酬金和奖罚的计算办法。最后结算时，如果实际成本超过目标成本事先商定的界限（如 5%），则从基本酬金中扣减超出部分按约定百分比计算的罚金；反之，如有节约时（也应有一个幅度界限），则应按合同约定增加酬金。合同总价计算公式为：

$$C=C_d+P_1C_0+P_2(C_0-C_d)$$

式中：

C——合同总价；

C_d——实际发生的直接成本；

C_0——目标成本；

P_1——基本酬金计算百分数；

P_2——奖罚酬金计算百分数。

此外，还可另行约定工期奖罚计算办法。这种合同有助于鼓励施工承包单位降低成本和缩短工期，建设单位和施工承包单位都不会承担太大风险。

不同计价方式的特点比较如表 7－2 所示。

表 7－2　不同计价方式的特点比较

<table>
<tr><th rowspan="2">合同类型</th><th rowspan="2">总价合同</th><th rowspan="2">单价合同</th><th colspan="4">成本加酬金合同</th></tr>
<tr><th>百分比酬金</th><th>固定酬金</th><th>浮动酬金</th><th>目标成本加奖罚</th></tr>
<tr><td>应用范围</td><td>广泛</td><td>广泛</td><td colspan="3">有局限性</td><td>酌情</td></tr>
<tr><td>建设单位造价控制</td><td>易</td><td>较易</td><td>最难</td><td>难</td><td>不易</td><td>有可能</td></tr>
<tr><td>施工承包单位风险</td><td>大</td><td>小</td><td colspan="2">基本没有</td><td>不大</td><td>有</td></tr>
</table>

（4）选择合同类型

施工承包合同有多种类型。合同类型不同，合同双方的义务和责任不同，各自承担的风险也不尽相同。建设单位应综合考虑以下因素来选择适合的合同类型。

① 工程复杂程度。建设规模大且技术复杂的工程，承包风险较大，各项费用不易准确估算，因而不宜采用固定总价合同。最好是对有把握的部分采用固定总价合同，估算不准的部分采用单价合同或成本加酬金合同。有时，在同一施工承包合同中采用不同的计价方式，是建设单位与施工承包单位合理分担施工风险的有效办法。

② 工程设计深度。工程设计深度是选择合同类型的重要因素。如果施工图设计已完成，工程量清单详细而明确，则可选择总价合同；如果实际工程量与预计工程量可能有较大出入，应优先选择单价合同；如果只完成工程初步设计，工程量清单不够明确时，则可选择单价合同或成本加酬金合同。

③ 施工技术先进程度。如果在工程施工中有较大部分采用新技术、新工艺，建设单位和施工承包单位对此缺乏经验，又无国家标准时，为了避免投标单位盲目提高报价，或由于对施工难度估计不足而导致承包亏损，不宜采用固定总价合同，而应选用成本加酬金合同。

④ 施工工期紧迫程度。对于一些紧急工程（如灾后恢复工程等），要求尽快开工且工期较紧时，可能仅有实施方案，还没有施工图纸，施工承包单位不可能报出合理的价格，则选择成本加酬金合同较为合适。

总之，对于一个项目而言，究竟采用何种合同类型不是固定不变的。在同一项目中不同的工程部分或不同阶段，可采用不同类型的合同。在进行招标策划时，必须依据实际情况，权衡各种利弊，然后再作出最佳决策。

3. 发布招标公告或投标邀请书

发布招标公告或投标邀请书的目的是让潜在投标人获得招标信息，以便其进行项目筛选，确定是否参与投标竞争。

（1）招标公告

招标公告适用于进行资格预审的公开招标。依法必须进行公开招标的施工项目，招标单位应在报刊、信息网络或其他媒介上发布招标公告。招标公告应当载明：招标单位的名称和地址，招标项目的性质、规模、实施地点和时间，以及获取招标文件的办法等事项。

（2）投标邀请书

投标邀请书适用于进行资格后审的邀请招标。招标单位应向 3 个以上具备承担招标项目的能力、资信良好的施工承包单位发出投标邀请书。投标邀请书应载明：招标单位的名称和地址，招标项目的性质、规模、实施地点和时间，以及获取招标文件的办法等事项。

4. 编制招标控制价或标底

有些建设项目为了限制最高投标报价，需要确定招标控制价。招标项目设有标底的，应依据国家规定的工程量计算规则及计价方法编制标底，并在开标前保密。标底是建设项目的预期价格，一个招标项目只能编制一个标底。

招标控制价或标底是否准确，取决于工程量清单中的工程量是否准确，因此，工程量清单要尽量减少漏项，并尽可能将工程量计算准确。此外，招标控制价或标底的编制应建立在一个比较先进的施工方案基础上，能够反映预计参与竞争的施工承包单位目前较为先进的施工水平，这样才可作为评标依据，否则，就失去了招标控制价或标底的编制意义。只有所依据的施工方法、施工管理水平、技术规范都比较先进，编出的招标控制价或标底才切合实际。如果是国际招标，更应注意研究和调查国际上先进的施工方法、施工技术和设备能力。标底的另一个作用是衡量招标效果，如果中标的合同价低于标底，说明投标竞争的激烈程度较为理想。

5. 准备招标文件

（1）资格预审文件

为了保证潜在投标人能够公平地获得投标竞争机会，确保投标人满足投标项目的资格条件，招标单位应当对投标人进行资格审查。为此，招标单位应根据招标项目具体特点和实际需求编制资格预审文件。资格预审文件通常应包括：① 资格预审邀请书；② 申请人须知；③ 资格要求；④ 其他业绩要求；⑤ 资格审查标准和方法；⑥ 资格预审结果的通知方式。

（2）施工招标文件

招标文件是投标人编制投标文件和报价的依据。为此，招标文件应包括招标项目所有实质性要求和条件。施工招标文件应包括：① 招标公告或投标邀请书；② 投标人须知；③ 评标办法；④ 合同条款及格式；⑤ 工程量清单；⑥ 图纸；⑦ 技术标准和要求；⑧ 投标文件格式；⑨ 投标人须知前附表规定的其他材料。此外，招标单位对招标文件的澄清、修改，也将会构成招标文件的组成部分。

其中，投标人须知包括前附表、正文和附表格式 3 部分。前附表针对招标工程列明正文中的具体要求，明确新项目的要求、招标程序中主要工作步骤的时间安排、对投标书的编制要求等。正文包括：① 总则，包括项目概况、资金来源和落实情况、招标范围、计划工期和质量要求、投标人资格要求等内容；② 招标文件，包括招标文件组成、招标文件的澄清和修改等；③ 投标文件，包括投标文件组成、投标报价、投标有效期、投标保证金和投标文件编制等；④ 投标，包括投标文件的密封和标识，投标文件的递交、修改和撤回等；⑤ 开标，包括开标时间、地点和开标程序；⑥ 评标，包括评标委员会和评标原则等；⑦ 合同授予；⑧ 重新招标和不再招标；⑨ 纪律和监督；⑩ 需要补充的其他内容。附表格式是招标过程中用到的标准化格式，包括：开标记录表、问题澄清通知书格式、中标通知书格式和中标结果通知书格式。

7.1.3　施工招标过程工作内容

施工招标过程工作主要包括组织资格预审、发售招标文件、组织现场踏勘和召开标前会议、接收投标文件等。

1. 组织资格预审

当采用公开招标方式时，通常需要进行资格预审，其目的至少有 3 个：① 淘汰条件不合格的投标申请人；② 优选 6～9 家施工承包单位参与投标，可减少评标工作量；③ 通过预审投标单位资历，作为决标时的重要参考条件。为此，招标单位应预先确定邀请投标单位数量，并按下列程序完成资格预审。

（1）发布资格预审公告

对于公开招标的项目，需要发布资格预审公告。对于依法必须进行招标的项目，资格预审公告还应在有关部门依法指定的媒介发布。

（2）发售资格预审文件

招标单位应按照资格预审公告规定的时间、地点发售资格预审文件。若对已发出的资格预审文件进行必要的澄清或者修改，且澄清或者修改的内容可能会影响资格预审申请文件编制的，招标单位应在提交资格预审申请文件截止时间至少 3 日前，以书面形式通知所有获取资格预审文件的潜在投标人。招标单位留给投标申请单位准备资格预审文件的时间应不少于 5 日。

（3）进行资格预审

① 资格预审内容。资格预审是对投标申请单位资格的综合评定，因此，资格预审应考虑施工评标内容，凡评标时考虑的因素，一般在资格预审时不予考虑。资格预审应包括以下几方面内容。

● 法人地位。审查企业资质等级、营业范围等是否与招标项目相适应。对于联合体投标的，要审查联合体各成员单位。

● 商业信誉。主要审查投标申请单位已完成的承包任务情况；资信程度；严重违约行为；建设单位的满意度；施工荣誉等。

● 财务能力。除关注投标申请单位的注册资本、总资产外，重点应审查近 3 年经财务审计的报表中所反映出的实有资金、流动资产、总负债和流动负债，以及正在实施而尚未完成工程的总投资额、年均完成投资额等。此外，还要评价其可能获得银行贷款的能力，或要求其提供银行出具的信贷证明文件。总之，需要着重考察投标申请单位可用于本项目的流动资金能否满足要求，或施工期间资金不足时的解决办法。

● 技术能力。主要评价投标申请单位实施项目的潜在技术水平，包括专业人员技术能力和设备能力两方面。

● 施工经验。不仅要看投标申请单位近几年已完成工程的数量、规模，更要审查与招标项目相类似的工程施工经验。因此，对于有些专业性较强的工程，在资格预审须知中往往会规定有施工经验的强制性合格标准。这种标准要定得合理适当。标准定得过高，符合要求的投标单位少，缺乏竞争性；标准定得过低，有可能让缺乏专业施工能力或经验的施工承包单位中标。

② 资格预审方法。对投标申请单位资格审查一般采用综合评分法。

● 首先淘汰报送资料不完整的投标申请单位。因为资料不全，难以在机会均等的条件下进行评分。

● 根据招标项目特点，将资格预审所要考虑的各种因素进行分类，并确定各项评审内容的权重。然后由资格审查委员会专家对各个投标申请单位分别进行打分，进而汇总得出综合评分值。

● 淘汰总分低于预定及格线的投标申请单位。

● 对综合评分超过及格线的投标申请单位进行分项审查。为了将施工任务交予可靠施工承包单位完成，不仅要看其综合能力评分，还要审查其各分项得分是否满足最低要求。例如，某投标申请单位综合评分虽已达到及格标准（60 分），但施工经验项低于该项所要求的最低分（20 分）时，该投标申请单位将会被淘汰。

③ 资格预审需注意的问题。

● 资格预审不仅要审阅投标申请单位文字材料，还应有选择地进行一些考察和调查工作。因为有的投标申请单位在填报资格预审文件时，不仅会只填那些工程质量好、正面影响大的工程业绩，甚至还会有言过其实的情况。

● 投标申请单位的商业信誉很重要，但这方面信息往往不容易得到。为此，应通过各种渠道了解投标申请单位有无严重违约或毁约的历史记录，在合同履行过程中是否有过多的无理索赔和扯皮行为。

● 对拟派出的项目主要负责人和设备情况应特别注意。要分析投标申请单位正在履行的合同与招标项目在管理人员、技术人员和施工设备等方面是否存在冲突，以及是否有足够的财务能力承接所招标的项目。

● 当联合体申请投标时，需审查各方合作声明及合作者资格。

● 应重视各投标申请单位过去的施工经历是否与招标项目的规模、专业要求相适应，施工机具、工程技术及管理人员数量、水平能否满足招标项目要求，具有专长的专项施工经验是否比其他投标申请单位占有优势。

④ 资格预审报告。资格审查委员会应按照资格预审文件载明的标准和方法，对资格预审申请文件进行审查，确定通过资格预审的投标申请单位名单，并向招标单位提交资格预审报告。资格预审报告内容应包括：基本情况和数据表；资格审查委员会名单；澄清、说明、补正事项纪要等；评分比较一览表；其他需要说明的问题。

⑤ 资格预审通知。经资格预审后，招标单位应向资格预审合格的投标申请单位发出资格预审合格通知书，并要求其以书面方式确认是否参加投标。同时，招标单位还应向未通过资格预审的投标申请单位发出资格预审结果的书面通知。

2. 发售招标文件

招标单位按照招标公告或投标邀请书中明确的时间、地点发售招标文件。

招标单位对已发出的招标文件进行必要的澄清或者修改的，应在招标文件要求提交投标文件截止时间至少 15 日前，以书面形式通知所有招标文件收受人。该澄清或者修改的内容为招标文件的组成部分。

3. 组织现场踏勘和召开标前会议

（1）组织现场踏勘

招标单位应在招标文件规定的时间组织各投标单位到施工现场进行考察。主要目的有：一是让投标单位了解施工现场的自然条件、施工条件和周围环境等，以便于编标报价；二是让投标单位通过实地考察，以确定投标原则和报价策略，避免在履约过程中施工承包单位以不了解现场情况为由推卸其合同责任。为此，招标单位在组织现场踏勘过程中，除对现场情况进行简要介绍外，不对投标单位提出的有关问题做进一步说明，以免干扰投标单位判断和决策。

投标单位应承担自己踏勘现场发生的费用。除招标单位原因外，投标单位自行负责在踏勘现场所发生的人员伤亡和财产损失。

（2）召开标前会议

招标单位应在招标文件规定的日期（投标截止时间 15 日前）召开标前会议，有针对性地解答投标单位研究招标文件和进行现场踏勘后所提出的有关质疑。为此，投标单位应在招标公告规定的时间前，以书面形式将提出的问题送达招标单位，以便招标单位在标前会议中澄清。当标前会议结束后，招标单位应将解答内容以书面形式发给每家投标单位，作为招标文件的组成部分。

4. 接收投标文件

招标单位在收到投标单位递交的投标文件后，要履行完备规范的签收手续。签收人要记录投标文件递交的日期、地点及密封状况，签收人签名后应将所有递交的投标文件妥善保存，并在招标文件规定开标时间前不得开启。

7.1.4　施工决标成交工作内容

施工决标成交工作主要包括开标、评标和授标。

1. 开标

开标可分为有投标单位参加的公开开标和没有投标单位参加的非公开开标两种方式，但应在招标文件中说明。公开开标符合平等竞争原则，每家投标单位均可知道自己报价所处的位置及其他投标单位的报价优势。非公开开标只有在特殊情况下经招标管理部门批准后才能采用。

开标应在招标文件中明确的时间、地点由招标单位主持进行。

（1）开标程序

公开开标按以下程序进行：

① 宣布开标纪律。

② 公布在投标截止时间前递交投标文件的投标单位名称，并点名确认投标单位是否派人到场。

③ 宣布开标人、唱标人、记录人、监标人等有关人员姓名。

④ 检查投标文件密封情况。

⑤ 确定并宣布投标文件开标顺序。

⑥ 设有标底的，公布标底。

⑦ 按照宣布的开标顺序当众拆封投标文件，公布投标单位名称、标段名称、投标保证金递交情况、投标报价、质量目标、工期及其他内容，并记录在案。

⑧ 投标单位代表、招标单位代表、监标人、记录人等有关人员在开标记录上签字确认。

唱标人在宣读投标文件相关内容时，应对投标函中诸如临时降价声明、替代方案、优惠条件、其他“可议”条件等予以宣读，因为这些内容都会直接关系到招标单位和投标单位的切身利益。

（2）无效投标

在开标时，投标文件出现下列情形之一的，应作为无效投标文件，不得进入评标：

① 投标文件未按招标文件要求予以密封的；

② 投标文件中的投标函未加盖投标单位及其法定代表人印章的，或者投标单位法定代表人委托代理人没有合法有效的委托书及委托代理人印章的；

③ 投标文件的关键内容字迹模糊、无法辨认的；

④ 投标单位未按招标文件要求提供投标保函或者投标保证金的；

⑤ 联合体投标的，投标文件未附联合体各方共同投标协议的。

2. 评标

评标的目的是根据招标文件中确定的标准和方法，对每个有效投标文件进行评审，以选出中标单位或对投标单位进行排序。招标单位应组织评标委员会进行评标。

（1）评标委员会

评标委员会应由招标单位或其委托的招标代理机构代表和有关技术、经济等方面的专家组成，成员人数为 5 人以上单数，其中技术、经济等方面的专家不得少于成员总数的 2/3。评标委员会的专家成员，应从依法组建的专家库中随机抽取。对于技术复杂、专业性强或者国家有特殊要求的招标项目，采取随机抽取方式确定的专家难以保证胜任的，可以由招标单位直接确定。

与投标单位有利害关系的人员不得进入相关项目的评标委员会。评标委员会成员名单在中标结果确定前应当保密。

（2）初评和详评

评标工作可分为初评和详评两个阶段。

① 初评。初评也称“审标”，是为了从所有投标文件中筛选出符合最低要求标准的合格标书，淘汰那些不合格的投标文件，以免在详评阶段浪费时间和精力。评审合格投标文件的主要条件如下。

- 投标文件的有效性。审查投标单位是否与资格预审短名单一致；递交的投标保函在金额和有效期方面是否符合招标文件规定；如果以标底衡量有效标时，投标报价是否在规定的标底上下百分比幅度范围内。
- 投标文件的完整性。投标文件是否已包括招标文件中规定应递交的全部文件，如果有缺少的内容，则无法进行客观、公正的评价，只能按无效标处理。
- 投标文件与招标文件的一致性。如果招标文件指明是“响应标”，则投标文件必须严格按招标文件的每一空白栏作出回答，不得有任何修改或附带条件。如果投标单位对任何栏目的规定有说明要求时，只能在完全应答招标文件的基础上，以投标致函方式另行提出建议。对招标文件私自作出任何修改或用括号注明条件，都将与建设单位的招标要求不相一致，按无效标对待。
- 报价计算的正确性。由于只是初评审标，不过细地研究各项目报价金额是否合理、准确，仅审核是否有计算统计错误。若出现的错误在允许范围内，由评标委员会予以改正，并请投标单位签字确认。若其拒绝改正或错误值超过允许范围时，按无效标对待。

经初评后，对合格投标文件按报价由低到高的顺序重新排列。由于排除一些无效标并对报价错误进行某些修正，此时的排列顺序可能与开标时的排列顺序不一致。在一般情况下，评标委员会会将新名单中前几名作为初步备选的潜在中标单位，在详评阶段作为重点评审对象。

② 详评。施工评标不只是考虑投标价组成，还要对技术条件、财务能力等进行全面评审和综合分析。详评内容包括以下几方面。

- 技术评审。主要是对投标单位的实施方案进行评定，包括施工方法和技术措施是否可靠、合理、科学和先进，能否保证施工顺利进行，确保施工质量和安全；是否充分考虑了气候、水文、地质等各种因素的影响，并对施工中可能遇到的风险进行了充分估计，是否同时也设计了妥善的应急处理方案；施工进度计划是否科学、可行；材料、设备、劳动力供应是否有保障；施工场地平面图设计是否科学、合理等。

● 价格分析。不仅要对各投标文件进行报价数额的比较，还要对主要工作内容及主要工程量单价进行分析，并对价格组成中各部分比例的合理性进行评价。分析投标价的目的在于鉴定各投标价的合理性，并找出报价高与低的主要原因。

● 管理和技术能力评审。主要审查投标单位实施项目的具体组织机构是否合适，所配备的管理人员能力和数量是否满足施工需要；是否已建立施工质量、安全保证体系。

● 商务法律评审。要对投标文件进行响应性检查，主要审查投标文件与招标文件是否有重大偏离。当投标单位采用多方案报价时，要充分考虑对招标文件中双方某些权利义务条款修改后，施工方案的可行性及可能产生的风险。

③ 评标方法。评标方法有很多，方式有繁有简，需要根据招标项目的复杂程度、专业特点等来选取不同的评标方法。

● 专家评议法。由评标委员会预先确定拟评定的内容，如工程报价、合理工期、主要材料消耗、施工方案、工程质量和安全保证措施等，经过对共同分项进行认真分析、横向比较后，最终通过协商和投票，选择各项都较优良的投标单位作为中标候选人推荐给建设单位。这种方法实际上是一种定性优选方法，虽然能深入地听取各方面意见，但容易发生众说纷纭、意见难以统一的情况。而且由于没有进行量化评定和比较，评标的科学性较差。其优点是评标过程简单、在较短时间内即可完成，一般适用于小型工程或规模较小的改扩建项目。

● 综合评估法。评标委员会事先根据招标项目特点，将准备评审的内容进行分类，各类内容再细分为小项，并确定各类及小项的评分标准。如某工程评标的分值划分是：工程报价 30 分；工程质量和安全措施 30 分；施工方案 30 分；项目经理及管理人员 10 分。在评分标准确定后，再对投标文件进行评审打分，将各项得分汇总后即为该投标文件得分。这种定量评标方法，在评定因素较多且繁杂的情况下，可以综合评定各投标单位，既是一种科学的评标方法，又能充分体现平等竞争原则。

● 最低评标价法。以评审价格（或称评标价）作为衡量标准，选取最低评标价者作为推荐中标单位。评标价并非投标价，是指将一些因素折算为价格，然后再评定投标文件次序。由于很多因素不能折算为价格，如施工管理机构、质量和安全管理体系、人员素质等，因此，这种方法必须建立在严格的资格预审基础上。只要投标单位通过资格预审，就被认为已具备可靠施工承包单位条件，投标竞争只是一个报价比较。投标单位的报价虽然是评标价的基本构成要素，但当发现有明显漏项时，可相应地补项而增加其报价。如某项税费在报价单中漏项，可将合同期内按规定税率计算的应交纳税费加入其报价。从理论上讲，尽管施工承包单位会承担其报价过低造成的后果，但在合同履行过程中施工承包单位发生严重亏损时，必然会将部分风险转嫁给建设单位，使建设单位的实际支出超过原合同价或者影响工程质量。

评标价的其他构成要素还包括工期提前量、投标文件中的优惠条件、技术建议产生的经济效益等，这些条件都应折算成价格并作为评标价的扣减因素。以工程报价为基础，对可以折合成价格的因素经换算后予以增减，便组成相应投标文件的评标价。

需要注意的是，评标价只是评标过程中以货币为单位的评定比较值，而不是与中标单位签订合同的价格。建设单位接受最低评标价的投标单位后，合同价格仍为该投标单位的报价值。

● A+B 值法。评标委员会对所有投标文件进行全面审查评定后，凡满足要求条件的投标文件均被认为具备投标资格。此时，就以投标文件中报价的合理性作为选定最终中标者的依据。通常的做法是以标底价格作为衡量标准，与标底最接近的为最优投标文件。但如果出现多家具有授标资格的投标单位，其投标报价均低于标底时，则很有可能是标底编制得不够科学，不能充分地反映较为先进的施工技术和管理水平，若以标底作为衡量标准就显得有失公允。为了弥补这一缺陷，可以标底价的修正值作为衡量标准，也即“A+B 值法”。它是指将低于标底某一预定百分比范围内的投标报价算术平均值作为 A，将标底或评标委员会在评标前确定的标价作为 B，然后将 A 和 B 的加权平均值作为衡量标准，再选定与 A+B 值最接近的投标报价作为最优报价。

● 记分法。通常从投标报价、企业素质、主要施工机械设备、施工组织设计、商业信誉和附加优惠条件 6 方面进行评议。根据国际工程招标常采用的公式，结合国内实际情况，有些工程在评标时采用以下公式计算各投标文件评分：

$$P = Q + (B - b)/B \times 200 + S + m + n$$

式中：

P——最终得分；

Q——投标报价，一般占 40～70 分；

B——标底价；

b——分析报价，分析报价 = 投标价 − 优惠条件折算价；

S——投标单位素质得分，一般为 10～25 分（包括技术人员素质、设备情况、财务状况 3 项指标）；

m——投标单位信誉，一般为 10～25 分；

n——投标单位施工经验。特别应注意与招标项目类似的经验，一般为 10～20 分。

我国《招标投标法》规定，评标一般采用综合评估法或经评审的最低投标价法。

采用综合评估法的，应对投标文件提出的工程质量、施工工期、投标价格、施工组织设计或者施工方案、投标单位及项目经理业绩等，能否最大限度地满足招标文件规定的各项要求和评价标准进行评审比较。采用经评审的最低投标价法的，应在投标文件能够满足招标文件实质性要求的投标单位中，评审出投标价格最低的投标单位，但投标报价低于其成本的除外。

在评标过程中，评标委员会可以书面形式要求投标单位对投标文件中含义不明确的内容作必要的澄清或者说明。投标单位应采用书面形式进行澄清或者说明，其澄清或者说明不得超出投标文件的范围或者改变投标文件的实质性内容。

（3）评标报告

评标委员会完成评标后，应向招标单位提出书面评标报告，阐明评标委员会对各投标文件的评审和比较意见，并按照招标文件规定，直接确定中标单位或推荐不超过 3 名有排序的中标候选人。

评标报告应如实记载以下内容：

① 基本情况和数据表；

② 评标委员会成员名单；

③ 开标记录；

④ 符合要求的投标一览表；

⑤ 废标情况说明；

⑥ 评标标准、评标方法或者评标因素一览表；

⑦ 经评审的价格或者评分比较一览表；

⑧ 经评审的投标单位排序；

⑨ 推荐的中标候选人名单与签订合同前要处理的事宜；

⑩ 澄清、说明、补正事项纪要。

评标报告由评标委员会全体成员签字。对评标结论持有异议的评标委员会成员可以书面方式阐述其不同意见和理由。评标委员会成员拒绝在评标报告上签字且不陈述其不同意见和理由的，视为同意评标结论。评标委员会应当对此作出书面说明并记录在案。

3. 授标

招标单位应依据评标委员会推荐的中标候选人确定中标人，也可授权评标委员会直接确定中标人。在确定中标人后，招标单位应在招标文件规定的投标有效期内以书面形式向中标人发出中标通知书，同时将中标结果通知未中标的投标人。

（1）履约担保

在签订合同前，中标单位应按招标文件规定的金额、担保形式和履约担保格式向招标单位提交履约担保。若是联合体中标的，履约担保由联合体牵头人递交，并应符合招标文件规定的金额、担保形式和招标文件规定的履约担保格式要求。

中标单位不能按招标文件要求提交履约担保的，视为放弃中标，其投标保证金不予退还，给招标单位造成损失的，中标单位还应承担赔偿责任。

（2）合同签订

招标单位应在中标通知书发出之日起 30 日内，应根据招标文件和中标单位的投标文件与中标单位订立书面合同。双方在签订合同前，还要进行合同谈判，协商合同履行细节并将双方达成的协议落实到合同中，但不得再行订立背离合同实质性内容的其他协议。

中标单位无正当理由拒签合同的，招标单位取消其中标资格，其投标保证金不予退还；给招标单位造成损失的，中标单位还应承担赔偿责任。

7.2 工程总承包及材料设备采购招标管理

当建设项目采用工程总承包模式时，建设单位同样需要通过招标方式选择工程总承包单位。此外，无论建设项目采用 DBB 模式或工程总承包模式，建设单位负责采购材料设备的，通常也需要通过招标方式选择材料设备供应商。工程总承包及材料设备采购招标程序与施工招标程序基本相同，但由于招标范围、标的物不同，招标运作方式会有所不同。

7.2.1 工程总承包招标管理

与施工招标相比，工程总承包招标不仅包含施工任务，而且包含设计任务，有的还包含材料设备采购任务。由于招标范围不同，工程总承包招标的差异性主要体现在以下几方面。

1. 资格预审的差异性

与施工招标中的资格预审不同，工程总承包招标中的资格预审需要投标申请单位提交的工程总承包及设计方面的审查资料包括近年完成的类似设计施工总承包项目情况表，并应附中标通知书和（或）合同协议书、工程接收证书（工程竣工验收证书）复印件；或近年完成的类似工程设计项目情况表，并应附中标通知书和（或）合同协议书、发包人出具的证明文件。

2. 招标文件的差异性

招标文件是投标单位编制投标文件和报价的依据。与施工招标文件相比，工程总承包招标文件中的投标人须知、发包人要求及提供的资料会有所不同。

（1）投标人须知

与施工招标文件不同的是，工程总承包招标文件中的投标人须知在设计方面提出以下相关要求。① 质量标准：包括设计质量标准；② 投标人资格要求：项目经理应具备工程设计类或者工程施工类注册执业资格，设计负责人应当具备工程设计类注册执业资格；③ 设计成果补偿：招标人对符合招标文件规定的未中标人的设计成果进行补偿的，按投标人须知前附表规定给予补偿，并有权免费使用未中标人设计成果等。

（2）发包人要求及提供的资料

工程总承包招标文件中关于发包人要求、发包人提供的资料等内容主要有以下几方面。

① 功能要求。包括工程目的、工程规模、性能保证指标（性能保证表）和产能保证指标等。

② 工程范围。包括的工作、工作界区、发包人提供的现场条件和发包人提供的技术文件等。

③ 工艺安排或要求。如有工艺安排或要求，发包人可向承包人提出相应工艺安排或要求。

④ 技术要求。包括设计阶段和设计任务、设计标准和规范、技术标准和要求、质量标准、设计、施工和设备监造、试验（如有）、样品和发包人提供的其他条件等。

⑤ 竣工试验和竣工后试验。包括各阶段试验，如试验前准备、对联动试车、投料试车等的要求、对性能测试及其他竣工试验的要求等。

⑥ 文件要求。包括设计文件及其相关审批、核准和备案要求、沟通计划、风险管理计划、竣工文件和工程的其他记录、操作和维修手册及其他承包人文件等。

⑦ 工程项目管理规定。包括质量、进度（里程碑进度计划）、支付、HSE（health safety environment，健康、安全与环境管理体系）、沟通和变更等。

⑧ 其他要求。包括对承包人的主要人员资格要求、相关审批、核准和备案手续的办理、对项目业主人员的操作培训、分包、设备供应商和缺陷责任期的服务要求等。

⑨ 发包人要求附件清单。包括性能保证表，工作界区图，发包人需求任务书，发包人已完成的设计文件，承包人文件要求，承包人人员资格要求及审查规定，承包人设计文件审查规定，承包人采购审查与批准规定，材料、工程设备和工程试验规定，竣工试验规定，竣工验收规定，竣工后试验规定和工程项目管理规定等。

3. 价格清单的差异性

价格清单作为构成合同文件的组成部分，是指由投标单位按规定的格式和要求填写并标明价格的清单。价格清单与施工招标中的工程量清单不同，包括勘察设计费清单、工程设备费清单、必备的备品备件费清单、建筑安装工程费清单、技术服务费清单、暂估价清单、其他费用清单和投标报价汇总表。

4. 评标内容的差异性

工程总承包评标办法增加了设计方面的评审内容：① 设计负责人资格要求；② 资信业绩评分标准中增加设计负责人业绩；③ 增加设计部分评审。

7.2.2　材料设备采购招标管理

材料设备采购质量好坏和价格高低，对工程建设成败和经济效益都有直接、重大的影响。根据建设项目特点和要求，采购内容可分为单纯采购大宗建筑材料和定型生产的设备。采购类型包括生产、运输、安装、调试各阶段综合采购和大型复杂设备的"交钥匙"采购，即指完成设计、设备制造、土建施工、安装调试等全过程工作采购。

与施工招标相比，由于材料设备采购招标的标的物不同，故材料设备采购招标运作有其独特性。

1. 采购方式与采购分标原则

（1）采购方式

为建设项目采购材料设备而选择供货商，并与供货商签订物资购销合同或加工订购合同，通常会采用以下方式。

① 招标选择供货商。这种方式大多适用于采购大宗材料或永久设备、标的金额较大、市场竞争激烈的情况。可以采用公开招标或邀请招标方式。

② 询价选择供货商。这种方式是采用询价—报价—签订合同的程序，即通过对 3 家及以上供货商就采购标的物进行询价，比较其报价后，选择其中一家与其签订供货合同。这种方式实际上是一种议标方式，无须采用复杂的招标程序，又可保证价格有一定的竞争性。一般适用于采购建筑材料或价值较小的标准规格产品。

③ 直接订购。由于这种方式不能进行产品的质量和价格比较，因此是一种非竞争性采购方式。一般适用于以下几种情况：

- 为了使设备或零配件标准化，向原供货商增加购货，以便满足现有设备要求；
- 所需设备具有专卖性质，并只能从一家制造商获得；
- 负责工艺设计的承包单位要求从指定供货商处采购关键性部件，并以此作为保证工程质量的条件；
- 尽管询价通常是获得最合理价格的较好方式，但在特殊情况下，由于需要某些特定货物早日交货，也可直接签订合同，以免由于时间延误而增加开支。

（2）采购分标原则

材料设备采购分标是指为吸引更多的投标单位参加竞争，以发挥各个供货商专长，达到降低货物价格、保证供货时间和质量的目的，同时，也是为了便于采购招标管理。

建设单位在进行材料设备采购分标时，主要应考虑以下几方面因素。

① 招标项目规模。根据建设项目所需设备之间关系、预计金额进行适当分标。如果标段划分得过大，会使一般中小供货商无力问津，而有实力参与竞争的供货商过少就会造成投标价格提高。反之，如果标段划分得过小，虽可吸引较多的中小供货商，但很难吸引实力较强的供货商，尤其是外国供货商来参加投标，不可避免地会增大招标工作量。因此，分标要恰当，既要吸引更多的供货商参与投标竞争，又要便于建设单位选择供货商，并有利于合同履行管理。

② 货物性质和质量要求。建设项目所需材料设备可分为通用产品和专用产品两大类。通用产品可有较多的供货商参与竞争，而专用产品由于对货物性能和质量有特殊要求，则应按行业来划分。对于成套设备，为了保证零部件标准化和机组联接性能，最好确定为一个标，由某一供货商来承揽。在既要保证质量又要降低采购费用的原则下，凡国内制造厂家可以达到技术要求的设备，应单列一个标进行国内招标；国内制造有困难的设备，则需进行国际招标。

③ 工程进度与供货时间。按时供应质量合格的货物，是建设项目能够顺利实施的物质保证。应遵循供货进度计划满足施工进度计划要求的原则，综合考虑资金、制造周期、运输、仓储能力等条件进行恰当分标。做到既不能延误施工需要，也不应过早到货。因为过早到货会影响资金周转，并需要额外支出货物保管与保养费用。

④ 供货地点。如果建设项目施工地点比较分散，则所需货物的供货地点也势必会分散。因此，应考虑外埠供货商和当地供货商的供货能力、运输条件、仓储条件等进行分标，以利于保证供应和降低采购成本。

⑤ 市场供应情况。大型建设项目需要大量建筑材料和较多设备，如果一次采购，可能会因需求过大而引起价格上涨，为此，应合理计划、分批采购。

⑥ 资金来源。由于建设项目投资来源多，应考虑资金到位情况和周转计划，合理分标，分项采购。

2. 资格审查与评标

（1）资格审查

材料设备采购招标中的资格审查，包括投标单位资格审查和所供货物合格性审查两个方面。

① 投标单位资格审查。投标单位填报的“资格证明文件”应能表明其有资格参加投标和一旦投标被接受后有履行合同的能力。如果投标单位是生产厂家，则必须具有履行合同所必需的财务、技术和生产能力；若投标单位按合同提供的材料设备不是自己制造或生产的，则应提供材料设备制造厂家或生产厂家正式授权同意提供材料设备的证明资料。

② 所供货物合格性审查。投标单位应提交根据招标要求提供的所有货物及其辅助服务的合格性证明文件，这些文件可以是手册、图纸和资料说明等。证明资料应说明以下情况：

- 表明货物的主要技术指标和操作性能；
- 为使货物正常、连续使用，应提供货物使用两年内所需零配件和特种工具等清单，包括货源和现行价格情况；

● 资格预审文件或招标文件中提出的工艺、材料、设备、参照的商标或样本目录号码仅作为基本要求的说明，并不作为严格的限制条件。投标单位可在投标文件中选用替代标准，但替代标准必须优于或相当于技术规范所要求的标准。

（2）评标

材料设备采购评标与施工评标有很大差异。材料设备采购评标不仅要考虑材料设备采购投标报价，还要考虑设备在使用期内可能投入的运行和维修保养费。如果投标单位所报的货物价格较低，但运行和维修保养费很高时，则不符合建设单位以最合理价格采购的原则。因此，材料设备采购评标所考虑的因素和评审方法与施工评标有很大不同。

① 评标内容。

● 投标价。投标单位报价既包括货物出厂价格，还包括安装、调试、协作等售后服务价格。

● 运输费。包括运费、保险费和其他费用，如对超大件运输时道路、桥梁加固所需费用等。

● 交付期。以招标文件中规定的交货期为标准，如投标文件中所提出的交货期早于规定时间，一般不给予评标优惠；如果迟于规定的交货日期，但推迟日期尚属于可接受的范围时，则应在评标时考虑这一因素。

● 设备性能和质量。除考虑设备生产效率和适应能力外，还应考虑设备运行和维修保养费用，即设备的燃料、原材料消耗、维修费用和所需运行人员费等。如果设备性能超过招标文件要求，使建设单位受益时，评标时也应考虑这一因素。

● 备件价格。对于各类备件（特别是易损备件）在两年内取得的途径和价格，在评标时也要予以考虑。

● 支付要求。合同中规定了购买货物的付款条件，如果投标单位在投标文件中提出付款的优惠条件或其他的支付要求，而这种要求与招标文件规定的偏离是建设单位可以接受的，也应在评标时加以计算和比较。

● 售后服务。包括可否提供备件、进行维修服务，以及安装监督、调试、人员培训等可能性和价格。

● 其他与招标文件偏离或不符合的因素等。

② 评标方法。材料设备采购评标方法通常有以下几种。

a）最低标价法。采购简单商品、半成品、原材料，以及其他性能、质量相同或容易进行比较的货物时，价格可作为评标时考虑的唯一因素，以此作为选择中标单位的判别准则。

国内生产的货物，报价应为出厂价。如果所提供的货物是投标单位已从国外进口、目前已在国内的，则报价应为仓库交货价或展室价，该价格应包括进口货物时所交付的进口关税，但不包括销售税。

b）综合标价法。这种评标方法是指以投标单位报价为基础，将评标时所考虑的其他因素也折算为一定价格而加到投标价中得到综合标价，然后再根据综合标价的高低决定中标单位。对于采购机组、车辆等大型设备时，大多采用这种方法。评标时的具体处理办法如下：

● 运费、保险费及其他费用。按照铁路（公路、水运）运输、保险公司及其他部门公布的费用标准，计算货物运抵最终目的地所发生的运费、保险费及其他费用。

● 交货期。以招标文件中“供货一览表”规定的具体交货时间为标准，若投标文件中的交货时间早于标准时间，在评标时不给予优惠；如果迟于标准时间，每迟交货一个月，可按报价的一定百分比（货物一般为 2%）计算折算价，并将其加到投标单位报价中。

● 付款条件。投标单位必须按照招标文件中规定的付款条件来报价，对于不符合规定的投标，可视为非响应性投标而予以拒绝。但对于大型设备采购招标，如果投标单位在投标致函中提出采用不同的付款条件可使其报价降低时，可在评标中予以考虑。当投标单位提出的付款要求偏离招标文件的规定在建设单位可接受范围内时，应根据偏离条件给建设单位增加的费用，按招标文件中规定的折现率换算成评标时点净现值，加到投标单位在投标致函中提出的修改报价中作为评标价格。

● 零配件供应和售后服务。零配件供应和售后服务费用要视招标文件规定而有不同考虑。如果这笔费用已要求投标单位包含在报价中，则在评标时不再考虑这一因素。若要求投标单位单报这笔费用，则应将其加到投标单位报价中。如果招标文件中没有上述规定，则在评标时要按技术规范附件中列明且由投标单位填报、设备在运行前两年可能需要的主要零配件名称、数量，计算可能产生的总费用，并将其加到投标单位报价中。如果需要建设单位自己安排售后服务费用时，则这笔费用也应加到投标单位报价中。

● 设备性能、生产能力。投标设备应具备技术规范中规定的起码生产效率，在评标时应以投标设备实际生产效率单位成本为基础。投标单位应在投标文件中说明其所投标设备的保证运营能力或效率。如果设备性能、生产能力未达到技术规范要求的基准参数，又在建设单位可接受范围内时，每种参数比基准参数每降低 1%时，将在投标单位报价中增加一定金额。

● 技术服务和培训。投标单位在投标文件中应报出设备安装、调试等方面的技术服务费用及有关培训费。如果这些费用未包含在总报价中，在评标时应将其加到投标单位报价中，并作为评标价来考虑。

c）以全寿命期成本为基础的标价法。在采购生产线、成套设备、车辆等运行期内各种后续费用（零配件、油料及燃料、维修等）高的货物时，可采用以设备全寿命期成本为基础的标价法。在评标时应首先确定一个统一的设备运行期，然后再根据各投标文件的实际情况，在投标报价中加上一定年限运行期所发生的各项费用，再减去一定年限运行期后的设备残值。在计算各项费用或残值时，都应按招标文件中规定的折现率折算成现值。

这种评标方法是在综合标价法的基础上，再加上运行期费用。这些以现值计算的费用包括以下 3 部分：

● 寿命期内所需燃料估算费用；

● 寿命期内所需零件及维修估算费用；

● 寿命期末估算残值。

d）综合评分法。综合评分法是指在评标前将各评分因素按其重要性确定评分标准，然后按此标准对各投标单位提供的报价和各种服务进行打分，得分最高者中标。

在采用综合评分法时，首先要确定各种因素所占比例，再以计分评标。以下是世界银行贷款项目通常采用的比例，供参考：

投标价	60～70 分
零配件价格	0～10 分
技术性能、维修、运行费	0～10 分
售后服务	0～5 分
标准备件等	0～5 分
总计	100 分

综合评分法简便易行，能从难以用金额表示的各个投标文件中，将各种因素量化后进行比较，从中选出中标单位。其缺点是各评标专家独立打分，对评标专家的水平和知识面要求高，否则，主观随意性较大。此外，难以合理确定不同技术性能的有关分值和每一性能应得分值，有时会忽略一些重要指标。在采用综合评分法评标时，评分因素及其分值分配应在招标文件中明确说明。

复习思考题

1. 施工招标方式有哪些？各有何特点？
2. 施工招标可分为几个阶段？每个阶段的主要工作内容有哪些？
3. 划分施工标段需考虑哪些因素？
4. 施工承包模式有哪些？各有何特点？
5. 施工合同计价方式有哪些？各自适用条件是什么？选择合同计价方式需考虑哪些因素？
6. 施工投标资格预审文件包括哪些内容？施工招标文件包括哪些内容？
7. 施工投标资格预审包括哪些内容？资格预审方法有哪些？
8. 哪些情形属于无效投标文件？
9. 施工评标内容和方法有哪些？各种施工评标方法的特点有哪些？
10. 评标报告包括哪些内容？
11. 履约担保及合同签订有何要求？
12. 工程总承包招标与施工招标的差异主要体现在哪些方面？
13. 材料设备采购分标应考虑哪些因素？
14. 材料设备采购招标中的资格审查包括哪些内容？
15. 材料设备采购评标内容及评标方法有哪些？

案例分析题

2004 年，为实现中国铁路第六次大提速目标，原铁道部委托招标代理公司发布时速

200 km 铁路动车组投标邀请书，明确投标企业必须是“在中国境内合法注册的，具备铁路动车组制造能力，并获得拥有成熟的时速 200 km 铁路动车组设计和制造技术的国外合作方技术支持的中国制造企业（含中外合资企业）”。而且明确规定三项投标原则：一是关键技术必须转让；二是价格必须最低；三是必须使用中国品牌。显然，这次招标的真正目的是以“市场换技术”，引进国外高速铁路先进技术。当时，世界上只有 4 家企业掌握成熟高铁技术，分别是德国西门子、法国阿尔斯通、日本川崎重工和加拿大庞巴迪。为此，中国高铁只能向这 4 家企业进行招标。虽然加拿大庞巴迪公司的高铁技术排名末尾，但早在中国高铁招标的几年前就与我国青岛四方集团成立合资公司，因而在此次投标资格竞争中获得先机。

试分析我国高速铁路建设实施“市场换技术”的战略意义，以及确定三项投标原则的缘由。

知识拓展题

分析工程总承包联合体招标与施工联合体招标的异同。

第 8 章　建设项目合同管理

工程建设是一个极为复杂的社会生产过程，由于现代社会化大生产和专业化分工，除少数建设项目由建设单位自己实施外，大部分建设项目需要建设单位委托其他单位实施。各类合同则是维系这些参与单位之间关系的纽带。因此，合同管理是建设项目管理的重要内容。

8.1　合同管理基本知识

8.1.1　合同种类及特征

根据《中华人民共和国民法典》(合同编)，合同是民事主体之间设立、变更、终止民事法律关系的协议。典型合同包括：买卖合同，供用电、水、气、热力合同，赠与合同，借款合同，保证合同，租赁合同，融资租赁合同，保理合同，承揽合同，建设工程合同，运输合同，技术合同，保管合同，仓储合同，委托合同，物业服务合同，行纪合同，中介合同，合伙合同。

1. 建设单位主要合同关系

建设单位为了实现项目总目标，可以通过签订合同将建设项目有关活动委托给相应专业单位，如勘察设计单位、承包单位、材料设备供应单位、工程咨询监理及项目管理单位等。于是，建设单位需要与这些单位建立合同关系。

1）工程勘察设计合同

工程勘察设计合同是指建设单位与工程勘察设计单位为完成工程勘察设计任务，明确双方责任和义务的协议。

2）工程承包合同

工程项目发承包模式不同，决定了不同类别的工程承包合同。建设单位通常签订的工程承包合同有以下几种。

(1) 工程总承包合同

工程总承包合同是指建设单位将工程设计、材料设备采购、施工任务全部发包给一家承包单位而签订的协议。代表性工程总承包合同由 DB 合同和 EPC 合同。

(2) 工程施工合同

工程施工合同是指建设单位将工程施工任务发包给一家或多家承包单位而签订的协议。根据承包工作范围不同，工程施工合同又可分为施工总承包合同和专业工程承包合同。

① 施工总承包合同。施工总承包合同是指建设单位将工程施工任务全部发包给一家承包单位而签订的协议。

② 专业工程承包合同。专业工程承包合同是指建设单位将建设项目中各单项工程或单

位工程（如土建工程施工与机电设备安装）及专业性较强的特殊工程（如桩基础工程、管道工程等）分别发包给不同承包单位而签订的协议。

3）材料设备采购合同

对于建设单位负责供应的材料设备，建设单位需要与材料设备供应单位签订采购合同。

4）工程咨询/监理或项目管理合同

建设单位委托相关单位进行技术咨询、造价咨询、招标代理、项目管理、工程监理等，需要与相关单位签订工程咨询监理或项目管理合同。

5）贷款合同

贷款合同是指建设单位与金融机构签订的协议。

6）其他合同

如建设单位与保险公司签订的工程保险合同等。

建设单位主要合同关系如图 8－1 所示。

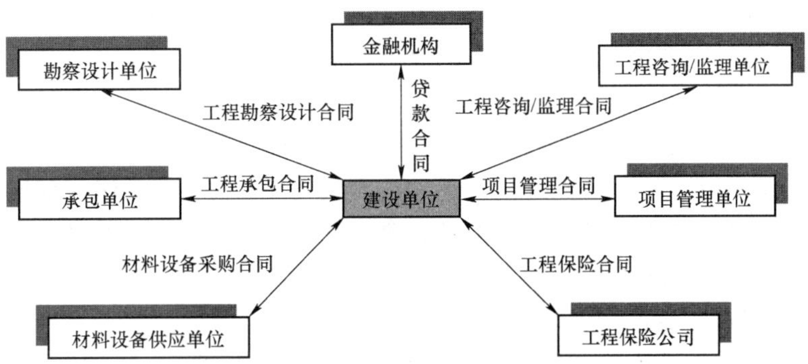

图 8－1　建设单位主要合同关系

《中华人民共和国民法典》（合同编）明确规定，建设工程合同是承包人进行工程建设，发包人支付价款的合同。建设工程合同包括工程勘察、设计、施工合同。由此可见，工程总承包合同也属于建设工程合同。工程咨询/监理或项目管理合同属于委托合同，材料设备采购合同则属于买卖合同。

2. 建设工程合同特征

建设工程合同应采用书面形式，并具有以下特征。

（1）合同主体的严格性

建设工程合同主体一般只能是法人。发包单位应是经过批准能够组织工程建设的法人，必须有合法的工程建设文件，并具有相应的组织协调能力。承包单位必须具备法人资格，同时具有从事相应工程勘察、设计、施工资质条件。由于建设项目投资额大、实施周期长、质量要求高，公民个人无能力承揽，无营业执照、无承包资质的单位不能作为建设项目承包单位，资质等级低的单位也不能越级承包建设项目。

（2）合同标的的特殊性

建设工程合同标的是各类建设项目，属于不动产，其基础部分与大地相连，有的甚至就是大地的一部分，不可移动。这就决定了每个建设工程合同标的都是特殊的，具有不可替代性。

（3）合同履行的长期性

由于建设项目结构复杂、工程量浩大，使得合同履行期限都比较长。不仅是合同订立和履行需要较长准备期，而且在合同履行过程中，还可能会因为不可抗力、工程变更、材料设备供应不及时等原因，导致合同履行期限延长。

（4）合同履行的程序性

由于建设项目对国民经济和社会发展有着重大影响，因此，国家对建设项目投资计划有严格的审批、核准或备案管理制度。无论是政府投资还是社会资本投资项目，均需要按照国家规定的建设程序订立和履行合同。

8.1.2 合同谈判与签订

1. 合同谈判

合同谈判是指发包单位（或其委托单位）与中标单位经过认真仔细的会谈商讨，将双方在招投标过程中达成的协议具体化或作某些增补与删改，对价格和所有合同条款进行确认，最终订立对双方都有法律约束力的合同文件的过程。

1）合同谈判准备

合同谈判是发包单位（或其委托单位）与中标单位面对面的较量，谈判结果直接关系到合同条款的订立是否于己有利。因此，在合同正式谈判开始前，需要深入细致地做好充分的思想准备、组织准备、资料准备、方案准备、会议准备等，做到知己知彼，心中有数，为合同谈判的成功奠定坚实的基础。

（1）合同谈判思想准备

合同谈判是一项艰苦复杂的工作，只有做好充分的思想准备，才能在谈判中坚持立场，适当妥协，最后达到目的。在谈判前，必须充分准备以下内容。

① 明确谈判目标。这是合同谈判准备必须要解决的首要问题。因为不同的谈判目标会决定不同的谈判方式和结果，一切具体的谈判行为方式与技巧都是为谈判目标服务的。因此，在谈判前首先要确定自己的目标，同时也要尽可能摸清对方的谈判目标，从而有针对性地进行准备，并采取相应的谈判方式和谈判策略。

② 确定谈判原则和态度。在谈判目标明确后，谈判原则和态度的确定就成为实现目标的重要环节。围绕着谈判目标的实现，要确立自己在谈判中的基本立场和原则，从而确定谈判中哪些问题是必须坚持的、哪些问题可以作出一定的合理让步，以及让步程度等。同时，还应具体分析谈判中可能遇到的各种复杂情况及其对谈判目标实现的影响，谈判有无失败的可能，在遇到实质性问题争执不下时如何解决等。这些问题都应在谈判前有充分的思想准备。

③ 了解谈判对方意图。“知己知彼，百战不殆”。合同谈判也是一种斗智斗勇的活动，只有在充分了解对方意图，并对此已有充分的思想准备后，才能在谈判中始终掌握主动权。这里所说的意图包含对方谈判的诚意和动机两方面。对方参加这次谈判有无诚意，是主动接洽还是被动应付，持积极态度还是消极态度；对方谈判的动机是只为了摸底还是为了正式与自己商谈具体事宜，是希望应付一次后通过函电达成协议，还是希望在面对面的会谈中取得成果等。

（2）合同谈判组织准备

对于大型复杂项目，需要组建一个精明强干、经验丰富的谈判小组，具体进行谈判准备和谈判工作。谈判小组的基本素质、专业知识结构和综合业务能力对谈判结果有重要的影响。一个合格的谈判小组通常由技术人员、财务人员、法律人员及精通业务的其他人员组成。在谈判小组中，领导的作用是至关重要的。领导作为主谈判人，除了谈判思路一定要始终清晰，对谈判内容要熟悉外，还必须要有丰富的谈判技巧和经验。与此同时，领导还需要具备很强的组织能力和应变能力，以便在遇到意外情况时，能够调动谈判小组成员进行妥善处理。

（3）合同谈判资料准备

在合同谈判中必须有理有据、切忌空谈。为此，在谈判前必须充分做好资料准备工作，包括与建设项目相关的技术资料、商务资料、合同文件、法规政策文件等。

（4）合同谈判方案准备

在具体谈判开始前，要仔细研究分析有关合同谈判的各种文件资料，拟订谈判提纲。同时，要根据谈判目标要求，准备几个不同的谈判方案，并分析研究哪个方案较好，以及对方可能会倾向于哪个方案。这样，当对方不愿接受某一方案时，就可以改换另一方案。在谈判时切忌只有一种方案，当对方不接受时，容易使谈判陷入僵局。

（5）合同谈判会议准备

合同谈判会议准备主要包括三方面内容：一是选择谈判时机。谈判主要考虑双方的横向联系情况，谈判将面对几家单位，何时与某一单位会谈，这也是一种谈判策略。二是谈判地点选择。一般来说，应选在于己方有利的地点。三是谈判议程安排。议程要安排得松紧适度，不要拖得时间太长，同时要避免过于紧张、连续作战，还要注意双方谈判的习惯。

（6）了解谈判对方情况

着重了解对方谈判人员的年龄、资历、职务、谈判风格、健康状况等情况，以便有针对性地安排谈判人员并做好思想和策略准备，同时要了解对方是否熟悉己方。此外，还必须了解对方谈判人员的构成及对谈判所持的态度、意见，尽量分析并确定谈判的关键问题、关键人物的意见和倾向。

2）合同谈判过程

建设项目发包单位与中标单位的合同谈判应直接针对合同条款进行谈判。对于非招标项目，发包单位与承包单位的合同谈判可分为初步接洽和实质性谈判两个阶段。

（1）初步接洽阶段

双方当事人一般是为达到预期效果，就双方各自最感兴趣的事项，相互向对方提出，澄清一些问题。这些问题包括：项目名称、规模、内容和所要达到的目标和要求；项目是否获得实施许可；当事人双方以往是否参与过类似的项目开发、实施；双方主体资质状况与信誉；项目是否已具备实施条件等。有的问题可以当场澄清，有的可能当场不能澄清。如果双方了解的资料及信息与各自所要达到的预期目标相符，就可为实质性谈判做准备。

（2）实质性谈判阶段

实质性谈判是指双方就合同主要条款进行的具体商谈。合同主要条款一般包括：标的，数量和质量，价款或酬金，履行期限、方式和地点，验收方法，违约责任等。

① 标的。双方当事人必须严肃对待合同标的谈判。特别是对于合同标的比较复杂的，要力求叙述完整、准确，不得出现遗漏及概念混淆的情况。

② 数量和质量。由于数量和质量涉及双方职责和义务，所以要慎重对待。在合同中应注明各标的物的数量和质量要求。

③ 价款或酬金。价款或酬金额度及支付货币在招投标时已确定，在合同谈判时，双方主要应就价款或酬金支付条件及时间等协商确定。

④ 履行期限、方式和地点。在合同谈判中应逐项加以明确规定。

⑤ 验收方法。在合同谈判中应明确规定何时验收、验收标准及验收机构。

⑥ 违约责任。合同谈判应就双方可能出现的错误而影响项目完成，协商确定违约责任条款，明确双方责任。具体规定还应符合法律规定的违约金限额和赔偿责任。

2. 合同签订

目前，多数建设项目会按照政府有关部门推荐使用的合同示范文本签订合同。合同示范文本通常包括协议书、通用合同条款、专用合同条款及附录。因此，合同谈判主要是针对协议书、专用合同条款及附录等内容经双方协商后确定。合同条款要完备，合同内容必须尽可能明确具体，避免使用含糊不清的词句。一般应严格控制合同中的限制性条款，明确规定合同生效条件、合同有效期及延长的条件、程序，要对选择仲裁或诉讼作出明确约定。此外，在正式签订合同文件前，应组织有关专业人员、律师等，对合同进行仔细推敲。双方对合同内容达成一致意见后进行签字盖章。

8.1.3　合同履行与担保

1. 合同履行

合同履行是指双方当事人按照合同约定的标的、数量和质量、价款或酬金、履行期限、履行地点、履行方式等，全面完成各自承担的职责和义务。双方当事人应共同履行合同，实现合同所要达到的预定目标。

履行建设项目合同应遵循全面履行和实际履行的原则。

（1）全面履行

全面履行也称适当履行或正确履行。双方当事人必须按照法律和合同规定的标的按质、按量地履行。债务人不得以次充好，以假乱真，否则，债权人有权拒绝接受。为此，在签订合同时，必须对标的物的规格、数量、质量作出具体规定，以便债务人按规定履行，债权人按规定验收。

（2）实际履行

实际履行是指双方当事人应按合同规定的标的来履行，不能以其他标的代替约定标的。当一方违约时也不能以偿付违约金、赔偿金的方式代替履约；对方要求继续履行合同的，仍应继续履行。

2. 合同担保

合同担保是指由法律、行政法规规定或由双方当事人协商确定的，保证合同能够切实履行的一种法律措施。合同担保方式有保证、抵押、质押、留置和定金 5 种。这里的合同担保，主要是指履约担保和预付款担保。

（1）履约担保

履约担保是指为保证合同顺利履行而要求承包单位或供应商提供的担保，以防止承包单位或供应商违约，并用来弥补给发包单位造成的经济损失。

履约担保形式有履约保证金、银行保函和履约担保书 3 种。《招标投标法》规定：“招标文件要求中标人提交履约保证金的，中标人应当提供。”履约保证金可用保兑支票、银行汇票或现金支票，履约保证金不得超过中标合同金额的 10%。

履约保证金不同于定金，履约保证金的目的是担保承包单位或供应商完全履行合同，主要担保工期和质量符合合同约定。承包单位或供应商完全履行其义务的，建设单位必须全额返还履约保证金。施工合同的履约保证金返还时间为工程验收合格之日或合同约定时间。履约保证金的功能，在于承包单位或供应商违约时，用来赔偿建设单位损失。

（2）预付款担保

预付款担保是指承包单位与发包单位签订合同后，承包单位正确、合理使用发包单位预付工程款的担保。在建设工程合同签订后，发包单位预付给承包单位一定比例的工程款，但需由承包单位开户银行向发包单位出具预付款保函，其金额应与预付款金额相同。

预付款保函的主要作用是保证承包单位能够按合同规定进行施工，偿还发包单位预付的全部工程款。如果承包单位在合同履行过程中毁约中止工程，使发包单位不能在规定期限内从应付工程款中扣除全部预付款，则发包单位有权凭预付款保函向银行索赔所担保金额作为损失补偿。

8.2　施工合同管理

施工合同是指建设单位与施工单位为完成工程施工任务，明确双方义务和违约责任的协议。施工合同是控制建设项目施工质量、进度、投资的主要依据。因此，要求双方当事人须具备相应资格和履约能力。双方当事人签订施工合同通常会参照国家推荐使用的示范文本。

8.2.1　施工合同签订

原国家发展改革委等九部委先后联合发布了分别适用于大型复杂工程的《标准施工招标文件》和适用于工期在 12 个月内的《简明标准施工招标文件》，其中包括“合同条款及格式”。住房城乡建设部、原国家工商行政管理总局也联合发布了适用于房屋建筑和市政基础设施工程的《建设工程施工合同（示范文本）》。尽管施工合同示范文本有多种，但其中影响较大、应用广泛的是《标准施工招标文件》中的合同条款及格式，它明确规定了施工合同的主要内容。

1. 通用合同条款

通用合同条款是以发包人委托监理人管理工程合同的模式设定合同当事人的义务和责任，区别于由发包人和承包人双方直接进行约定和操作的合同管理模式。通用合同条款同时适用于单价合同和总价合同，在合同条款中涉及单价合同和总价合同的，招标人在编制招标文件时，应根据各行业和具体工程的不同特点和要求进行修改和补充。

通用合同条款有 24 条，包括：一般约定，发包人义务，监理人，承包人，材料和工程设备，施工设备和临时设施，交通运输，测量放线，施工安全、治安保卫和环境保护，进度计划，开工和竣工，暂停施工，工程质量，试验和检验，变更，价格调整，计量与支付，竣工验收，缺陷责任与保修责任，保险，不可抗力，违约，索赔，争议的解决。

2. 专用合同条款

专用合同条款是发包人和承包人双方根据工程具体情况对通用合同条款的补充、细化，除通用合同条款中明确专用合同条款可作出不同约定外，补充和细化的内容不得与通用合同条款规定的内容相抵触。

3. 合同附件格式

合同附件格式是订立合同时采用的规范化文件，包括合同协议书、履约保函和预付款保函格式。

（1）合同协议书

合同协议书是合同组成文件中唯一需要发包人和承包人同时签字盖章的法律文书。合同协议书除明确规定对当事人双方有约束力的合同组成文件外，在订立合同时需要明确填写的内容还包括发包人和承包人名称，施工的工程或标段，签约合同价，合同工期，质量标准和项目经理人选。

（2）履约保函

履约担保采用保函形式，履约保函标准格式主要有以下特点。

① 担保期限。自发包人与承包人签订合同之日起，至签发工程移交证书日止。

② 担保方式。采用无条件担保方式，即持有履约保函的发包人认为承包人有严重违约情况时，即可凭保函要求担保人予以赔偿，不需承包人确认。在标准履约保函格式中，担保人承诺“在本担保有效期内，因承包人违反合同约定的义务给你方造成经济损失时，我方在收到你方以书面形式提出的在担保金额内的赔偿要求后，在 7 天内无条件支付”。

（3）预付款保函

预付款担保采用银行保函形式，同样也是采用无条件担保形式。担保期限自预付款支付给承包人起生效，至发包人签发的进度款支付证书说明已完全扣清预付款止。按照担保金额与剩余预付款的金额相等原则，保函格式中明确规定：“本保函的担保金额，在任何时候不应超过预付款金额减去发包人按合同约定在向承包人签发的进度付款证书中扣除的金额。”

4. 合同文件优先解释顺序

组成合同的各项文件应互相解释、互为说明。除专用合同条款另有约定外，解释合同文件的优先顺序如下：① 合同协议书；② 中标通知书；③ 投标函及投标函附录；④ 专用合同条款；⑤ 通用合同条款；⑥ 技术标准和要求；⑦ 图纸；⑧ 已标价工程量清单；⑨ 其他合同文件。

8.2.2 施工合同履行

1. 施工准备

（1）发包人主要义务

① 应及时完成施工场地的征用、移民、拆迁工作，按专用合同条款约定的时间和范围向承包人提供施工场地。

② 应按专用条款约定及时向承包人提供施工场地范围内地下管线和地下设施等有关资料。地下管线包括供水、排水、供电、供气、供热、通信、广播电视等的埋设位置，以及地下水文、地质等资料。发包人应保证资料的真实、准确、完整。

③ 应根据工程施工需要，负责办理取得出入施工场地的专用和临时道路的通行权。

④ 应根据合同进度计划，组织设计单位向承包人和监理人对提供的施工图纸和设计文件进行交底。

（2）承包人主要义务

① 应对施工场地和周围环境进行查勘，核对发包人提供的有关资料，并进一步收集相关的地质、水文、气象条件、交通条件、风俗习惯等资料。

② 应按合同约定的工作内容和施工进度要求，编制施工组织设计和施工进度计划，并报送监理人审批。

③ 应在施工现场设置专门的质量安全管理机构，配备专职质量安全管理人员，建立完善的质量安全管理制度。

④ 应负责修建、维修、养护和管理施工所需的临时道路，以及为开始施工所需的临时工程和必要的设施，满足开工要求。

⑤ 依据监理人提供的测量基准点、基准线和水准点及其书面资料，根据国家测绘基准、测绘系统和工程测量技术规范，以及合同中对工程精度的要求，测设施工控制网，并将施工控制网点的资料报送监理人审批。

⑥ 当施工准备工作满足开工条件后，应向监理人提交工程开工报审表申请开工。

2. 施工过程

（1）施工质量管理

① 承包人应加强对施工人员的质量教育和技术培训，定期考核施工人员的劳动技能，严格执行质量规范和操作规程。

② 承包人应按合同约定进行材料、工程设备和工程的试验和检验，并为监理人对材料、工程设备和工程的质量检查提供必要的试验资料和原始记录。按合同约定由监理人与承包人共同进行试验和检验的，承包人负责提供必要的试验资料和原始记录。

③ 对于发包人提供的材料和工程设备，承包人应根据合同进度计划的安排，向监理人报送要求发包人交货的日期计划。发包人应按照监理人与合同双方当事人商定的交货日期，向承包人提交材料和工程设备，并在到货 7 天前通知承包人。承包人会同监理人在约定的时间内，在交货地点共同进行验收。在发包人提供的材料和工程设备验收后，由承包人负责接收、保管和施工现场内的二次搬运所发生的费用。

④ 经承包人自检确认的工程隐蔽部位具备覆盖条件后，承包人应通知监理人在约定的期限内检查。承包人的通知应附有自检记录和必要的检查资料。监理人检查确认质量不合格的，承包人应在监理人指示的时间内修正返工后，由监理人重新检查。

经监理人检查质量合格或监理人未按约定的时间进行检查的，在承包人覆盖工程隐蔽部位后，监理人对质量有疑问的，可要求承包人对已覆盖的部位进行钻孔探测或揭开重新检验。经检验证明工程质量符合合同要求的，由发包人承担由此增加的费用和（或）工期延误，并支付承包人合理利润；经检验证明工程质量不符合合同要求的，由此增加的费用和（或）工期延误由承包人承担。

承包人未通知监理人到场检查，私自将工程隐蔽部位覆盖的，监理人有权指示承包人钻孔探测或揭开检查，由此增加的费用和（或）工期延误由承包人承担。

⑤ 因承包人原因造成工程质量达不到合同约定验收标准，监理人有权要求承包人返工直至符合合同要求为止，由此造成的费用增加和（或）工期延误由承包人承担。因发包人原因造成工程质量达不到合同约定验收标准，发包人应承担由于承包人返工造成的费用增加和（或）工期延误，并支付承包人合理利润。

（2）施工安全管理

① 发包人应按合同约定履行安全管理职责，授权监理人按合同约定的安全工作内容监督、检查承包人安全工作的实施，组织承包人和有关单位进行安全检查。

② 承包人应按合同约定的安全工作内容，编制施工安全措施计划报送监理人审批；按监理人的指示制订应对灾害的紧急预案，报送监理人审批。应按预案做好安全检查，配置必要的救助物资和器材，切实保护有关人员的人身和财产安全。

③ 承包人应严格按照国家安全标准制定施工安全操作规程，配备必要的安全生产和劳动保护设施，加强对承包人人员的安全教育，并发放安全工作手册和劳动保护用具。

④ 合同约定的安全作业环境及安全施工措施所需费用已包含在相关工作的合同价格中，承包人因采取合同未约定的安全作业环境及安全施工措施增加的费用，由监理人按商定或确定方式予以补偿。

⑤ 当工程事故发生后，发包人和承包人应立即组织人员和设备进行紧急抢救和抢修，减少人员伤亡和财产损失，防止事故扩大，并保护事故现场。当需要移动现场物品时，应作出标记和书面记录，妥善保管有关证据。

⑥ 承包人对其履行合同所雇用的全部人员，包括分包人人员的工伤事故承担责任，但由于发包人原因造成承包人人员的工伤事故，应由发包人承担责任。由于承包人原因在施工场地内及其毗邻地带造成的第三者人员伤亡和财产损失，由承包人负责赔偿。

⑦ 发包人应负责赔偿工程或工程的任何部分对土地的占用所造成的第三者财产损失，以及由于发包人原因在施工场地及其毗邻地带造成的第三者人身伤亡和财产损失。

（3）施工进度管理

① 合同进度计划需要修订的，承包人应将修订的合同进度计划报监理人审批，并附有关措施和相关资料；监理人也可向承包人发出修订合同进度计划的指示，承包人应按该指示修订合同进度计划后报监理人审批。

② 由于发包人原因导致的延误，承包人有权获得工期顺延和（或）费用加利润补偿。具体包括：增加合同工作内容；改变合同中任何一项工作的质量要求或其他特性；发包人迟延提供材料、工程设备或变更交货地点；因发包人原因导致的暂停施工；提供图纸延误；未按合同约定及时支付预付款、进度款；发包人造成工期延误的其他原因。

③ 出现专用合同条款约定的异常恶劣气候条件导致工期延误的，承包人有权要求发包人延长工期。

④ 因承包人原因未能按合同进度计划完成工作时，承包人应采取措施加快进度，并承担加快进度所增加的费用。由于承包人原因造成工期延误，承包人应支付逾期竣工违约金。

⑤ 因承包人责任引起的暂停施工，增加的费用和工期由承包人承担；因发包人责任暂停施工的，承包人有权要求发包人延长工期和（或）增加费用，并支付合理利润。

（4）工程款支付管理

① 合同价格和费用。

a）签约合同价。签约合同价是指在签订合同时合同协议书中写明的，包括暂列金额、暂估价的合同总金额，也即中标价。

● 暂列金额。暂列金额是指已标价工程量清单中所列的一笔款项，用于在签订协议书时尚未确定或不可预见变更的施工及其所需材料、工程设备、服务等的金额，包括以计日工方式支付的款项。

● 暂估价。暂估价是指发包人在工程量清单中给定的用于支付必然发生但暂时不能确定价格的材料、工程设备及专业工程的金额。

b）合同价格。合同价格是指承包人按合同约定完成包括缺陷责任期内的全部承包工作后，发包人应付给承包人的金额，包括在合同履行过程中按合同约定进行的变更、价款调整、通过索赔应予补偿的金额。合同价格也是承包人完成全部承包工作后的工程结算价格。

c）费用。费用是指为履行合同所发生的或将要发生的所有合理开支，包括管理费和应分摊的其他费用，但不包括利润。合同条款中的费用涉及两方面：一是在施工阶段处理变更或索赔时，确定应给承包人补偿的款额；二是按照合同责任应由承包人承担的开支。

② 监理人应在收到承包人提交的工程量报表后的 7 天内进行复核，监理人未在约定时间内复核，承包人提交的工程量报表中的工程量视为承包人实际完成的工程量，据此计算工程价款。

监理人对数量有异议或监理人认为有必要时，可要求承包人进行共同复核和抽样复测。承包人应协助监理人进行复核，并按监理人要求提供补充计量资料。承包人未按监理人要求参加复核，监理人单方复核或修正的工程量作为承包人实际完成的工程量。

③ 承包人应在每个付款周期末，按监理人批准的格式和专用条款约定的份数，向监理人提交进度付款申请单，并附相应的支持性证明文件。进度付款申请单内容包括：截至本次付款周期末已实施工程的价款；变更金额；索赔金额；本次应支付的预付款和扣减的返还预付款；本次扣减的质量保证金；根据合同应增加和扣减的其他金额。

④ 监理人在收到承包人进度付款申请单及相应的支持性证明文件后的 14 天内完成核查，提出发包人到期应支付给承包人的金额及相应的支持性材料。经发包人审查同意后，由监理人向承包人出具经发包人签认的进度付款证书。

⑤ 发包人应在监理人收到进度付款申请单后的 28 天内，将应付进度款支付给承包人。发包人不按期支付，按专用合同条款的约定支付逾期付款违约金。

（5）变更管理

① 变更范围：

● 取消合同中任何一项工作，但被取消的工作不能转由发包人或其他人实施；

● 改变合同中任何一项工作的质量或其他特性；

● 改变合同工程的基线、标高、位置或尺寸；

● 改变合同中任何一项工作的施工时间或改变已批准的施工工艺或顺序；

● 为完成工程需要追加的额外工作。

② 承包人收到监理人按合同约定发出的图纸和文件，经检查认为其中存在属于变更范围的情形，如提高工程质量标准、增加工作内容、工程的位置或尺寸发生变化等，可向监理人提出书面变更建议。变更建议应阐明要求变更的依据，并附必要的图纸和说明。

监理人收到承包人的书面建议后，应与发包人共同研究，确认存在变更的，应在收到承包人书面建议后的14天内作出变更指示。经研究后不同意作为变更的，由监理人书面答复承包人。

③ 承包人对发包人提供的图纸、技术要求及其他方面，提出可能降低合同价格、缩短工期或者提高工程经济效益的合理化建议，均应以书面形式提交监理人。合理化建议书的内容应包括建议工作的详细说明、进度计划和效益，以及与其他工作的协调等，并附必要的设计文件。

监理人与发包人协商是否采纳承包人提出的建议。建议被采纳并构成变更的，监理人向承包人发出变更指示。承包人提出的合理化建议使发包人获得降低工程造价、缩短工期、提高工程运行效益等实际利益，应按专用合同条款中的约定给予奖励。

④ 承包人应在收到变更指示或变更意向书后的14天内，向监理人提交变更报价书，详细开列变更工作的价格组成及其依据，并附必要的施工方法说明和有关图纸。变更工作如果影响工期，承包人应提出调整工期的具体细节。

监理人收到承包人变更报价书后的14天内，根据合同约定的估价原则，商定或确定变更价格。

⑤ 变更估价原则。

● 在已标价工程量清单中有适用于变更工作的子目，采用该子目的单价计算变更费用；

● 在已标价工程量清单中无适用于变更工作的子目，但有类似子目，可在合理范围内参照类似子目的单价，由监理人商定或确定变更工作的单价；

● 在已标价工程量清单中无适用或类似子目的单价，可按照成本加利润的原则，由监理人商定或确定变更工作的单价。

（6）索赔管理

① 承包人索赔：

● 承包人根据合同认为有权得到追加付款和（或）延长工期时，应按规定程序向发包人提出索赔。承包人应在引起索赔事件发生后的28天内，向监理人递交索赔意向通知书，并说明发生索赔事件的事由。承包人应在发出索赔意向通知书后28天内，向监理人递交正式的索赔通知书，详细说明索赔理由，以及要求追加的付款金额和（或）延长的工期，并附必要的记录和证明材料。

● 监理人收到承包人提交的索赔通知书后，应及时审查索赔通知书的内容、查验承包人的记录和证明材料，必要时监理人可要求承包人提交全部原始记录副本。监理人应在收到索赔通知书或有关索赔的进一步证明材料后的42天内，将索赔处理结果答复承包人。

● 承包人接受索赔处理结果，发包人应在作出索赔处理结果答复后28天内完成赔付。承包人不接受索赔处理结果的，按合同争议解决。

根据《标准施工招标文件》中的合同条款，承包人索赔原因及可补偿内容如表8–1所示。

表8–1　承包人索赔原因及可补偿内容

序号	条款号	索赔原因	可补偿内容		
			工期	费用	利润
1	1.10.1	文物、化石	√	√	
2	3.4.5	监理人的指示延误或指示错误	√	√	√

续表

序号	条款号	索赔原因	可补偿内容		
			工期	费用	利润
3	4.11.2	不利的物质条件	√	√	
4	5.2.4	发包人提供的材料和工程设备提前交货		√	
5	5.4.3	发包人提供的材料和工程设备不符合合同要求	√	√	√
6	8.3	基准资料错误	√	√	√
7	11.3（1）	增加合同工作内容	√	√	√
8	11.3（2）	改变合同中任何一项工作的质量要求或其他特性	√	√	√
9	11.3（3）	发包人迟延提供材料、工程设备或变更交货地点	√	√	√
10	11.3（4）	发包人原因导致暂停施工	√	√	√
11	11.3（5）	提供图纸延误	√	√	√
12	11.3（6）	未按合同约定及时支付预付款、进度款	√	√	√
13	11.4	异常恶劣的气候条件	√		
14	12.2	发包人原因暂停施工	√	√	√
15	12.4.2	发包人原因无法按时复工	√	√	√
16	13.1.3	发包人原因导致工程质量缺陷	√	√	√
17	13.5.3	隐蔽工程重新检验质量合格	√	√	√
18	13.6.2	发包人提供的材料和设备不合格，承包人采取补救措施	√	√	√
19	14.1.3	对材料或设备的重新试验或检验证明质量合格	√	√	√
20	16.1	附加浮动引起的价格调整		√	
21	16.2	法规变化引起的价格调整		√	
22	18.4.2	发包人提前占用工程导致承包人费用增加	√	√	√
23	18.6.2	发包人原因试运行失败，承包人修复		√	√
24	22.2.2	因发包人违约承包人暂停施工	√	√	√
25	21.3（4）	不可抗力停工期间的照管和后续清理		√	
26	21.3（5）	不可抗力不能按期竣工	√		

② 发包人索赔：

● 发包人的索赔包括承包人应承担责任的赔偿扣款和缺陷责任期的延长。当索赔事件发生后，监理人应及时书面通知承包人，详细说明发包人有权得到的索赔金额和（或）延长缺陷责任期的细节和依据。

● 监理人应通过协商使双方当事人达成一致，在协商基础上确定索赔金额和缺陷责任期延长的时间。承包人的赔偿款从应支付给承包人的合同价款或质量保证金中扣除，也可以由承包人以其他方式支付。

3. 竣工验收和缺陷责任期

（1）竣工验收

① 除专用条款约定由发包人负责试运行的情况外，承包人应负责提供试运行所需的人

员、器材和必要的条件，并承担全部试运行费用。在施工期运行中发现工程或工程设备损坏或存在缺陷的，由承包人进行修复，并按照缺陷原因由责任方承担相应费用。

② 当工程具备以下条件时，承包人可向监理人报送竣工验收申请报告：

- 除监理人同意列入缺陷责任期内完成的尾工（甩项）工程和缺陷修补工作外，承包人已完成合同范围内的全部单位工程及有关工作，包括合同要求的试验、试运行及检验和验收，并符合合同要求；
- 已按合同约定的内容和份数备齐符合要求的竣工资料；
- 已按监理人要求编制了缺陷责任期内完成的尾工（甩项）工程和缺陷修补工作清单及相应施工计划；
- 监理人要求在竣工验收前应完成的其他工作；
- 监理人要求提交的竣工验收资料清单。

③ 当监理人认为工程尚不具备竣工验收条件时，应在收到竣工验收申请报告后的 28 天内通知承包人。监理人认为已具备竣工验收条件的，应在收到竣工验收申请报告后的 28 天内提请发包人进行工程验收。

④ 竣工验收合格的，监理人应在收到竣工验收申请报告后的 56 天内，向承包人出具经发包人签认的工程接收证书。实际竣工日期为承包人提交竣工验收申请报告的日期，并应在工程接收证书中写明。

⑤ 发包人在收到承包人竣工验收申请报告 56 天后未进行验收，视为验收合格。实际竣工日期以提交竣工验收申请报告的日期为准，但发包人由于不可抗力不能进行验收的情况除外。

（2）竣工结算

① 在工程接收证书颁发后，承包人应按专用合同条款约定的份数和期限向监理人提交竣工付款申请单，并提供相关证明材料。付款申请单应说明竣工结算的合同总价、发包人已支付承包人的工程价款、应扣留的质量保证金、应支付的竣工付款金额。

② 监理人在收到承包人提交的竣工付款申请单后的 14 天内完成核查，将核定的合同价格和结算尾款金额提交发包人审核并抄送承包人。发包人应在收到后 14 天内审核完毕，由监理人向承包人出具经发包人签认的竣工付款证书。

③ 发包人应在监理人出具竣工付款证书后的 14 天内，将应支付款支付给承包人。发包人不按期支付的，应加付逾期付款违约金。如果承包人对发包人签认的竣工付款证书有异议，发包人可出具竣工付款申请单中承包人已同意部分的临时付款证书，存在争议的部分，按合同约定的争议条款处理。

（3）缺陷责任期

缺陷责任期是指施工承包单位对已交付使用的工程承担合同约定的缺陷修复责任的期限。缺陷责任期一般为 1 年，最长不超过 2 年，具体可由发承包双方在合同中约定。根据住房城乡建设部、财政部发布的《建设工程质量保证金管理办法》（建质〔2017〕138 号），缺陷责任期从工程通过竣工验收之日起计。

缺陷责任期与工程保修期既有区别又有联系。缺陷责任期实质上是预留工程质量保证金的一个期限，而工程保修期是发承包双方按《建设工程质量管理条例》在工程质量保修书中约定的保修期限。缺陷责任期不能等同于工程保修期。

《建设工程质量保证金管理办法》（建质〔2017〕138 号）规定，发包人应按照合同约定方式预留工程质量保证金，保证金总预留比例不得高于工程价款结算总额的 3%。合同约定由承包人以银行保函替代预留保证金的，保函金额不得高于工程价款结算总额的 3%。

在缺陷责任期届满后 14 天内，由监理人向承包人出具经发包人签认的缺陷责任期终止证书，并退还剩余的工程质量保证金。颁发缺陷责任期终止证书，意味承包人已按合同约定完成工程施工、竣工和缺陷修复义务。

（4） 最终结清

① 承包人应按专用合同条款约定的份数和期限向监理人提交最终结清申请单，并提供缺陷责任期内的索赔、工程质量保证金应返还的余额等相关证明材料。如果质量保证金不足以抵减发包人损失时，承包人还应承担不足部分的赔偿责任。

② 监理人在收到承包人提交的最终结清申请单后的 14 天内，提出发包人应支付给承包人的价款送发包人审核并抄送承包人。发包人应在收到后 14 天内审核完毕，由监理人向承包人出具经发包人签认的最终结清证书。

监理人未在约定时间内核查，又未提出具体意见，视为承包人提交的最终结清申请已经监理人核查同意。发包人未在约定时间内审核又未提出具体意见，监理人提出应支付给承包人的价款视为已经发包人同意。

③ 发包人应在监理人出具最终结清证书后的 14 天内，将应支付款支付给承包人。发包人不按期支付的，还应向承包人支付逾期付款违约金。承包人对最终结清证书有异议的，按合同约定的方式处理。

8.3 工程总承包合同管理

工程总承包合同是指建设单位与工程总承包单位为完成特定的工程总承包任务，明确双方义务和违约责任的协议。根据工程总承包合同，工程总承包单位作为承包单位，应完成合同约定的工程设计—施工或设计—采购—施工任务；建设单位应提供必要的条件并支付合同价款。实施工程总承包，要求工程总承包单位具有更强的组织协调和履约能力。双方当事人签订工程总承包合同通常也会参照国家推荐使用的示范文本。

8.3.1 工程总承包合同签订

原国家发展改革委等九部委联合发布的《标准设计施工总承包招标文件》中的“合同条款及格式”，明确了通用合同条款和专用合同条款两部分内容，同时规定了合同协议书、履约保函和预付款保函的文件格式。住房和城乡建设部、原国家工商行政管理总局也联合发布了《建设项目工程总承包合同（示范文本）》（建市〔2020〕96 号），明确了工程总承包合同应包含的主要内容。

1. 通用合同条款

通用合同条款包括：一般约定，发包人义务，监理人，承包人，设计，材料和工程设备，施工设备和临时设施，交通运输，测量放线，安全、治安保卫和环境保护，开始工作和竣工，暂停工作，工程质量，试验和检验，变更，价格调整，合同价格与支付，竣工试验和竣工验收，缺陷责任与保修责任，保险，不可抗力，违约，索赔，争议解决共 24 个方面。

2. 专用合同条款

专用合同条款是合同双方当事人根据不同工程的具体情况，通过谈判、协商对相应通用条款的约定细化、完善、补充、修改或另行约定的条款。

3. 合同文件解释顺序

合同协议书与下列文件一起构成合同文件：① 中标通知书；② 投标函及投标函附录；③ 专用合同条款；④ 通用合同条款；⑤ 发包人要求；⑥ 价格清单；⑦ 承包人建议；⑧ 其他合同文件。上述文件互相补充和解释，如有不明确或不一致之处，以合同约定次序在先者为准。

8.3.2　工程总承包合同履行

1. 发包人一般义务

① 遵守法律。发包人在履行合同过程中应遵守法律，并保证承包人免于承担因发包人违反法律而引起的任何责任。

② 发出承包人开始工作通知。符合专用合同条款约定的开始工作条件的，发包人应委托监理人提前 7 天向承包人发出开始工作通知。工期自开始工作通知中载明的开始工作日期起计算。

③ 提供施工场地。发包人应按专用合同条款约定向承包人提供施工场地及进场施工条件，并明确与承包人的交接界面。

④ 办理证件和批件。法律规定和（或）合同约定由发包人负责办理的工程建设项目必须履行的各类审批、核准或备案手续，发包人应按时办理。法律规定和（或）合同约定由承包人负责的有关设计、施工证件和批件，发包人应给予必要的协助。

⑤ 支付合同价款。发包人应按合同约定向承包人及时支付合同价款。专用合同条款对发包人工程款支付担保有约定的，从其约定。

⑥ 组织竣工验收。发包人应按合同约定及时组织竣工验收。

⑦ 其他义务。发包人应履行合同约定的其他义务。

2. 承包人一般义务

① 遵守法律。承包人在履行合同过程中应遵守法律，并保证发包人免于承担因承包人违反法律而引起的任何责任。

② 依法纳税。承包人应按有关法律规定纳税，应缴纳的税金包括在合同价格内。

③ 完成各项承包工作。承包人应按合同约定及监理人根据合同约定作出的指示，完成合同约定的全部工作，并对工作中的任何缺陷进行整改、完善和修补，使其满足合同约定的目的。除专用合同条款另有约定外，承包人应提供合同约定的工程设备和承包人文件，以及为完成合同工作所需的劳务、材料、施工设备和其他物品，并按合同约定负责临时设施的设计、施工、运行、维护、管理和拆除。

④ 对设计、施工作业和施工方法，以及工程的完备性负责。承包人应按合同约定的工

作内容和进度要求，编制设计、施工的组织和实施计划，并对所有设计、施工作业和施工方法，以及全部工程的完备性和安全可靠性负责。

⑤ 保证工程施工和人员的安全。承包人应按合同约定采取施工安全措施，确保工程及其人员、材料、设备和设施的安全，防止因工程施工造成的人身伤害和财产损失。

⑥ 负责施工场地及其周边环境与生态的保护工作。承包人应按合同约定负责施工场地及其周边环境与生态的保护工作。

⑦ 避免施工对公众与他人的利益造成损害。承包人在进行合同约定的各项工作时，不得侵害发包人与他人使用公用道路、水源、市政管网等公共设施的权利，避免对邻近的公共设施产生干扰。承包人占用或使用他人的施工场地，影响他人作业或生活的，应承担相应的责任。

⑧ 为他人提供方便。承包人应按监理人的指示为他人在施工场地或附近实施与工程有关的其他各项工作提供可能的条件。除合同另有约定外，提供有关条件的内容和可能发生的费用，由监理人商定或确定。

⑨ 工程的维护和照管。在工程接收证书颁发前，承包人应负责照管和维护工程。工程接收证书颁发时尚有部分未竣工工程的，承包人还应负责该未竣工工程的照管和维护工作，直至竣工后移交给发包人。

⑩ 其他义务。承包人应履行合同约定的其他义务。

3. 违约情形

（1）发包人违约情形

在合同履行中发生下列情形之一的，属发包人违约：

① 发包人未能按合同约定支付价款，或拖延、拒绝批准付款申请和支付凭证，导致付款延误；

② 发包人原因造成停工；

③ 监理人无正当理由没有在约定期限内发出复工指示，导致承包人无法复工；

④ 发包人无法继续履行或明确表示不履行或实质上已停止履行合同；

⑤ 发包人不履行合同约定其他义务。

（2）承包人违约情形

在履行合同过程中发生下列情形之一的，属承包人违约：

① 承包人的设计、承包人文件、实施和竣工的工程不符合法律及合同约定；

② 承包人违反合同约定，私自将合同的全部或部分权利转让给其他人，或私自将合同的全部或部分义务转移给其他人；

③ 承包人违反合同约定，未经监理人批准，私自将已按合同约定进入施工场地的施工设备、临时设施或材料撤离施工场地；

④ 承包人违反合同约定，使用不合格材料或工程设备，工程质量达不到标准要求，又拒绝清除不合格工程；

⑤ 承包人未能按合同进度计划及时完成合同约定的工作，造成工期延误；

⑥ 由于承包人原因未能通过竣工试验或竣工后试验的；

⑦ 承包人在缺陷责任期内，未能对工程接收证书所列的缺陷清单的内容或缺陷责任期内发生的缺陷进行修复，而又拒绝按监理人指示再进行修补；

⑧ 承包人无法继续履行或明确表示不履行或实质上已停止履行合同；

⑨ 承包人不按合同约定履行义务的其他情况。

8.4 材料设备采购合同管理

材料设备采购合同是指出卖人（卖方）工程材料设备所有权转移给买受人（买方），买受人（买方）支付价款的协议。材料设备采购合同除具有买卖合同的一般特点外，还有其独特之处：① 合同以转移财物和支付价款为基本内容；② 合同标的物品种繁多、数量巨大，供货条件与质量要求复杂；③ 合同卖方必须以实物方式履行合同；④ 合同履行与施工进度密切相关。为规范材料设备采购招标及合同管理行为，原国家发展改革委等九部委联合发布了《标准材料采购招标文件》和《标准设备采购招标文件》的合同条款及格式，明确了材料设备采购合同的主要内容。

8.4.1 材料采购合同管理

根据《标准材料采购招标文件》中的合同条款及格式，组成合同的文件应互相解释，互为说明。除专用合同条款另有约定外，材料采购合同文件的优先解释顺序如下：① 合同协议书；② 中标通知书；③ 投标函；④ 商务和技术偏差表；⑤ 专用合同条款；⑥ 通用合同条款；⑦ 供货要求；⑧ 分项报价表；⑨ 中标材料质量标准的详细描述；⑩ 相关服务计划；⑪ 其他合同文件。

材料采购合同双方当事人的主要义务和违约责任如下。

1. 包装、运输和交付

（1）包装及标记

① 包装。卖方应对所售材料进行妥善包装，以满足材料运至施工场地及在施工场地保管的需要。包装应采取防潮、防晒、防锈、防腐蚀、防震动及防止其他损坏的必要保护措施，以保证材料能够经受多次搬运、装卸、长途运输，并适宜保管。除专用合同条款另有约定外，买方无须将包装物退还给卖方。

② 标记。除专用合同条款另有约定外，卖方应按合同约定在材料包装上以不可擦除、明显的方式作出必要标记。根据材料的特点和运输、保管等要求不同，卖方应对材料清楚地标注“小心 轻放”“此端朝上，请勿倒置”“保持干燥”等字样和其他适当标记。如果材料中含有易燃易爆物品、腐蚀物品、放射性物质等危险品，卖方应标明危险品标志。

（2）运输

卖方应自行选择适宜的运输工具及线路安排材料运输。除专用合同条款另有约定外，卖方应在材料预计启运 7 日前，将材料名称、装运材料数量、重量、体积、材料单价、总金额、运输方式、预计交付日期和材料在装卸、保管中的注意事项等预通知买方，并在材料启运后 24 小时内正式通知买方。如果材料中包括单个包装超大和（或）超重的，卖方应将超大和

（或）超重的每个包装的重量和尺寸通知买方；如果材料中包括易燃易爆物品、腐蚀物品、放射性物质等危险品，则危险品的品名、性质、在装卸和保管方面的特殊要求、注意事项及处理意外情况的方法等，也应一并通知买方。

（3）交付

除专用合同条款另有约定外，卖方应根据合同约定的交付时间和批次在施工场地卸货后将材料交付给买方，买方应对卖方所交付材料的外观及件数进行清点核验后签发收货清单。买方签发收货清单不代表对材料的接受，双方还应按合同约定进行后续的检验和验收。

材料所有权和风险自交付时起由卖方转移至买方，材料交付给买方前（包括运输在内）的所有风险均由卖方承担。除专用合同条款另有约定外，买方发现技术资料存在短缺和（或）损坏的，卖方应在收到买方通知后 7 日内免费补齐短缺和（或）损坏的部分。如果买方发现卖方提供的技术资料有误，卖方应在收到买方通知后 7 日内免费替换。由于买方原因导致技术资料丢失和（或）损坏的，卖方应在收到买方通知后 7 日内补齐丢失（和）或损坏的部分，但买方应向卖方支付合理的复制、邮寄费用。

2. 检验和验收

（1）卖方检验

合同约定的材料交付前，卖方应对其进行全面检验，并在交付材料时向买方提交材料质量合格证书。

（2）买方检验

在合同约定的材料交付后，买方应在专用合同条款约定的期限内对材料的规格、质量等进行检验，检验方式包括：① 由买方检验；② 由第三方检验机构进行检验；③ 专用合同条款约定的其他方式。具体检验方式应在专用合同条款中约定。

（3）检验日期和地点

买方应在检验日期 3 日前将检验的时间和地点通知卖方，卖方应自负费用派遣代表参加检验。若卖方未按买方通知到场参加检验，则检验可正常进行，卖方应接受对材料的检验结果。

除专用合同条款另有约定外，买方在全部材料交付后 3 个月内未安排检验和验收的，卖方可签署进度款支付函提交买方，买方在收到后 7 日内未提出书面异议的，则进度款支付函自签署之日起生效。进度款支付函的生效不免除卖方继续配合买方进行检验和验收的义务。

（4）签署材料验收证书

合同约定的材料经检验合格，买卖双方应签署材料验收证书一式二份，双方各持一份。合同约定材料最低质量标准，且材料经检验达到合同约定的最低质量标准的，视为材料符合质量标准，买方应验收材料，但卖方应按专用合同条款的约定进行减价或向买方支付补偿金。材料由第三方检验机构进行检验的，第三方检验机构的检验结果对双方均具有约束力。材料验收证书的签署不能免除卖方在质量保证期内对合同材料应承担的保证责任。

3. 合同价款及其支付

（1）合同价款

在合同协议书中载明的签约合同价包括卖方为完成合同全部义务应承担的一切成本、费用和支出，以及卖方的合理利润。除专用合同条款另有约定外，供货周期不超过 12 个月的签约合同价为固定价格。供货周期超过 12 个月且材料交付时材料价格变化超过专用合同条款约定的幅度的，双方应按照专用合同条款中约定的调整方法对合同价款进行调整。

（2）合同价款支付

除专用合同条款另有约定外，买方应按以下方式和比例向卖方支付合同价款：

① 预付款。当合同生效后，买方在收到卖方开具的注明应付预付款金额的财务收据正本一份并经审核无误后 28 日内，向卖方支付签约合同价的 10%作为预付款。当买方支付预付款后，如卖方未履行合同义务，则买方有权收回预付款；卖方已履行合同义务的，则预付款抵作进度款。

② 进度款。卖方按照合同约定的进度交付材料并提供相关服务后，买方在收到卖方提交的下列单据并经审核无误后 28 日内，应向卖方支付进度款，进度款支付至该批次材料的合同价款的 95%：卖方出具的交货清单正本一份；买方签署的收货清单正本一份；制造商出具的出厂质量合格证正本一份；合同材料验收证书或进度款支付函正本一份；合同价格 100%金额的增值税发票正本一份。

③ 结清款。当合同约定的全部材料质量保证期届满后，买方在收到卖方提交的由买方签署的质量保证期届满证书并经审核无误后 28 日内，向卖方支付合同价款 5%的结清款。

（3）买方扣款

当卖方应向买方支付合同项下的违约金或赔偿金时，买方有权从前述任何一笔应付款中直接扣除和（或）兑付履约保证金。

4. 违约责任

合同一方不履行合同义务、履行合同义务不符合约定或者违反合同项下所作保证的，应向对方承担继续履行、采取补救措施或者赔偿损失等违约责任。

（1）卖方迟延交货违约金

卖方未能按时交付合同材料的，应向买方支付迟延交货违约金。卖方支付迟延交货违约金，不能免除其继续交付合同材料的义务。除专用合同条款另有约定外，迟延交付违约金按以下方法计算：迟延交付违约金=迟延交付材料金额×0.08%×迟延交货天数。迟延交付违约金的最高限额为合同价款的 10%。

（2）买方迟延付款违约金

买方未能按合同约定支付合同价款的，应向卖方支付迟延付款违约金。除专用合同条款另有约定外，迟延付款违约金按以下方法计算：迟延付款违约金=迟延付款金额×0.08%×迟延付款天数。迟延付款违约金的总额不得超过合同价款的 10%。

8.4.2 设备采购合同管理

根据《标准设备采购招标文件》中的合同条款及格式，组成合同的文件应互相解释，互为说明。除专用合同条款另有约定外，设备采购合同文件的优先解释顺序如下：① 合同协议书；② 中标通知书；③ 投标函；④ 商务和技术偏差表；⑤ 专用合同条款；⑥ 通用合同条款；⑦ 供货要求；⑧ 分项报价表；⑨ 中标设备技术性能指标的详细描述；⑩ 技术服务和质保期服务计划；⑪ 其他合同文件。

设备采购合同双方当事人的主要义务和违约责任如下。

1. 设备监造及交货前检验

（1）设备监造

专用合同条款约定买方对合同约定的设备进行监造的，在设备制造过程中，买方可派出监造人员，监督设备制造、检验等情况。监造的范围、方式等应符合专用合同条款和（或）供货要求等合同文件的约定。

除专用合同条款和（或）供货要求等合同文件另有约定外，买方监造人员可到设备及其关键部件的生产制造现场进行监造，卖方应予配合。卖方应免费为买方监造人员提供工作条件及便利，包括但不限于必要的办公场所、技术资料、检测工具及出入许可等。除专用合同条款另有约定外，买方监造人员的交通、食宿费用由买方承担。

卖方制订设备生产制造进度计划时，应将买方监造纳入计划安排，并提前通知买方；买方进行监造不应影响设备的正常生产。除专用合同条款和（或）供货要求等合同文件另有约定外，卖方应提前 7 日将需要买方监造人员现场监造事项通知买方；如买方监造人员未按通知出席，不影响设备及其关键部件的制造或检验，但买方监造人员有权事后了解、查阅、复制相关制造或检验记录。

买方监造人员在监造中发现设备及其关键部件不符合合同约定的标准的，有权提出意见和建议。卖方应采取必要措施消除设备的不符，由此增加的费用和（或）造成的延误由卖方负责。

买方监造人员对设备的监造，不视为对设备质量的确认，不影响卖方交货后买方依照合同约定对设备提出质量异议和（或）退货的权利，也不免除卖方依照合同约定对设备所应承担的任何义务或责任。

（2）交货前检验

专用合同条款约定买方参与交货前检验的，设备在交货前，卖方应会同买方代表根据合同约定对设备进行交货前检验并出具交货前检验记录，有关费用由卖方承担。卖方应免费为买方代表提供工作条件及便利，包括但不限于必要的办公场所、技术资料、检测工具及出入许可等。除专用合同条款另有约定外，买方代表的交通、食宿费用由买方承担。

除专用合同条款和（或）供货要求等合同文件另有约定外，卖方应提前 7 日将需要买方代表检验事项通知买方；如买方代表未按通知出席，不影响设备检验。卖方未依照合同约定提前通知买方而自行检验的，买方有权要求卖方暂停发货并重新进行检验，由此增加的费用和（或）造成的延误由卖方负责。

买方代表在检验中发现设备不符合合同约定的标准的，有权提出异议。卖方应采取必要措施消除设备的不符，由此增加的费用和（或）造成的延误由卖方负责。

买方代表参与交货前检验及签署交货前检验记录的行为，不视为对合同设备质量的确认，不影响卖方交货后买方依照合同约定对设备提出质量异议和（或）退货的权利，也不免除卖方依照合同约定对设备所应承担的任何义务或责任。

2. 包装、运输和交付

（1）包装及标记

① 包装。卖方应对设备进行妥善包装，以满足设备运至施工场地及在施工场地保管的需要。包装应采取防潮、防晒、防锈、防腐蚀、防震动及防止其他损坏的必要保护措施，以

保证设备能够经受多次搬运、装卸、长途运输，并适宜保管。每个独立包装箱内应附装箱清单、质量合格证、装配图、说明书、操作指南等资料。除专用合同条款另有约定外，买方无须将包装物退还给卖方。

② 标记。除专用合同条款另有约定外，卖方应在每一包装箱相邻的 4 个侧面以不可擦除、明显的方式标记必要的装运信息和标记，以满足设备运输和保管的需要。根据合同设备的特点和运输、保管要求不同，卖方应在包装箱上清楚地标注“小心 轻放”“此端朝上，请勿倒置”“保持干燥”等字样和其他适当标记。对于专用合同条款约定的超大超重件，卖方应在包装箱两侧标注“重心”和“起吊点”，以便装卸和搬运。如果发运设备中含有易燃易爆物品、腐蚀物品、放射性物质等危险品，则应在包装箱上标明危险品标志。

（2）运输

卖方应自行选择适宜的运输工具及线路安排合同设备运输。除专用合同条款另有约定外，每件能够独立运行的设备应整套装运。该设备安装、调试、考核和运行所使用的备品、备件、易损易耗件等应随相关的主机一齐装运。

除专用合同条款另有约定外，卖方应在合同设备预计启运 7 日前，将合同设备名称、数量、箱数、总毛重、总体积、每箱尺寸（长×宽×高）、装运合同设备总金额、运输方式、预计交付日期和合同设备在运输、装卸、保管中的注意事项等预通知买方，并在设备启运后 24 小时内正式通知买方。

在发运设备中包括专用合同条款约定的超大超重包装的，卖方应将超大和（或）超重的每个包装箱的重量和尺寸通知买方；在发运设备中包括易燃易爆物品、腐蚀物品、放射性物质等危险品的，危险品的品名，性质，在运输、装卸、保管方面的特殊要求，注意事项和处理意外情况的方法等，也应一并通知买方。

（3）交付

除专用合同条款另有约定外，卖方应根据合同约定的交付时间和批次在施工场地车面上将设备交付给买方。买方应对卖方交付的包装设备的外观及件数进行清点核验后签发收货清单，并自负风险和费用进行卸货。买方签发收货清单不代表对合同设备的接受，双方还应按合同约定进行后续的检验和验收。

设备所有权和风险自交付时起由卖方转移至买方，设备交付给买方前（包括运输在内）的所有风险均由卖方承担。除专用合同条款另有约定外，买方发现技术资料存在短缺和（或）损坏的，卖方应在收到买方的通知后 7 日内免费补齐短缺和（或）损坏的部分。买方发现卖方提供的技术资料有误的，卖方应在收到买方通知后 7 日内免费替换。由于买方原因导致技术资料丢失和（或）损坏，卖方应在收到买方的通知后 7 日内补齐丢失和（或）损坏的部分，但买方应向卖方支付合理的复制、邮寄费用。

3. 开箱检验、安装调试及考核验收

（1）开箱检验

当合同约定的设备交付后，应进行开箱检验，检查设备数量及外观。开箱检验时间可以是：① 设备交付时；② 设备交付后一定期限内。具体时间应在专用合同条款中约定。如开箱检验不在设备交付时进行，买方应在开箱检验 3 日前将开箱检验的时间和地点通知卖方。

除专用合同条款另有约定外，设备开箱检验应在施工场地由买卖双方共同进行，卖方应自负费用派遣代表到场参加开箱检验。在开箱检验中，买方和卖方应共同签署数量、外观检验报告，报告应列明检验结果，包括检验合格或发现的任何短缺、损坏或其他与合同约定不符的情形。

如果卖方代表未能到场参加开箱检验，买方有权在卖方代表未在场的情况下进行开箱检验，并签署数量、外观检验报告，对于该检验报告和检验结果，视为卖方已接受，但卖方确有合理理由且事先与买方协商推迟开箱检验时间的除外。

如开箱检验不在设备交付时进行，则设备交付后到开箱检验前，应由买方负责按交货时外包装原样对设备进行妥善保管。除专用合同条款另有约定外，在开箱检验时如果设备外包装与交货时一致，则开箱检验中发现的合同设备的短缺、损坏或其他与合同约定不符的情形，由卖方负责，卖方应补齐、更换及采取其他补救措施。如果在开箱检验时设备外包装不是交货时的包装或虽是交货时的包装，但与交货时不一致且出现很可能导致设备短缺或损坏的包装破损，则在开箱检验中发现设备短缺、损坏或其他与合同约定不符的情形的风险，由买方承担，但买方能够证明是由于卖方原因或设备交付前非买方原因导致的除外。

双方在专用合同条款和（或）供货要求等合同文件中约定由第三方检测机构对设备进行开箱检验或在开箱检验过程中另行约定由第三方检验的，则第三方检测机构的检验结果对双方均具有约束力。

开箱检验的检验结果不能对抗在设备安装调试、考核验收中及质量保证期内发现的设备质量问题，也不能免除或影响卖方依照合同约定对买方负有的包括设备质量在内的任何义务或责任。

（2） 安装调试

在开箱检验完成后，双方应对设备进行安装调试，以使其具备考核的状态。安装调试有以下两种方式：① 卖方按照合同约定进行安装调试；② 买方或买方安排第三方进行安装调试工作，卖方提供技术服务。具体方式应在专用合同条款中约定。

除专用合同条款另有约定外，在安装调试过程中，由于买方或买方安排的第三方未按照卖方现场服务人员的指导导致安装调试不成功和（或）出现设备损坏的，买方应自行承担责任。在买方或买方安排的第三方按照卖方现场服务人员的指导进行安装调试的情况下出现安装调试不成功和（或）造成合同设备损坏的，卖方应承担责任。

除专用合同条款另有约定外，在安装调试中设备运行所需要的水、电、其他动力和原材料等均由买方承担。

（3） 考核验收

① 考核。在设备安装调试完成后，双方应对设备进行考核，以确定设备是否达到合同约定的技术性能考核指标。除专用合同条款另有约定外，在考核中设备运行所需要的水、电、其他动力和原材料等均由买方承担。

由于卖方原因设备在考核中未能达到合同约定的技术性能考核指标的，卖方应在双方同意的期限内采取措施消除设备存在的缺陷，并在缺陷消除后尽快进行再次考核。由于卖方原因未能达到技术性能考核指标时，为卖方进行考核的机会不超过 3 次。如果 3 次考核均未能达到合同约定的技术性能考核指标的，买卖双方应就合同的后续履行进行协商解决甚至解除合同。由于买方原因设备在考核中未能达到合同约定的技术性能考核指标的，卖方应协助买方安排再次考核。由于买方原因未能达到技术性能考核指标时，为买方进行考核的机会也不超过 3 次。

② 验收。设备在考核中达到或视为达到技术性能考核指标的，买卖双方应在考核完成后 7 日内或在专用合同条款另行约定的时间内签署设备验收证书一式二份，双方各持一份。验收日期应为设备达到或视为达到技术性能考核指标的日期。由于买方原因设备在 3 次考核中均未能达到技术性能考核指标的，买卖双方应在考核结束后 7 日内或在专用合同条款另行约定的时间内签署验收款支付函。

除专用合同条款另有约定外，卖方有义务在验收款支付函签署后 12 个月内应买方要求提供相关技术服务，协助买方采取一切必要措施使合同设备达到技术性能考核指标。买方应承担卖方因此产生的全部费用。

设备验收证书的签署不能免除卖方在质量保证期内对合同设备应承担的保证责任。

4. 合同价款及其支付

（1）合同价款

合同协议书中载明的签约合同价包括卖方为完成合同全部义务应承担的一切成本、费用和支出，以及卖方的合理利润。除专用合同条款另有约定外，签约合同价为固定价格。

（2）合同价款支付

除专用合同条款另有约定外，买方应通过以下方式和比例向卖方支付合同价款：

① 预付款。当合同生效后，买方在收到卖方开具的注明应付预付款金额的财务收据正本一份并经审核无误后 28 日内，向卖方支付签约合同价款的 10%作为预付款。当买方支付预付款后，如卖方未履行合同义务，则买方有权收回预付款；卖方已履行合同义务的，则预付款抵作合同价款。

② 交货款。卖方按合同约定交付全部设备后，买方在收到卖方提交的下列全部单据并经审核无误后 28 日内，向卖方支付合同价款的 60%：卖方出具的交货清单正本一份；买方签署的收货清单正本一份；制造商出具的出厂质量合格证正本一份；合同价格 100%金额的增值税发票正本一份。

③ 验收款。买方在收到卖方提交的买卖双方签署的设备验收证书或已生效的验收款支付函正本一份并经审核无误后 28 日内，向卖方支付合同价款的 25%。

④ 结清款。买方在收到卖方提交的买方签署的质量保证期届满证书或已生效的结清款支付函正本一份并经审核无误后 28 日内，向卖方支付合同价款的 5%。如果依照合同约定，卖方应向买方支付费用的，买方有权从结清款中直接扣除该笔费用。除专用合同条款另有约定外，在买方向卖方支付验收款的同时或其后的任何时间内，卖方可在向买方提交买方可接受的金额为合同价款 5%的合同结清款保函的前提下，要求买方支付合同结清款，买方不得拒绝。

（3）买方扣款

当卖方应向买方支付合同项下的违约金或赔偿金时，买方有权从前述任何一笔应付款中直接扣除和（或）兑付履约保证金。

5. 技术服务

卖方应派遣技术熟练、称职的技术人员到施工场地为买方提供技术服务。卖方的技术服务应符合合同约定。买方应免费为卖方技术人员提供工作条件及便利，包括但不限于必要的办公场所、技术资料及出入许可等。除专用合同条款另有约定外，卖方技术人员的交通、食宿费用由卖方承担。

卖方技术人员应遵守买方施工现场的各项规章制度和安全操作规程，并服从买方的现场管理。如果任何技术人员不合格，买方有权要求卖方撤换，因撤换而产生的费用应由卖方承担。在不影响技术服务并征得买方同意的条件下，卖方也可自负费用更换其技术人员。

6. 违约责任

合同一方不履行合同义务、履行合同义务不符合约定或者违反合同项下所作保证的，应向对方承担继续履行、采取修理、更换、退货等补救措施或者赔偿损失等违约责任。

（1）卖方迟延交付违约金

卖方未能按时交付设备（包括仅迟延交付技术资料但足以导致设备安装调试、考核验收工作推迟）的，应向买方支付迟延交付违约金。除专用合同条款另有约定外，迟延交付违约金按以下方法计算：① 从迟交的第一周到第四周，每周迟延交付违约金为迟交合同设备价款的 0.5%；② 从迟交的第五周到第八周，每周迟延交付违约金为迟交合同设备价款的 1%；③ 从迟交第九周起，每周迟延交付违约金为迟交合同设备价款的 1.5%。在计算迟延交付违约金时，迟交不足一周的按一周计算。迟延交付违约金的总额不得超过合同价款的 10%。迟延交付违约金的支付不能免除卖方继续交付相关合同设备的义务，但迟延交付必然导致合同设备安装调试、考、验收工作推迟的，相关工作应相应顺延。

（2）买方迟延付款违约金

买方未能按合同约定支付合同价款的，应向卖方支付迟延付款违约金。除专用合同条款另有约定外，迟延付款违约金按以下方法计算：① 从迟付的第一周到第四周，每周迟延付款违约金为迟延付款金额的 0.5%；② 从迟付的第五周到第八周，每周迟延付款违约金为迟延付款金额的 1%；③ 从迟付第九周起，每周迟延付款违约金为迟延付款金额的 1.5%。在计算迟延付款违约金时，迟付不足一周的按一周计算。迟延付款违约金的总额不得超过合同价格的 10%。

复习思考题

1. 建设单位主要有哪些合同关系？建设工程合同有哪些特征？
2. 合同谈判准备工作包括哪些内容？合同谈判包括哪些内容？
3. 建设项目合同履行的原则和担保内容有哪些？
4. 施工合同主要应包括哪些内容？双方当事人义务和违约责任有哪些？
5. 施工承包人可索赔的情形有哪些？
6. 工程总承包合同主要应包括哪些内容？工程总承包合同双方当事人义务和违约责任有哪些？
7. 材料采购合同文件组成及优先解释顺序是什么？材料采购合同双方当事人的主要义务和违约责任有哪些？
8. 设备采购合同文件组成及优先解释顺序是什么？设备采购合同双方当事人的主要义务和违约责任有哪些？

案例分析题

某大型石化工程，为强化业主方管理，聘请国际知名工程咨询公司承担 PMC 任务，协助业主进行 EPC 总承包国际招标。业主提出的要求是：工程预付款为合同价款的 15%；履约保函为合同价款的 10%；扣留工程进度款的 5%将作为工程质量保证金；缺陷责任期为 2 年。在 EPC 总承包合同中还要设定误期损失赔偿费。

试分析该工程合同结构，并逐项分析业主提出的要求是否合理。

知识拓展题

了解国际上常用的工程施工合同文本种类，以及国际咨询工程师联合会（International Federation of Consulting Engineers，FIDIC）的《施工合同条件》主要内容。

第 9 章　建设项目施工准备

建设项目施工准备并非只是施工承包单位的工作，建设单位也需要进行施工准备工作，为施工承包单位顺利进行施工提供条件。建设单位需要进行的施工准备工作主要包括：工程质量监督及施工许可手续办理、工程设计施工文件审查及资金使用计划、施工现场准备及供水、供电、天然气等设施建设手续办理。

9.1　工程质量监督及施工许可手续办理

9.1.1　工程质量监督手续办理

工程质量监督是指各级政府建设主管部门委托工程质量监督机构按照法律法规和工程建设强制性标准，对工程参建主体履行质量责任的行为及工程实体质量进行监督检查、维护公众利益的行政执法行为。

1. 工程质量监督的主要内容

① 监督检查施工现场工程参建各方主体的质量行为。包括：施工现场工程参建各方主体及有关人员的资质或资格；勘察、设计、施工、工程监理单位的质量管理体系和质量责任制落实情况；有关质量文件、技术资料是否齐全及是否符合规定。

② 监督检查工程实体质量。按照质量监督工作方案，对地基基础、主体结构和其他涉及安全或重要使用功能的关键部位进行现场实地抽查，对用于工程的主要建筑材料、构配件质量进行抽查。对地基基础、主体结构和其他涉及安全、节能、重要使用功能的分部工程质量验收进行监督。

③ 监督检查预制建筑构件、商品混凝土、涉及结构安全和重要使用功能的材料、外加工件质量。

④ 监督检查工程质量验收。监督建设单位组织的工程竣工验收组织形式、验收程序，以及在验收过程中提供的有关资料和形成的质量评定文件是否符合有关规定，实体质量是否存在严重缺陷，工程质量验收是否符合国家标准。

⑤ 报送工程质量监督报告。向委托部门报送的工程质量监督报告内容应包括：对地基基础和主体结构质量、重要使用功能质量检查的结论，工程质量验收程序、内容和质量检验评定是否符合有关规定，以及历次抽查中发现的质量问题及处理情况等。

2. 办理工程质量监督手续需提供的资料

建设单位在办理施工许可证前，应按规定在工程质量监督机构办理工程质量监督手续。办理工程质量监督手续需提供下列资料：

① 施工图设计文件审查报告和批准书；

② 中标通知书和施工、监理合同；

③ 建设单位、施工单位和工程监理单位项目负责人及管理机构组成；

④ 施工组织设计和监理规划（监理实施细则）；

⑤ 其他需要提供的文件资料。

9.1.2 工程施工许可手续办理

在工程开工前，建设单位应按照国家有关规定向工程所在地县级以上人民政府住房城乡建设主管部门申请领取施工许可证。但是，国务院住房城乡建设主管部门确定的限额以下的小型工程除外。按照国务院规定的权限和程序批准开工报告的建设项目，不再领取施工许可证。

1. 申请领取施工许可证的条件

建设单位申请领取施工许可证，应具备下列条件：

① 已经办理建筑工程用地批准手续；

② 依法应当办理建设工程规划许可证的，已经取得建设工程规划许可证的；

③ 需要拆迁的，其拆迁进度符合施工要求；

④ 已经确定施工单位；

⑤ 有满足施工需要的资金安排、施工图纸及技术资料；

⑥ 有保证工程质量和安全的具体措施。

应当申请领取施工许可证的建设项目未取得施工许可证的，一律不得开工。任何单位和个人不得将应当申请领取施工许可证的建设项目分解为若干限额以下的工程项目，规避申请领取施工许可证。

2. 关于施工许可证的有关规定

建设单位应当自领取施工许可证之日起 3 个月内开工。因故不能按期开工的，应当向发证机关申请延期；延期以两次为限，每次不超过 3 个月。既不开工又不申请延期或者超过延期时限的，施工许可证自行废止。

按照国务院有关规定批准开工报告的建筑工程，因故不能按期开工或者中止施工的，应当及时向批准机关报告情况。因故不能按期开工超过 6 个月的，应当重新办理开工报告的批准手续。

建设工程在施工过程中，建设单位或者施工单位发生变更的，应当重新申请领取施工许可证。

在建工程因故中止施工的，建设单位应当自中止施工之日起 2 个月内向发证机关报告，报告内容包括中止施工的时间、原因、在施部位、维修管理措施等，并按照规定做好工程维护管理工作。

当工程恢复施工时，应当向发证机关报告。中止施工满一年的工程恢复施工前，建设单位应当报发证机关核验施工许可证。

9.2　工程设计施工文件审查及资金使用计划

9.2.1　组织图纸会审和设计交底

施工图纸是工程施工的直接依据，组织图纸会审和设计交底是工程开工前建设单位的一项重要准备工作。

1. 组织图纸会审

图纸会审由工程监理单位组织，建设单位主持，设计单位、施工承包单位等有关人员参加。对于大型复杂工程，建设单位可先组织技术管理部门的专业技术人员进行预审，并对发现的问题提出初步处理意见。参与图纸会审的各方都应充分准备、认真对待，了解工程特点和设计意图，并能发现施工图纸中存在的问题，提出意见和建议，将图纸中存在的问题在工程施工之前处理完毕。

通过图纸会审，应重点解决以下问题：

① 理解设计意图和建设单位对工程建设的要求；

② 审查设计深度是否满足指导施工的要求，应用新技术、新工艺、新材料、新设备情况，工程结构是否安全可靠；

③ 审查设计方案及技术措施中工程建设标准贯彻情况；

④ 审查图纸中的工程部位、高程、尺寸及材料标准等数据是否准确一致，各类图纸在结构、管线、设备标注上有无矛盾。各种管线走向是否合理，与地上建筑、地下构筑物的交叉有无碰撞、冲突等。如发现错误，应提出解决办法，避免影响工期及增加投资。

在进行图纸会审时要有专人记录，会后形成图纸会审纪要，注明图纸会审时间、地点、主持单位及参加单位、参会人员，并就图纸会审中提出的问题，着重说明处理意见和办法。图纸会审纪要须经参会各方签字，并作为工程竣工验收依据的组成部分。

2. 组织设计交底

建设单位应在组织图纸会审时一并组织设计交底。设计单位应将工程设计意图、施工技术与质量要求等，向工程监理单位和施工承包单位作出详细说明。设计交底的目的是使工程监理单位和施工承包单位能够深入理解设计意图，掌握工程特点和施工难点，以及关键工程部位及其技术要求。

设计交底不同于技术交底。设计交底是在建设单位组织下，设计单位向工程监理单位和施工承包单位的交底。技术交底则是施工承包单位按施工技术管理程序，在单位工程或分部、分项工程施工前进行的逐级交底。如对施工组织设计中涉及的工艺要求、质量标准、技术安全措施、规范要求和采用的施工方法，图纸会审中涉及的要求及变更等内容向有关施工人员进行的交底。

9.2.2　审查施工组织设计

施工组织设计是指以施工项目为对象编制的，用以指导工程施工的综合性文件。按编制对象不同，施工组织设计包括 3 个层次：施工组织总设计、单位工程施工组织设计和施工方案。

施工组织设计与项目管理规划既有区别又有联系。施工组织设计仅适用于施工承包单位，而项目管理规划（包括项目管理规划大纲、项目管理实施规划）适用于工程参建各方主体，包括建设单位、设计单位、工程咨询监理单位、施工承包单位等。

施工组织设计应由施工项目经理组织编制，经施工承包单位技术负责人审批后报送项目监理机构审查。项目监理机构在下达工程开工令前应审查施工组织设计。审查的内容包括：施工方案、施工进度计划、施工平面图及劳动力、材料、设备等资源供应计划。

1. 施工方案审查

施工方案是施工组织设计的核心，施工方案的优劣直接影响施工现场的组织安排及质量、安全和工期。施工方案的审查重点包括以下内容。

（1）主要施工过程的施工方法和施工机械的确定

对主要施工过程选择施工方法和施工机械时，应考虑工程的特点、结构性质和要求，工程量，气候与地形、地貌、地质，现场及周围的施工环境，工期，施工单位技术装备和管理水平等。

（2）施工流向的确定

工程立体空间及平面位置施工开始的部位及其流动方向应满足施工组织及建设单位对工程分期分批竣工投产的要求。

（3）施工顺序的确定

主要施工过程的施工顺序：应符合施工技术和施工工艺的要求；应与选择的施工方法及施工机械相适应；应满足施工组织与施工进度的要求；应符合施工质量及安全施工的要求；应考虑现场不利自然条件的影响。

（4）各项施工技术组织措施的确定

重点审查施工方案中为保证工程质量、工期、现场安全施工与文明施工所采取的技术组织措施是否符合工程建设标准及施工合同要求。

对于危险性较大的分部分项工程，项目监理机构还需审查施工承包单位编制的专项施工方案。

2. 施工进度计划审查

施工进度计划反映各施工过程的组成、施工顺序、逻辑关系及所需要的完成时间，同时反映各施工过程的劳动组织及施工机械台班数。施工进度计划应能合理地利用流水作业和交叉作业，以获得最佳施工组织效果。

施工进度计划必须具备真实性和科学性，并符合施工合同中的工期要求。真实性要求施工承包单位根据现场施工条件和组织管理能力编制施工进度计划，真实反映施工承包单位按进度计划组织施工的可能性；科学性要求施工进度计划既要安排合理，又要符合施工合同要求，确保工程质量和安全。为此，项目监理机构应认真细致地审查施工进度计划。施工进度计划审查要点如表 9-1 所示。

表 9－1　施工进度计划审查要点

审查要点	具体内容
工　期	① 计划工期及阶段性工期目标是否符合施工合同要求 ② 按计划工期完成的可能性
施工顺序	各施工过程的施工顺序是否符合施工技术与组织要求
持续时间	主导施工过程的起讫时间及持续时间安排是否合理
技术间歇	应有的技术和组织间歇时间是否安排，且是否符合有关规定要求
交叉作业	平行、搭接、立体交叉作业安排是否符合施工工艺、质量与安全要求
需提供的场地与交通	① 建设单位提供的施工场地与进度计划所需场地是否一致 ② 各施工承包单位施工场地的利用是否相互干扰，是否会影响施工进度 ③ 运输路线的数量、距离及路况是否满足施工进度计划要求
资　源	劳动力、材料、机械及水、电、气等供应是否落实且均衡利用

3. 施工平面图审查

施工平面图是安排和布置施工现场的基本依据，也是施工现场组织文明施工和加强科学管理的重要条件。施工平面图审查重点包括以下内容。

（1）施工平面图内容是否全面

施工平面图应以主体工程为目标，统筹安排、合理布置施工现场。施工平面布置应包括：在施工用地范围内，一切已建及拟建的建筑物、构筑物和各管线的平面位置及尺寸；移动式起重机开行路线及轨道铺设，固定式垂直运输设施的平面位置，以及各类起重机的工作幅度；拟建工程的定位桩、测量基桩及取弃土方地点；为施工服务的生产、生活临时设施的位置、大小及相互关系。

（2）空间利用是否合理

应节约用地、统筹兼顾布置临时设施，既要利于生产、管理，方便生活，也要减少临时设施的费用。

（3）料场、取弃土方地点和路线等安排是否合理

应尽量缩短运距，减少二次搬运。

（4）安全、消防、环保等方面要求是否满足

施工平面布置应遵守有关法律法规及工程建设标准，所采取的施工技术组织措施满足施工安全、消防、环境保护等方面要求。

4. 劳动力、材料、设备等资源供应计划审查

主要审查劳动力、材料、设备等资源能否得到供应，主要建筑材料的规格型号、性能技术参数及质量标准能否满足工程需求；劳动力、材料、设备供应计划是否与施工进度计划相协调，能否保证施工进度计划的顺利实施。

9.2.3　编制资金使用计划

资金使用计划是在施工项目结构分解的基础上，将建设资金总目标值逐层分解到各工作单元，形成详细的各分目标值，不仅便于建设单位预测资金使用和准备建设资金，而且可以

比较分析建设项目实际支出额与计划目标值，便于及时发现偏差并及时采取措施予以纠偏。

依据建设项目分解方法不同，资金使用计划编制方法也不同。常用的编制方法有以下 3 种。

1. 基于费用构成编制资金使用计划

按建设项目费用构成，资金使用计划可分为建筑安装工程费用使用计划、设备工器具费用使用计划和工程建设其他费用使用计划。

最常用也是最简单的编制方法是按照单项工程的建筑安装工程费用和设备工器具购置费用之和的比例进行分摊，但其结果可能与实际支出偏差较大。因此，在实践中应对建设项目其他费用的具体内容进行细分，将与各单项工程和单位工程有关的费用分离出来，按照一定比例分解到相应工程内容中。而与整个建设项目有关的费用则不分解到各单项工程和单位工程。这种编制方法比较适合于有大量经验数据的建设项目。

2. 基于项目分解编制资金使用计划

将建设总投资目标值按项目组成合理地分解为若干子目标。可将每个单项工程细分为不同的单位工程，进而分解为各个分部分项工程。这种编制方法比较简单，易于操作。

以分解后的子目标为控制值，按单项工程、单位工程、分部分项工程费用计划编制，从而得到详细的资金使用计划表，如表 9-2 所示。

表 9-2　资金使用计划表

序号	工程分项编号	工程内容	计量单位	工程数量	单价	工程分项总费用	备注

在编制投资使用计划时，既要在建设项目层面考虑预备费，也要在主要的工程分项中安排适当的不可预见费，避免在具体编制资金使用计划时，可能发现个别单位工程或工程量表中某项内容的工程量计算有较大出入，使原来的预算费用失实，并在工程实施过程中采取有效措施予以控制。

3. 基于施工进度编制资金使用计划

为了编制资金使用计划，并据此筹措资金，尽可能减少资金占用和利息支出，有必要将建设项目总投资按其使用时间进行分解，以确定各施工阶段具体目标值。

基于施工进度编制资金使用计划的步骤如下：

① 编制工程施工进度计划。应用工程网络计划技术，计算相应时间参数，确定关键路线。

② 计算单位时间的费用支出目标。绘制时标网络图，并在时标网络图上绘制单位时间资金需求曲线。

③ 计算规定时间 t 内的计划累计完成投资额。其计算方法为各单位时间计划完成的投资额累加求和，可按式（9-1）计算：

$$Q_t = \sum_{n=1}^{t} q_n \tag{9-1}$$

式中：

Q_t——某时点 t 计划累计完成投资额；

q_n——单位时间内计划完成投资额。

④ 绘制资金使用随时间变化的 S 曲线。S 曲线包括由全部工作均按最早开始时间（earliest start，ES）开始和均按最迟开始时间（latest start，LS）开始的曲线所组成的香蕉曲线，建设单位可根据编制的投资使用预算来安排资金，同时也可根据建设项目融资情况调整 S 曲线。

在资金使用计划实际编制过程中，一般是将以上 3 种编制方法有效地结合起来，得到更为详尽的资金使用综合计划表。应用资金使用综合计划表，一方面有助于检查各单项工程和单位工程的投资构成是否合理，有无缺项或重复计算；另一方面也可检查各项具体费用支出的对象是否明确和落实，并可校核分解结果是否正确。

建设单位可委托工程咨询监理单位编制资金使用计划，但需要提交建设单位审核认可。

9.3　施工现场准备及供水、供电、天然气等设施建设手续办理

9.3.1　施工现场准备

建设单位应协助施工承包单位做好施工现场准备工作，并委托项目监理机构对施工承包单位的施工现场准备工作进行监督检查。

1. 主持召开第一次工地会议

第一次工地会议是总监理工程师下达开工令前，建设单位、工程监理单位和施工单位对各自人员及分工、开工准备、监理程序和方法等进行沟通和协调的会议，也是检查工程开工前各项准备工作是否就绪的会议。

第一次工地会议应由建设单位主持召开，工程监理单位、施工承包单位授权代表参加，施工分包单位代表、设计单位有关人员也可受邀参加。

2. 工程材料设备准备

按施工合同约定，由建设单位负责供应的材料、设备，建设单位应在相应工程开工前做好供应准备工作。对于工程开工前必备的材料、设备，需要安排进场。

（1）建筑材料与构件

建设单位应按计划保证其负责供应的建筑材料与构件如期送到现场，并符合质量要求。进入施工现场的建筑材料与构件经清点后交由施工承包单位存放、保管和在工程施工中使用。

（2）永久设备与金属结构

永久设备与金属结构应落实制造、加工厂商。在必要时，需要委托工程监理单位实行驻厂监造，以保证产品质量，并保证按施工进度要求完成制造、加工。

3. 查验施工控制测量成果

施工承包单位在工程开工前应进行现场补充勘探、施工测量放线及建（构）筑物定位。补充勘探的主要目的是在施工范围内寻找枯井、地下管道、旧河道与暗沟、古墓等隐蔽物的位置和范围，以便及时拟订处理方案。施工测量放线是要按照建设单位提供的建筑总平面图、

现场红线标桩、基准高程标桩和经纬坐标控制网，对施工现场进行测量放线，设置各类施工基桩及测量控制网。然后，根据场地平面控制网及建（构）筑物平面图，进行建（构）筑物定位，这是确定建（构）筑物平面位置和开挖基础的关键环节。

项目监理机构应检查、复核施工承包单位报送的施工平面控制网、高程控制网和临时水准点的测量成果及控制桩保护措施。

9.3.2 供水、供电、天然气等设施建设手续办理

根据有关规定，建设项目所需外部供水管线、供电线路和变电室、通信线路、天然气管线、热力管线、中水等设施均需要由相应专业设计单位负责设计，有的工程设施还需要由相应专业施工单位负责施工。为此，建设单位需要按相关规定办理各种手续。

1. 供水设施建设手续办理

当建设项目批准立项后，应委托自来水设计部门确定供水方案。将供水方案设计和施工图设计文件与其他市政配套方案一起按规定程序报有关部门审批。

建设单位在委托任务时，需将建设项目批准文件、建设地点、建设项目用水量，标明建筑红线、建筑位置的地形图，建设地点周围自来水管网图等提供给自来水设计单位，由自来水设计单位进行供水方案设计。

自来水供水方案经政府规划管理部门审查批准后，由建设单位到自来水公司办理报装手续。供水方案设计后进行施工图设计，确定自来水管线的位置、高程，签订供水协议。自来水工程施工图设计文件须经自来水公司审查批准后方可组织施工。在工程施工过程中，应接受自来水公司的监督检查，当工程竣工时，由自来水公司进行验收，验收合格后交付使用。

2. 供电设施建设手续办理

几乎所有建设项目均需考虑供电问题。在建设项目设计方案完成后，用电项目和用电量基本落实。此时，建设单位就需持建设项目批准文件、现场地形图、建筑总平面图、用电量资料等到供电部门办理供电报装手续，并委托电力设计单位进行供电方案设计。

电力设计单位在进行现场调查研究的基础上，提出供电方案。供电方案与其他市政配套方案一样，应作为初步设计的组成部分进行报批。供电方案经供电部门批准后方可进行供电工程设计。在供电设施报装过程中，建设单位还需到供电部门办理用电指标申请手续，经供电部门同意并批准用电指标后，用电工程方可动工接电。

供电工程开工要经供电部门同意，施工承包单位必须是电力专业施工单位。在工程施工过程中，应接受供电部门的监督检查，当工程竣工时，由供电部门进行验收，验收合格后交付使用。

3. 天然气设施建设手续办理

建设单位应根据建设项目初步设计要求，向天然气公司提出天然气供应申请，说明天然气用途、用量，并报送建设项目相关文件，包括建设项目批准文件、建设地点地形图、建筑物总平面图等。天然气公司根据建设单位需求和建设项目实际情况提出天然气用量和供气方案。

如果建设项目附近已有天然气管道和调压站，容量允许新建项目使用，可就近接管使用。否则，需另选天然气调压站，新建天然气管道。天然气调压站与建筑物要保持一定的安全距离。初步设计和接用天然气方案，经规划管理部门审查批准后，即可委托天然气公司进行天然气管线和天然气调压站工程施工图设计。

建筑物内部天然气管道和使用天然气设备的设计图纸，由建筑设计单位设计的，须经天然气公司审核同意后方可进行施工。在工程施工过程中，应接受天然气公司的监督检查。当工程竣工后，由建设单位、天然气公司、施工单位等联合进行验收，验收合格后交付使用。

4. “中水”处理设施建设手续办理

“中水”是指生活污水经过一定理化处理后，达到规定的水质标准，可在一定范围内重复使用的非饮用水。“中水”主要用于冲洗厕所、灌溉园林、道路养护、冲洗汽车及冷却设备补充用水等。进行中水处理，对于推动城市污水综合利用、节约用水具有重要的意义。

新建项目的建筑面积超过 2 万 m^2 或回收水量超过 100 m^3/d 的宾馆、饭店、公寓和高级住宅，建筑面积超过 3 万 m^2 或回收水量超过 100 m^3/d 的机关、科研单位、大专院校和大型文化体育建筑，以及建筑面积超过 5 万 m^2 或回收水量超过 150 m^3/d 或综合污水量超过 750 m^3/d 的居住小区（包括别墅区、公寓区等）和集中建筑区，宜配套建设中水处理设施。中水处理设施要与主体工程同时设计、同时施工、同时交付使用，建设投资列入主体工程预算。

建设单位在办理“中水”处理设施建设手续时，应报送建设项目批准文件、中水处理设施设计等，经市政管理部门审查同意后方可进行施工。当工程竣工后，须经市政管理部门验收合格，方可投入运行。

复习思考题

1. 办理工程质量监督手续需提供的资料有哪些？
2. 申请领取施工许可证应具备哪些条件？
3. 图纸会审应重点解决哪些问题？
4. 设计交底的主要目的是什么？
5. 项目监理机构审查施工组织设计时重点包括哪些内容？
6. 资金使用计划编制方法有哪些？
7. 建设单位需要进行的施工现场准备工作有哪些？
8. 建设项目供水、供电、天然气设施建设需办理哪些手续？

案例分析题

某国际会展中心项目，占地总面积为133.3万m^2（2 000亩），总建筑面积约500万m^2，项目包括：会展中心、旅游小镇、中央商务区、主题乐园、五星级酒店、高档住宅区、商业中心等。

1. 试分析该项目施工组织总设计应重点审查的内容。

2. 试分析该项目施工准备阶段应用建筑信息建模（building information modeling，BIM）技术的必要性。

知识拓展题

建设项目施工准备中的“五通一平”“七通一平”分别是指什么？

第 10 章　建设项目施工过程管理

建设项目质量、进度和造价管理是建设项目管理的基本目标，也是建设项目施工过程管理的重要内容。施工安全及环境管理也是建设项目施工过程管理的主要内容。

10.1　施工质量管理

建设项目作为工程建设活动的产品，其质量由项目所包含的各单项工程质量及其他工程质量所构成，包括设计质量、施工质量、安装质量及设备本身质量等。所谓质量管理，是指确定质量方针、目标和职责，并通过质量管理体系中的质量策划、控制、保证和改进来实现质量目标的全部活动。

工程施工是使建设单位的建设意图最终实现并形成工程实体的阶段，也是最终形成工程产品质量和使用价值的重要阶段。因此，施工质量管理是建设项目质量管理的重点。

10.1.1　施工质量形成及控制的系统过程

工程质量的形成是一个有序的系统过程，工程质量高低综合体现了建设项目投资决策、设计施工及竣工验收等各阶段、各环节的工作质量。其中，施工质量控制是指为满足建设项目施工质量要求而采取的作业技术和活动。施工质量控制要求对工程施工活动所涉及的各种影响因素进行控制，预防不合格产品的产生，最终使施工质量满足施工合同规定的质量标准。

施工质量控制是一个由对投入的资源和条件进行质量控制（事前控制），进而对生产过程及各环节质量进行控制（事中控制），直到对所完成的工程产出品质量检验与控制（事后控制）的全过程系统控制。这个过程可按工程实体质量形成的时间段来划分；也可按工程实体形成过程中物质形态转化来划分；还可按工程实体施工层次结构来划分。

1. 按工程实体质量形成的时间段来划分

① 施工准备阶段的质量控制。指在各工程对象正式施工前，对各项准备工作及影响质量的因素和有关方面进行的质量控制。这种控制是一种事前控制。

② 施工过程的质量控制。指在工程施工过程中，对所有与施工过程有关的各方面质量进行控制，也包括对中间产品（工序产品或分部、分项工程产品）的质量控制。这种控制是一种事中控制。

③ 施工产品的质量控制。指对通过施工所完成的具有独立功能和使用价值的最终产品（单位工程或整个建设项目）及其有关方面（例如质量文档）的质量进行控制。这种控制是一种事后控制。

上述施工质量控制的系统过程如图 10－1 所示。

- 施工质量控制
  - 事前控制
    - 图纸会审和设计交底
    - 施工组织设计审查
    - 施工生产要素控制
    - 开工报告审查
  - 事中控制
    - 作业技术交底
    - 工序交接检查
    - 分项分部、隐蔽工程质量检查
    - 工程变更审查
  - 事后控制
    - 单位工程、单项工程验收
    - 联动试车（工业产品）
    - 技术文档审核

图 10－1　施工质量控制的系统过程

2. 按工程实体形成过程中物质形态转化来划分

工程施工是从投入开始、经施工与安装到产出的物质生产活动，因此，施工质量控制的系统过程也是一个经由上述 3 个阶段的系统控制过程：

① 对投入物质资源质量的控制。

② 施工及安装生产过程质量控制。即在使投入的物质资源转化为工程产品的过程中，对影响产品质量的各因素、各环节及中间产品的质量进行控制。

③ 对施工产出品质量的控制与验收。

在上述 3 个阶段的系统控制过程中，前两阶段对于最终产品质量的形成具有决定性作用，而所投入物质资源的质量控制对最终产品质量又具有举足轻重的影响。因此，在施工质量控制系统过程中，无论是对投入物质资源的质量控制，还是对施工及安装生产过程的质量控制，都应对影响工程实体质量的 5 方面重要因素进行全面控制，即对施工人员、材料器材（包括原材料、半成品、构配件）、机械设备（生产设备及施工机械设备）、施工方法（施工组织设计、施工方案、工艺技术）及环境因素等进行控制。影响施工质量的因素如图 10－2 所示。

- 影响施工质量的因素
  - 施工人员
    - 管理者资格
    - 操作者资格
    - 分包商资格
  - 材料器材
    - 原材料、半成品、构配件
    - 建筑设施、器材
  - 机械设备
    - 生产设备
    - 施工机械设备
  - 施工方法
    - 施工组织设计
    - 施工方案
    - 工艺技术
  - 环境因素
    - 现场施工环境
    - 自然环境条件
    - 工程技术条件
    - 质量管理体系

图 10－2　影响施工质量的因素

3. 按工程实体施工层次结构来划分

建设项目通常都可划分为若干层次：建设项目—单项工程—单位工程（子单位工程）—

分部工程（子分部工程）—分项工程。每一分项工程又需经若干工序才能完成。显然，工序施工质量控制是最基本的质量控制，它决定了有关分项工程质量；而分项工程质量又决定了分部工程质量，分部工程质量进而决定了其所在单位工程质量，各单位工程（单项工程）质量最终决定了整个建设项目质量。

10.1.2 建设单位及工程监理单位的质量责任和义务

《建设工程质量管理条例》明确规定了工程参建各方的质量责任和义务。其中，建设单位和工程监理单位的质量责任和义务如下。

1. 建设单位的质量责任和义务

① 应将工程发包给具有相应资质等级的单位，不得将建设工程肢解发包。

② 应依法对建设项目的勘察、设计、施工、监理以及与工程建设有关的重要设备、材料等的采购进行招标。

③ 必须向有关的勘察、设计、施工、工程监理等单位提供与建设工程有关的原始资料。原始资料必须真实、准确、齐全。

④ 不得迫使施工承包单位以低于成本的价格竞标，不得任意压缩合理工期。不得明示或者暗示设计单位或者施工承包单位违反工程建设强制性标准，降低建设工程质量。

⑤ 施工图设计文件未经审查批准的，不得使用。

⑥ 对于实行监理的工程，应委托具有相应资质等级的工程监理单位进行监理。

⑦ 在领取施工许可证或者开工报告前，应按照国家有关规定办理工程质量监督手续。

⑧ 按照合同约定，由建设单位采购建筑材料、建筑构配件和设备的，应保证建筑材料、建筑构配件和设备符合设计文件和合同要求。不得明示或者暗示施工承包单位使用不合格的建筑材料、建筑构配件和设备。

⑨ 涉及建筑主体和承重结构变动的装修工程，应在施工前委托原设计单位或者具有相应资质等级的设计单位提出设计方案；没有设计方案的，不得施工。房屋建筑使用者在装修过程中，不得擅自变动房屋建筑主体和承重结构。

⑩ 在收到建设工程竣工报告后，应组织设计、施工、工程监理等有关单位进行竣工验收。建设工程经验收合格的，方可交付使用。

⑪ 应严格按照国家有关档案管理的规定，及时收集、整理建设项目各环节的文件资料，建立、健全建设项目档案，并在建设工程竣工验收后，及时向有关部门移交建设项目档案。

2. 工程监理单位的质量责任和义务

① 工程监理单位应依法取得相应等级的资质证书，并在其资质等级许可的范围内承担工程监理业务。禁止工程监理单位超越本单位资质等级许可的范围或者以其他工程监理单位的名义承担工程监理业务。禁止工程监理单位允许其他单位或者个人以本单位的名义承担工程监理业务。工程监理单位不得转让工程监理业务。

② 工程监理单位与被监理工程的施工承包单位以及建筑材料、建筑构配件和设备供应单位有隶属关系或者其他利害关系的，不得承担该项建设工程的监理业务。

③ 工程监理单位应依照法律、法规以及有关技术标准、设计文件和建设工程承包合同，代表建设单位对施工质量实施监理，并对施工质量承担监理责任。

④ 工程监理单位应选派具备相应资格的总监理工程师和监理工程师进驻施工现场。未经监理工程师签字，建筑材料、建筑构配件和设备不得在工程上使用或者安装，施工承包单位不得进行下一道工序的施工。未经总监理工程师签字，建设单位不拨付工程款，不进行竣工验收。

⑤ 监理工程师应按照工程监理规范的要求，采取旁站、巡视和平行检验等形式，对建设工程实施监理。

10.1.3　施工质量监控工作内容和方式

工程施工准备应达到下列条件：① 设计交底和图纸会审已完成；② 施工组织设计已由总监理工程师签认；③ 施工承包单位现场质量、安全生产管理体系已建立，管理及施工人员已到位，施工机械具备使用条件，主要工程材料已落实；④ 进场道路及水、电、通信等已满足开工要求。施工承包单位提交的“工程开工报审表”经项目监理机构审核和建设单位审批后，总监理工程师即可下达“工程开工令”。

在工程施工过程中，项目监理机构要对建筑产品生产进行全过程、全方位监督检查，施工过程监督检查与竣工验收不同，它不是对最终产品的检查验收，而是对施工生产各环节或中间产品进行监督检查。施工质量监控程序如图 10－3 所示。

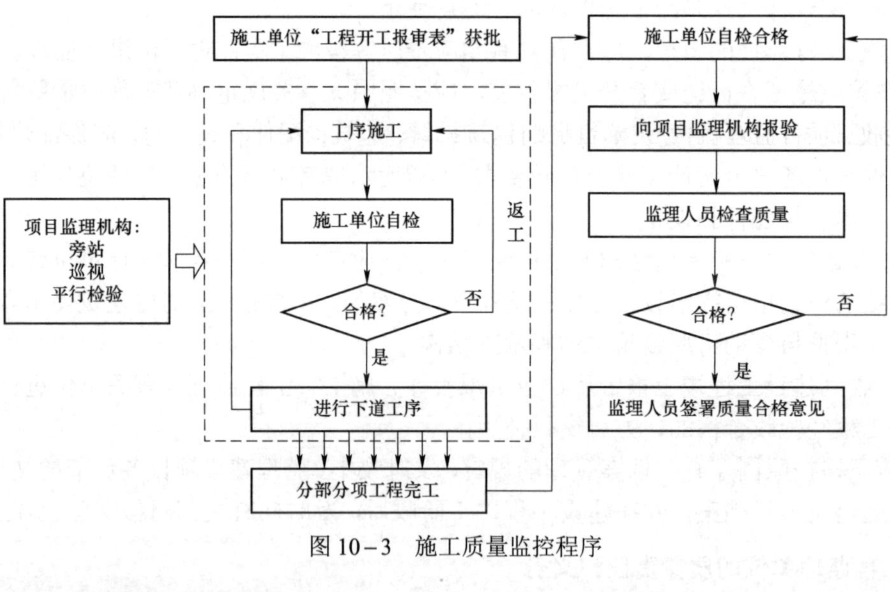

图 10－3　施工质量监控程序

1. 施工质量监控工作内容

项目监理机构对施工过程质量进行监控的主要工作内容如下。

（1）监控施工承包单位的质量控制工作

① 监督检查施工承包单位的质量自控体系，使其能在质量控制中始终发挥良好作用。如发现有施工质量控制人员能力不足的，可要求施工承包单位撤换；当施工承包单位的质量控制体系不完善时，应督促其改进、完善。

② 督促施工承包单位完善工序质量控制机制，使其能将影响工序质量的因素自始至终都纳入质量管理范围；监督检查施工承包单位的质量控制点设置和控制；检查分析施工承包

单位提交的质量统计分析资料和图表；试验和复核重要的工程部位或专业工程质量。

（2）跟踪监控施工过程及中间产品质量

① 跟踪监控施工过程。项目监理机构要在施工过程中进行跟踪监控，监督施工承包单位的各项施工活动，密切关注是否有不利于保证工程质量的因素变化，如建筑材料质量、混合料配合比、施工机械运行与使用情况、计量设备的准确性、上岗人员的组成变化、工艺操作等情况是否始终符合要求。发现施工承包单位有违反合同规定的行为或质量不符合要求的，项目监理机构有权要求施工承包单位整改。

② 严格工序交接检查。在重要工序和隐蔽工程完工后，只有项目监理机构检查、确认其质量符合要求后，才能进行下道工序。例如，基槽开挖后，经项目监理机构检查并签字确认其质量合格，方可进行垫层施工。

③ 建立施工质量跟踪档案。为了对施工承包单位所进行的每一分项或分部工程的各道工序质量实施有效监督检查，项目监理机构有必要建立施工质量跟踪档案。所谓施工质量跟踪档案（execution tracing file，ETF），是针对各分项工程、分部工程建立的详细记录施工全过程质量控制活动的记录，还包括项目监理机构的意见和施工承包单位对意见的答复。

④ 工序产品质量检查。对于各道工序产出品质量，首先应由施工承包单位按规定进行自检，自检合格后提请项目监理机构检查；其次，项目监理机构检查确认质量合格后，方可进行下道工序施工。

⑤ 分项分部工程质量验收。施工承包单位完成分项、分部工程后，在自检合格的基础上，向项目监理机构提交“分项工程报验表”或“分部工程报验表”，请求项目监理机构予以检查验收。项目监理机构应按合同文件、施工图纸及有关标准等进行检查验收。有质量缺陷的，要求施工承包单位进行处理并重新报验。对于质量合格的，则在“分项工程报验表”或“分部工程报验表”中签署质量合格意见。

对于已同意覆盖的工程隐蔽部位质量有疑问的，或者发现施工承包单位私自覆盖工程隐蔽部位的，项目监理机构应要求施工承包单位对该隐蔽部位进行钻孔探测或揭开，或者采用其他方法进行重新检验。

（3）处理工程变更

在工程施工过程中，项目监理机构应处理施工承包单位提出的工程变更。当施工承包单位提出工程变更申请后，总监理工程师应组织专业监理工程师进行审查。涉及工程设计文件修改的，应由建设单位转交原设计单位修改工程设计文件。

当确认工程变更的必要性后，项目监理机构应组织建设单位、施工承包单位共同协商确定工程变更费用及工期变化，并会签工程变更单。项目监理机构还应根据批准的工程变更文件监督施工承包单位实施工程变更。

（4）及时处置施工质量缺陷

施工质量缺陷是指在工程施工质量检验中发现的不符合规定要求的检验项或检验点。对工程施工中出现的质量缺陷，项目监理机构应及时下达监理通知单，要求施工承包单位整改，并检查整改结果。

（5）通过下达停工令控制施工质量

当发现工程施工存在重大隐患，可能造成质量事故或已造成质量事故时，总监理工程师有权下达工程停工令，要求施工承包单位停工整改。施工承包单位整改完毕后向项目监理机构提交工程复工报审表，项目监理机构确认整改符合要求后，由总监理工程师签发工程复工令。总监理工程师签发工程停工令和工程复工令，须事先征得建设单位同意。

对需要返工处理或加固补强的质量事故，项目监理机构应责令施工承包单位报送质量事故调查报告和经设计单位等相关单位认可的处理方案，项目监理机构应对质量事故的处理过程和结果进行跟踪检查与验收。

2. 施工质量监控工作方式

在工程施工过程中，项目监理机构主要通过检查巡视、审查检验、见证旁站等方式监控施工质量。

（1）检查巡视

① 检查。例如，项目监理机构检查施工承包单位现场质量、安全生产管理体系的建立及运行情况，检查施工质量管理人员配备情况，检查进场的工程材料、构配件、设备质量等。

② 巡视。巡视是检查施工质量的重要方式。施工承包单位（包括分包单位）是否按照工程设计文件、工程建设标准和批准的施工组织设计、施工方案施工，使用的工程材料、构配件和设备是否合格，施工现场质量管理人员是否到位等，均需要采用巡视方式进行监控。

（2）审查检验

① 审查。例如，审查施工组织设计、施工方案，审查工程开工、复工报审表，审查工程变更申请，审查工程质量检验资料等。

② 检验。对施工产出品进行检验或验收，如检验工序质量，验收检验批、分项工程、隐蔽工程、分部工程，进行工程竣工预验收等。上述检验均是在施工承包单位自检合格的基础上进行的。除此之外，项目监理机构还会在施工承包单位自检的同时进行平行检验，即项目监理机构按照有关规定及合同约定独立进行检测试验活动。

（3）见证旁站

① 见证取样。项目监理机构需要对施工承包单位进行的涉及结构安全的试块、试件及工程材料现场取样、封样、送检工作进行监督，这称为见证取样。

② 旁站。项目监理机构需要采用旁站方式对施工现场关键部位或关键工序的施工质量进行监督，以确保主要施工过程及关键工序施工质量处于受控状态。

3. 对分包单位进行管理

分包单位资格及工作质量是保证工程施工质量的一个重要环节和前提。因此，项目监理机构应对分包单位进行严格控制和有效管理。

（1）审核分包单位资格

当施工承包单位选定分包单位后，项目监理机构应审核施工承包单位提交的分包单位资格报审材料，主要审核分包单位是否具有完成分包工程任务的能力。项目监理机构认为分包单位不具备相应能力和条件的，则不予批准。项目监理机构认为分包单位具备相应能力和条件的，则应由总监理工程师在分包单位资格报审表中签署认可意见。

（2）分包单位进场后的管理

① 要求分包单位严格执行监理工作程序。当分包单位进场后，项目监理机构应要求施工总承包单位对各项监理工作程序向分包单位进行交底，并要求分包单位严格执行。当发现

分包单位有违反监理工作程序的行为时，项目监理机构应及时通过施工总承包单位发出指令，要求分包单位改正。

② 鼓励分包单位参加监理例会。为加强分包单位对工程实施总体情况的了解，提高其实施工程计划的主动性和自觉性，鼓励分包单位参加监理例会。

③ 检查分包单位现场工作情况。项目监理机构不仅要督促施工总承包单位监督分包单位严格履行合同，认真实施分包工程，保证分包工程质量和进度，而且要监督检查分包单位现场工作情况，检查重点主要有以下 3 个方面。

- 分包单位设备使用情况。根据施工分包合同核实分包单位投入的设备种类、数量及可用程度。
- 分包单位施工人员情况。根据施工分包合同核查分包单位所配备的人员资格及专职管理人员是否符合要求。
- 分包单位负责实施的工程质量是否符合合同规定及相关标准要求。

④ 对分包单位的制约与控制。为了保证工程质量，避免或减少因分包单位的不规范施工行为所带来的损失，项目监理机构可通过采取下列手段对分包单位进行有效的制约与控制。

- 停止施工。当分包单位违反合同、工程建设标准及监理工作程序，且不接受项目监理机构提出的意见予以改进时，项目监理机构有权指令施工总承包单位暂停分包单位施工，直至其工作得到改进、获得满意结果。
- 拒绝签署付款凭证。当分包单位的施工质量未达到合同要求的标准时，项目监理机构有权拒绝给施工总承包单位签署与之有关的工程款支付证明。
- 取消分包资格。当项目监理机构发现分包单位技术组织能力差，无法按合同要求保证分包工程质量；或分包单位无视项目监理机构指令，坚持忽视分包工程质量和进度要求，造成严重危害和影响时，项目监理机构可指令施工总承包单位取消其分包资格。

10.2 施工进度管理

10.2.1 施工进度影响因素及动态控制原理

1. 施工进度影响因素

建设项目管理的最终目的是确保建设项目按预定的时间动用或提前交付使用。但在工程建设过程中，经常会存在许多影响因素，对工程建设进度产生较大的影响。为此，需要事先对影响工程建设进度的各种因素进行调查分析，预测其影响程度，确定合理的进度目标，编制可行的进度计划，并在进度计划执行过程中实施动态控制。

影响建设项目施工进度的不利因素有很多，如人为因素，技术因素，材料、设备及构配件因素，施工机具因素，资金因素，水文、地质与气象因素，以及其他自然与社会环境等方面因素。其中，人为因素是最大的干扰因素。从产生根源看：有的来源于建设单位及其上级主管部门；有的来源于工程勘察设计、施工及材料设备供应单位；有的来源于政府监管部门、有关协作单位和社会；有的来源于各种自然条件；也有的来源于工程监理单位。

① 建设单位因素。如因建设单位使用要求改变而进行设计变更；应提供的施工场地条件不能及时提供或所提供的场地不能满足工程正常需要；不能及时向施工承包单位或材料供应商付款等。

② 勘察设计因素。如勘察资料不准确，特别是地质资料错误或遗漏；设计内容不完善，规范应用不恰当，设计有缺陷或错误；设计对施工的可能性考虑不周；施工图纸供应不及时、不配套，或出现重大差错等。

③ 施工技术因素。如施工工艺错误；施工方案不合理；施工安全技术措施不当；不可靠技术的应用等。

④ 自然环境因素。如复杂的工程地质条件；不明的水文气象条件；地下埋藏文物的保护、处理；洪水、地震、台风等不可抗力等。

⑤ 社会环境因素。如外单位邻近工程施工干扰；节假日交通、市容整顿的限制；临时停水、停电、断路；以及在国外常见的法律及制度变化，经济制裁，战争、骚乱、罢工、企业倒闭等。

⑥ 组织管理因素。如向有关部门提出各种申请审批手续的延误；合同签订时遗漏条款、表达失当；计划安排不周密，组织协调不力，导致停工待料、相关作业脱节；领导不力，指挥失当，使参加工程建设的各单位、各专业、各施工过程之间交接、配合上发生矛盾等。

⑦ 材料设备因素。如材料、设备、构配件、机具供应环节有差错，品种、规格、质量、数量、时间不能满足施工需要；特殊材料及新材料的不合理使用；施工设备不配套，选型失当，安装失误，有故障等。

⑧ 资金因素。如有关方拖欠资金，资金不到位，资金短缺；汇率浮动和通货膨胀等。

2. 施工进度动态控制原理

建设项目施工进度动态控制是指在根据施工进度目标和资源优化配置原则编制施工进度计划的基础上，在施工进度计划实施过程中经常检查实际进度是否按计划要求进行，对出现的偏差进行原因分析，并采取纠偏措施或调整原计划，如此不断地进行计划—实施—检查—调整，直到工程竣工验收交付使用。施工进度控制的最终目的是确保建设项目施工进度目标的实现。

建设项目施工进度控制原理如图 10－4 所示。

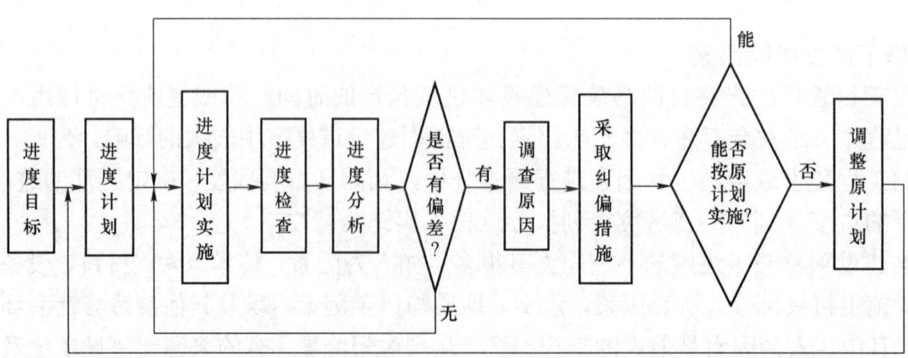

图 10－4　建设项目施工进度控制原理

10.2.2　施工进度计划系统

1. 施工进度计划类型

根据施工对象和范围不同，建设项目施工进度计划有以下几种类型。

（1）施工总进度计划

施工总进度计划是建设项目从开始实施直到竣工为止各个主要阶段（如施工准备、施工各阶段）的进度安排。

大型建设项目因单位工程多、施工承包单位多、建设周期长等特点，需要通过施工总进度计划控制、协调工程实施总进度。

（2）单位工程施工进度计划

单位工程施工进度计划是指根据单位工程中各分部分项工程的施工顺序、持续时间及人工、材料、设备等资源投入情况对各分部分项工程的进度安排。单位工程施工进度计划是施工总进度计划的组成部分，单位工程施工进度计划更具有控制性和可操作性。

施工总进度计划与单位工程施工进度计划在实施前均应报送项目监理机构审查。

（3）施工作业进度计划

施工作业进度计划是施工进度计划的具体化，是为直接指导施工班组的施工活动，针对某一分部分项工程或某施工阶段具体作业活动进行的进度安排。

2. 施工进度计划表示形式

施工进度计划表示形式主要有横道计划与网络计划两种。

（1）横道计划

横道计划是指以横道图表示的施工进度计划。横道图又称横线图、甘特图，是在时间坐标上以水平横线的起讫点位置和长度表示分部分项工程或施工过程的开始时间、完成时间和持续时间。在横道图的左侧可按各施工对象（分部分项工程或施工过程）的实施顺序列出相应名称，右侧表示各施工对象的进度安排。在横道图下方还可绘制计划期内各种资源的单位时间需用量曲线。图 10－5 即为某基础工程施工进度横道计划。

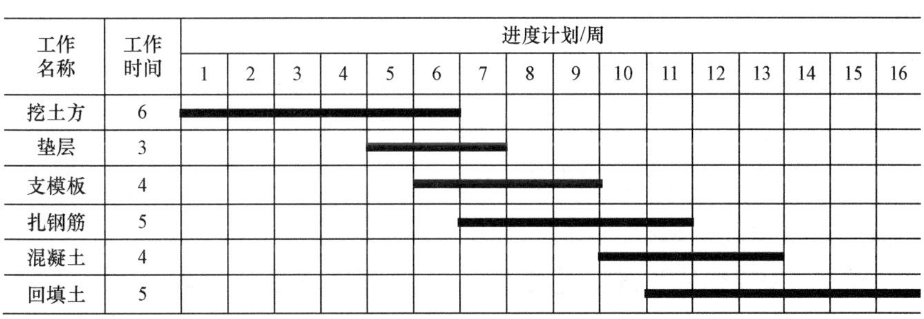

图 10－5　某基础工程施工进度横道计划

（2）网络计划

网络计划是指用网络图表示的进度计划。所谓网络图，是由箭线和节点组成，用来表示工作流程的有向、有序的网状图形。按箭线和节点表示的含义不同，网络图又可分为双代号网络图和单代号网络图。双代号网络图的箭线表示工作及其进行的方向，节点表示工作之间的逻辑关系；而单代号网络图中的节点表示工作，箭线表示工作之间的逻辑关系。相应地，网络计划也可分为双代号网络计划和单代号网络计划。为直观起见，双代号网络计划还可根据时间坐标绘制成时标网络计划。某工程双代号时标网络计划如图 10－6 所示。

（3）横道计划与网络计划的比较

一项施工任务既可用横道计划表示，也可网络计划表示。由于表达形式不同，其特点与作用也存在着差异。横道计划与网络计划的比较详如表 10－1 所示。

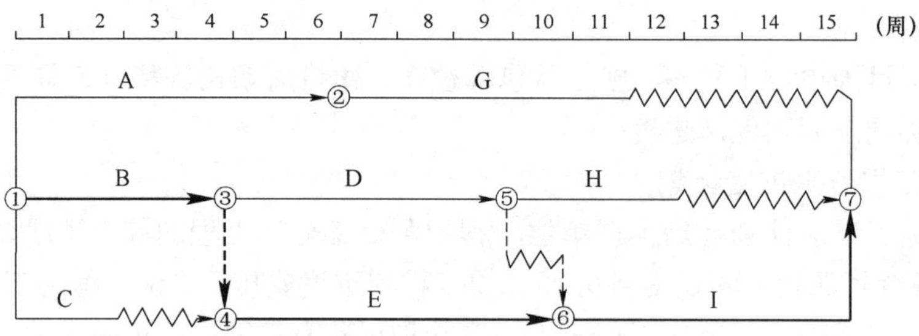

图 10－6　某工程双代号时标网络计划

表 10－1　横道计划与网络计划的比较

计划类别	表达方式	优点	缺点
横道计划	在时间坐标上用横道线表示计划任务中各项工作的起止时间和施工顺序	（1）绘制简单，直观易懂 （2）各工作进度安排、流水作业、总工期表达清楚明确	（1）工作间逻辑关系不能全面反映 （2）不便确定进度偏差对后续工作及总工期的影响 （3）不便于对计划进行调整和优化 （4）不便于利用计算机软件进行计划编制和调整
网络计划	用网络图表达计划任务的工作进度（包括时间、成本、资源等）	（1）工作间逻辑关系表达清楚 （2）便于对计划进行调整 （3）便于对计划进行优化 （4）可转化为时标网络计划 （5）可利用计算机软件进行计划编制和调整	（1）时间参数计算及整个计划优化较繁杂 （2）绘制网络图需要一定技巧

10.2.3　施工进度控制工作内容

工程监理单位派出的项目监理机构实施施工进度控制，应从审核施工承包单位提交的施工进度计划开始，直到建设工程移交为止。

1. 编制施工进度控制方案

施工进度控制方案（也称为施工进度控制工作细则）是在监理规划的指导下，由项目监理机构中进度控制部门监理工程师负责编制的更具有实施性和操作性的监理业务文件。施工进度控制方案的主要内容包括：

① 施工进度控制目标分解图；

② 实现施工进度控制目标的风险分析；

③ 施工进度控制的主要工作内容和深度；

④ 监理人员施工进度控制的职责分工；

⑤ 与进度控制有关各项工作的时间安排及工作流程；

⑥ 进度控制的方法（包括进度检查周期、数据采集方式、进度报表格式、统计分析方法等）；

⑦ 进度控制的具体措施（包括组织措施、技术措施、经济措施及合同措施等）；

⑧ 尚待解决的有关问题。

2. 编制或审查施工进度计划

为保证建设项目施工任务按期完成，项目监理机构应审查施工承包单位提交的施工进度计划。对于大型建设项目，当单项（单位）工程较多、施工工期长，且采取分期分批发包又没有一个负责全部工程的总承包单位时，项目监理机构需负责编制施工总进度计划。总进度计划应确定分期分批的项目组成；各批工程项目的开工、竣工顺序及时间安排；全场性准备工程，特别是首批准备工程的内容与进度安排等。

当建设项目有施工总承包单位时，项目监理机构只需审查施工总承包单位提交的施工总进度计划。而对于单位工程施工进度计划，项目监理机构只负责审查而不负责编制。

项目监理机构在审查施工进度计划时，除考虑表 9－1 所述内容外，特别需要注意以下几点：

① 进度计划是否符合施工合同中开竣工日期规定；

② 进度计划中的主要项目是否有遗漏，分期施工是否满足分批动用的需要和配套动用的要求，总分包单位分别编制的各单项（单位）工程施工进度计划之间是否相协调；

③ 对于由建设单位提供的施工条件（资金、施工图纸、施工场地、采购物资等），施工承包单位在施工进度计划中所提出的供应时间和数量是否明确、合理，是否有造成因建设单位违约而导致工程延期和费用索赔的可能。

项目监理机构在审查施工进度计划中发现问题时，应及时向施工承包单位发出整改通知，要求施工承包单位修改。其中重大问题应及时向建设单位汇报。

应当说明，编制和实施施工进度计划是施工承包单位的责任。施工承包单位将施工进度计划提交给项目监理机构审查的目的是听取项目监理机构的建设性意见。因此，项目监理机构对施工进度计划的审查或批准，并不解除施工承包单位对施工进度计划的任何责任和义务。此外，对项目监理机构来讲，审查施工进度计划的主要目的是防止施工承包单位计划不当，以及为施工承包单位保证实现合同规定的进度目标提供帮助。如果强制地干预施工承包单位的进度安排，或支配施工中所需要的劳动力、设备和材料，将是一种错误行为。

尽管施工承包单位向项目监理机构提交施工进度计划是为了听取建设性意见，但施工进度计划一经项目监理机构确认，即应视为合同文件的一部分，它是以后处理施工承包单位提出工程延期或费用索赔的重要依据。

3. 按年、季、月编制工程综合计划

在按计划期编制的进度计划中，项目监理机构应着重解决各施工承包单位施工进度计划之间、施工进度计划与资源（包括资金、设备、机具、材料及劳动力）保障计划、外部协作条件延伸性计划之间的综合平衡和相互衔接问题，并根据上期计划完成情况对本期计划进行必要的调整，从而作为施工承包单位近期执行的指令性计划。

4. 下达工程开工令

项目监理机构应根据施工承包单位和建设单位双方关于工程开工的准备情况，选择合适的时机下达工程开工令。在工程开工令中载明的开工日期，加上合同工期后即为工程竣工日期。如果工程开工令下达拖延，就等于推迟了工程竣工时间，甚至可能引起施工承包单位索赔。

5. 协助施工承包单位实施进度计划

项目监理机构要随时了解施工进度计划执行过程中存在的问题，并协助施工承包单位予以解决，特别是施工承包单位无力解决的内外关系协调问题。

6. 监督施工进度计划的实施

监督施工进度计划的实施是项目监理机构控制施工进度的经常性工作。项目监理机构不仅要及时检查施工承包单位报送的施工进度报表和分析资料，同时还要进行必要的现场实地检查，核实所报送的已完项目时间及工程量，杜绝虚报现象。

在对工程施工实际进度资料进行整理的基础上，项目监理机构应将其与计划进度相比较，以判定实际进度是否出现偏差。如果出现进度偏差，项目监理机构应进一步分析实际进度偏差对进度目标的影响程度及其产生原因，以便研究对策、提出纠偏措施。在必要时还应对后期工程进度计划进行适当调整。

7. 组织现场协调会

项目监理机构应每月、每周定期组织召开不同层级现场协调会议，以解决工程施工过程中的相互协调配合问题。在每月召开的高层级协调会上，应通报工程建设重大变更事项，协商处理相关事项，解决各施工承包单位间及建设单位与施工承包单位间重大协调配合问题；在每周召开的管理层协调会上，应通报各自进度状况、存在问题及下周安排，解决工程施工中的相互协调配合问题。通常包括：各施工承包单位间进度协调问题；工作面交接和阶段成品保护责任问题；场地与公用设施利用中的冲突；某一方面断水、断电、断路、开挖要求对其他方面影响的协调问题，以及资源保障、外协条件配合问题等。

在平行、交叉施工作业多，工序交接频繁且工期紧迫的情况下，甚至需要每日召开现场协调会。在会上通报和检查当天工程进度，确定薄弱环节，部署当天赶工任务，以便为次日正常施工创造条件。

对于某些未曾预料的突发变故或问题，项目监理机构还可通过发布紧急协调指令，督促有关单位采取应急措施，维护工程施工的正常秩序。

8. 签发工程进度款支付凭证

项目监理机构应核实施工承包单位申报的已完分项工程量，经检查验收施工质量且合格后，签发工程进度款支付凭证，作为建设单位支付施工承包单位施工合同价款的依据。

9. 审批工程延期

在工程施工过程中，造成实际进度拖延的原因可分为两类：一是施工承包单位自身原因；二是非施工承包单位原因。前者所造成的进度拖延称为工程延误；而后者所造成的进度拖延称为工程延期。

（1）工期延误

当出现工期延误时，项目监理机构有权要求施工承包单位采取有效措施加快施工进度。若采取有效措施后实际进度仍然拖后，且影响工程按期竣工时，项目监理机构应要求施工承包单位修改进度计划，并提交项目监理机构重新确认。

项目监理机构对修改后的施工进度计划的确认，并不意味着批准工程延期，只是要求施工承包单位在合理状态下施工。项目监理机构对施工进度计划的确认，并不能解除施工承包单位应负的一切责任，施工承包单位不仅需要承担赶工开支，还要承担误期损失赔偿。

（2）工程延期

因非施工承包单位原因（包括建设单位原因、社会动乱、异常恶劣气候条件等）造成工期拖延，施工承包单位有权提出工程延期申请。项目监理机构应根据合同约定，审批工程延期时间。经项目监理机构核实批准的工程延期时间，应纳入合同工期，作为合同工期的一部分。即新的施工合同工期应等于原定合同工期加上项目监理机构批准的工程延期时间。

项目监理机构是否将施工进度拖延时间批准为工程延期，对施工承包单位和建设单位都十分重要。施工承包单位若能得到项目监理机构批准的工程延期，不仅不会承担误期损失费，而且还可获得因建设单位要求赶工而产生的赶工费用。为此，项目监理机构应按照相关法律法规及施工合同约定，公平地区分工期延误和工程延期，并合理地批准工程延期时间。

10. 向建设单位提供进度报告

项目监理机构应随时整理进度资料，并做好工程记录，定期向建设单位提交工程进度报告。

11. 组织工程预验收

当工程完工后，项目监理机构应审查施工承包单位自检合格后提交的工程竣工报验单，并组织工程竣工预验收。经项目监理机构对工程竣工资料及工程实体进行全面检查验收合格后，由总监理工程师组织编写工程质量评估报告，并报建设单位申请工程竣工验收。

12. 出具工程接收证书

经建设单位组织工程竣工验收合格后，项目监理机构应督促施工承包单位办理工程移交手续。项目监理机构在向施工承包单位出具的经建设单位签认的工程接收证书中应写明实际竣工日期，也即施工承包单位提交竣工验收申请报告的日期。至此，项目监理机构的施工进度控制任务即告完成。

10.2.4　工程延期与工期延误

如前所述，因造成工程实际施工进度拖延的原因不同，工程拖期可分为工期延误和工程延期两种。虽然结果都是工程拖期，但性质不同，责任承担者也就不同。如果属于工期延误，则由此造成的一切损失均应由施工承包单位承担。而如果属于工程延期，则对于施工承包单位而言，可通过索赔要求建设单位承担相应责任。

1. 工程延期申报与审批

（1）工程延期申报条件

由于以下原因导致工期拖后，施工承包单位有权提出工程延期要求，项目监理机构应按合同约定批准工程延期：

① 项目监理机构发出工程变更指令而导致工程量增加；

② 合同中所涉及的任何可能造成工程延期的原因，如延期交图、工程暂停、对合格工

程的剥离检查及不利外界条件等；

③ 异常恶劣气候条件；

④ 由建设单位造成的任何延误、干扰或障碍，如未及时提供施工场地、未及时付款等；

⑤ 除施工承包单位自身以外的其他任何原因。

（2）工程延期审批程序

当工程延期事件发生后，施工承包单位应在合同规定的有效期内，以书面形式通知项目监理机构（工程延期意向通知），以便于项目监理机构尽早了解所发生的事件，及时作出一些减少延期损失的决定。随后，施工承包单位应在合同规定的有效期内（项目监理机构可能同意的合理期限内），向项目监理机构提交详细的申述报告（工程延期理由及依据）。当项目监理机构收到该报告后，应及时进行调查核实，准确地确定工程延期时间。

当延期事件具有持续性，施工承包单位在合同规定的有效期内不能提交最终详细的申述报告时，应先向项目监理机构提交阶段性详情报告。项目监理机构应在调查核实阶段性报告的基础上，尽快作出延长工期的临时决定。临时决定的延期时间不宜太长，一般不应超过最终批准的延期时间。

待工程延期事件结束后，施工承包单位应在合同规定的期限内，向项目监理机构提交最终详情报告。项目监理机构应复查详情报告的全部内容，然后确定该延期事件造成的延期时间。

当遇到较复杂的工程延期事件时，项目监理机构可成立专门小组进行处理。对于一时难以作出结论的延期事件，即使不属于持续性事件，也可采用先作出临时延期决定，然后再作出最后决定的办法。这样既可保证有充足的时间处理延期事件，又可避免由于处理不及时而造成的损失。

（3）工程延期审批原则

项目监理机构在审批工程延期时应遵循以下原则。

① 符合合同条件。项目监理机构批准的工程延期必须符合合同条件。也就是说，导致工期拖延的原因确实是属于施工承包单位自身以外的原因。否则，不能批准为工程延期。这是项目监理机构审批工程延期的一条根本原则。

② 延期事件影响工期。以施工承包单位提交的、经审核后的进度计划为依据进行分析，所发生的延期事件确实影响到工期，才能批准工程延期。否则，即使因施工承包单位以外的原因造成某些工程部位实际进度拖后，也不会批准工程延期。

③ 符合实际情况。批准工程延期必须符合实际情况。为此，施工承包单位应对延期事件发生后的各类有关细节进行详细考察和分析，并做好有关记录，从而为合理确定工程延期时间提供可靠依据。

2. 工程延期控制

发生工程延期事件，不仅影响工程进展，而且会给建设单位带来损失。因此，建设单位、项目监理机构应做好以下工作，以减少或避免工程延期事件的发生。

（1）选择合适的时机下达工程开工令

项目监理机构在下达工程开工令之前，应充分考虑建设单位的前期准备工作是否充分。特别是征地、拆迁问题是否已解决，设计图纸能否及时提供，以及付款方面有无问题等，以避免由于上述问题缺乏准备而造成工程延期。

（2）履行施工合同中所规定的职责

在施工过程中，建设单位应履行施工合同中所规定的职责，项目监理机构应经常提醒建设单位提前做好施工场地及设计图纸的提供工作，并能及时支付工程进度款，以减少或避免由此而造成的工程延期。

（3）妥善处理工程延期事件

当工程延期事件发生后，项目监理机构应根据合同规定进行妥善处理。既要尽量减少工程延期时间及损失，又要在详细调查研究的基础上合理批准工程延期时间。

此外，建设单位在施工过程中应尽量少干预、多协调，以避免由于建设单位的干扰和阻碍而导致工程延期事件的发生。

3. 工期延误处置

如果由于施工承包单位自身的原因造成工期拖延，而施工承包单位又未按照项目监理机构指令改变工期拖后状态时，通常可以采取以下手段予以制约。

（1）停止签署付款凭证

当施工承包单位的施工活动不能使项目监理机构满意时，项目监理机构有权拒绝施工承包单位的工程款支付申请。因此，当施工承包单位的施工进度拖后且又不采取积极措施时，项目监理机构可采取停止签署付款凭证的手段制约施工承包单位。

（2）要求赔偿误期损失

停止签署付款凭证是项目监理机构在施工过程中制约施工承包单位延误工期的手段，而误期损失赔偿则是施工承包单位未能按合同约定的工期完成合同范围内工作时对其实施的处罚。当施工承包单位未能按合同约定的工期和条件完成整个工程时，应向建设单位支付施工合同约定的罚款金额，作为误期损失赔偿。

（3）取消施工承包资格

为了保证合同工期，当施工承包单位严重违反合同，而又不采取补救措施时，建设单位有权取消其承包资格。例如：施工承包单位接到项目监理机构的开工通知后，无正当理由推迟开工时间，或在施工过程中无正当理由要求延长工期，施工进度缓慢，又无视项目监理机构指令等，都有可能受到取消承包资格的处罚。

取消施工承包资格是对施工承包单位违约的严厉制裁。因为建设单位一旦取消施工承包单位的承包资格，施工承包单位不但要被驱逐出施工现场，而且还要承担由此而造成的建设单位损失。这种惩罚措施一般不轻易采用，而且在作出这项决定前，建设单位必须事先通知施工承包单位，并要求其在规定期限内做好辩护准备。

10.3　施工造价管理

10.3.1　施工造价动态控制原理与方法

1. 施工造价动态控制原理

所谓施工造价动态控制，是将施工合同价作为建设项目施工造价目标值，然后将工程施工中的实际支出额（建设单位的实际结算额）与施工造价目标值进行比较，及时发现偏差并分析产生原因，以便采取有效措施予以纠正。施工造价动态控制原理如图 10－7 所示。

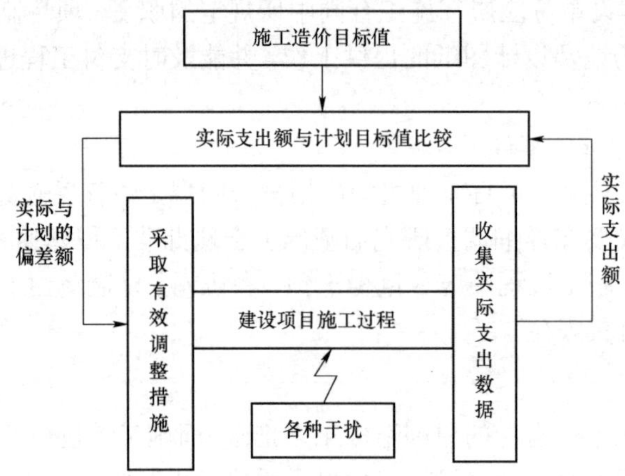

图 10－7　施工造价动态控制原理

2. 施工造价偏差分析方法

为了有效控制施工造价，建设单位及其委托的工程咨询机构或项目监理机构，应采用科学的方法定期比较分析实际费用支出额与计划目标值，以便尽早发现实际费用是否超支。常用的施工造价偏差分析方法是挣值法。此外，还有横道图法和表格法等。

1）挣值法

挣值法（the earned value method，EVM）也称为赢得值法，是一种对工程施工进度和造价进行综合控制的有效方法。

（1）3 个基本参数

为了进行实际成本与预算成本（计划成本）的比较分析，首先需要计算以下 3 个基本参数。

① 已完工程预算（计划）成本（budget cost of the work performed，BCWP）。已完工程预算成本也称为挣值或赢得值（earned value，EV），这是施工承包单位可按施工合同约定获得的工程价款，其计算公式为：

$$EV=BCWP=\sum［已完工程量（实际工程量）\times 预算（计划）单价］$$

② 已完工程实际成本（actual cost of the work performed，ACWP）。已完工程实际成本也称为实际成本（actual cost，AC），其计算公式为：

$$AC=ACWP=\sum［已完工程量（实际工程量）\times 实际单价］$$

③ 拟完工程预算成本（budget cost of the work scheduled，BCWS）。拟完工程预算成本也称为计划价值（plan value，PV），其计算公式为：

$$PV=BCWS=\sum［拟完工程量（计划工程量）\times 预算（计划）单价］$$

（2）4 项分析指标

通过分析比较 3 个基本参数，即可得到施工造价偏差，还可通过计算后续未完工程的计划费用额，预测尚需费用数额，从而为后续工程施工造价、进度控制及寻求降低成本挖潜途径指明方向。

① 造价偏差（cost variance，CV）。CV 是指检查时点已完工程预算（计划）成本与已完工程实际成本之间的差值。其计算公式为：

$$CV=BCWP-ACWP$$

当 CV＞0 时，说明施工成本节约；当 CV＜0 时，说明施工成本超支；当 CV=0 时，表明工程施工成本未出现偏差。

② 进度偏差（schedule variance，SV）。SV 是指检查时点已完工程预算（计划）成本与拟完工程预算成本之间的差值。其计算公式为：

$$SV=BCWP-BCWS$$

当 SV＞0 时，说明施工进度超前；当 SV＜0 时，说明施工进度拖后；当 SV=0 时，表明工程施工按计划进度实施。

③ 造价绩效指标（cost performed index，CPI）。CPI 是指项目挣值与已完工程实际成本之比。其计算公式为：

$$CPI=BCWP/ACWP$$

当 CPI＞1 时，表示施工成本节约；当 CPI＜1 时，表示施工成本超支；当 CPI=1 时，表明工程施工实际成本与预算费用相吻合。

④ 进度绩效指标（schedule performed index，SPI）。SPI 是指项目挣值与拟完工程预算成本之比。其计算公式为：

$$SPI=BCWP/BCWS$$

当 SPI＞1 时，表示实际进度超前；当 SPI＜1 时，表示实际进度拖后；当 SPI=1 时，表明实际进度与计划进度相吻合。

这里的绩效指标是相对值，既可用于施工项目内部的偏差分析，也可用于不同施工项目之间的偏差比较。而偏差（造价偏差和进度偏差）主要适用于施工项目内部的偏差分析。

（3）挣值法分析曲线

挣值法分析曲线如图 10－8 所示。由于工程施工造价随时间推移在不断积累，通常会呈 S 形状，故称 S 曲线。在检查日期（当前日期），CV＜0、SV＜0，表示工程施工效果不佳，即成本超支、进度延误，需要采取相应补救措施。

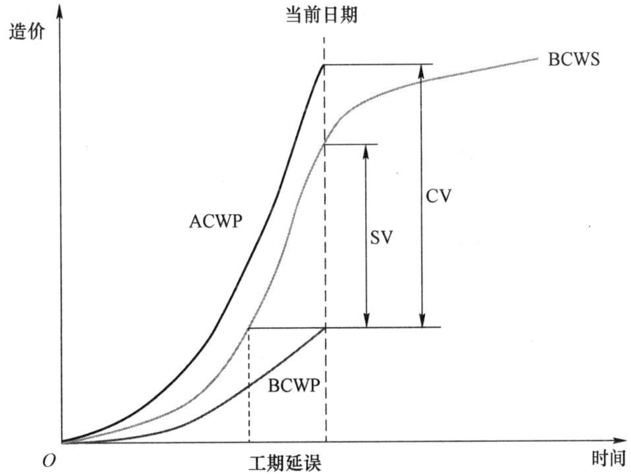

图 10－8　挣值法分析曲线

2）横道图法

采用横道图法进行造价偏差分析，是指将已完工程计划费用、拟完工程计划费用和已完工程实际费用在横道图中用不同的横道线标识，横道线长度与其金额成正比。

横道图法具有形象、直观等优点，能够准确表达费用的绝对偏差。但是，这种方法反映的信息量较少，一般在较高的工程管理层应用。

3）表格法

表格法是指将分析对象（项目编号、名称）及其各费用参数及费用偏差值等综合纳入一张表格中，利用表格直接进行分析比较。施工造价偏差分析表如表 10－2 所示。

表 10－2　施工造价偏差分析表

项目编码	（1）	051	052	053
项目名称	（2）	木门窗安装	钢门窗安装	铝合金门窗安装
单位	（3）			
计划单价	（4）			
拟完工程量	（5）			
拟完工程计划费用	（6）＝（4）×（5）			
已完工程量	（7）			
已完工程计划费用	（8）＝（4）×（7）			
实际单价	（9）			
其他款项	（10）			
已完工程实际费用	（11）＝（7）×（9）＋（10）			
费用偏差	（12）＝（8）－（11）			
费用绩效指标	（13）＝（8）/（11）			
进度偏差	（14）＝（8）－（6）			
进度绩效指标	（15）＝（8）/（6）			

用表格法进行偏差分析具有以下优点：灵活、适用性强，可根据实际需要设计表格；信息量大，可以反映偏差分析所需资料，从而有利于建设项目管理人员及时采取措施加强控制；表格处理可借助于计算机，从而节约大量数据处理所需的人力，并大大提高处理速度。

3. 施工造价偏差产生原因及纠偏措施

（1）施工造价偏差产生原因

① 客观原因。包括人工费涨价、材料费涨价、设备涨价、利率及汇率变化、自然因素、基础处理、交通原因、社会原因、法规变化等。

② 建设单位原因。包括增加工程内容、费用规划不当、组织不落实、建设手续不健全、未按时付款、协调不佳等。

③ 设计原因。设计错误或漏项、设计标准变更、设计保守、图纸提供不及时、结构变更等。

④ 施工原因。施工组织设计不合理、材料代用、工期拖延、质量事故、进度安排不当、

施工技术措施不当、与外单位关系协调不当等。

（2）施工造价纠偏措施

① 组织措施。包括：落实费用控制的组织机构和人员，明确各级费用控制人员的任务、职能分工、权力和责任，改善费用控制工作流程等。

② 经济措施。包括：检查费用目标分解是否合理，检查资金使用计划有无保障，是否与进度计划发生冲突，工程变更有无必要，是否超预算等。

③ 技术措施。包括：制订合理的技术方案，进行技术分析，针对偏差进行技术改正等。

④ 合同措施。主要是指索赔管理。在施工过程中常出现索赔事件，要审查有关索赔依据是否符合合同规定，索赔计算是否合理等。要加强日常的合同管理，落实合同规定的职责。

10.3.2　工程计量与价款结算

工程施工过程中的价款结算包括预付工程款、工程计量、工程价款结算与支付 3 部分。

1. 预付工程款

预付工程款是指建设单位按照合同约定，在开工前预先支付给施工承包单位用于购买合同工程施工所需的材料、工程设备，以及组织施工机械和人员进场等的款项。施工合同双方应在施工合同中约定预付工程款的时间和数额，开工后按约定的时间和比例逐次扣回。

（1）预付工程款限额

预付工程款限额由主要材料（包括外购构件）占工程造价的比重、材料储备期和施工工期等因素所决定。预付工程款限额可按下式计算：

$$\text{预付工程款限额}=\frac{\text{年度承包工程总值}\times\text{主要材料所占比重}}{\text{年度施工日历天材料储备天数}}$$

对于一般工程，预付工程款不宜超过签约合同价（扣除暂列金额）的 30%；安装工程可按年安装工作量的 10%拨付；材料所占比重较大的安装工程，可按年计划工作量的 15%左右拨付。预付工程款具体数额，要根据工程类型、合同工期、承包方式和材料设备供应方式而定。

（2）预付工程款扣回

建设单位预付给施工承包单位的工程款，需要在施工过程中，按照合同约定的时间、数额和比例，以抵充各期工程进度款的方式陆续扣回，直至扣回的金额达到合同约定的预付款金额为止。预付工程款扣回的方式有以下 2 种。

① 从未施工工程尚需的主要材料及构件的价值相当于预付工程款数额时起扣，从每次结算的工程进度款中，按材料比重扣抵工程价款，在工程竣工前全部扣清。

② 当施工承包单位完成金额累计达到合同总价的 10%后，建设单位从每次应付给施工承包单位的工程进度款中按比例扣回预付工程款。当建设单位一次付给施工承包单位的工程进度款少于规定扣回的预付工程款时，其差额应转入下一次支付中扣回。

在工程实践中，有些工程工期较短，就无须分期扣回预付工程款。有些工程工期较长，如跨年度施工，预付工程款可以不扣或少扣，并于次年按预付工程款调整，多还少补。

2. 工程计量

工程计量是指施工合同双方根据合同约定，对施工承包单位完成合同工程的数量进行的计算和确认。正确进行工程计量是工程价款支付的前提。

（1）工程计量程序

施工承包单位按合同约定的时间，向项目监理机构提出已完工程报告。当项目监理机构接到报告后，应及时检查工程质量，并在质量检查合格的基础上按设计图纸核实已完工程数量。项目监理机构应在收到施工承包单位报告后及时检查工程质量和进行工程计量。项目监理机构在合同约定的时间内无故未检查工程质量和进行工程计量的，在施工承包单位报告中列明的工程量即视为已被确认，可作为支付工程价款的依据。

（2）工程计量依据

工程计量依据主要有工程量清单、质量合格证书和设计图纸等。

① 工程量清单。工程量清单是确定工程计量方法的依据。工程量清单不仅明确了施工承包单位需要完成的工作内容和范围，而且还规定了每一项工作内容的计量方法。

② 质量合格证书。对于施工承包单位已完成的工程，并非一定会全部进行计量，只有质量达到合同标准的已完工程才予以计量。经过项目监理机构检验，工程质量达到合同规定的标准后，由项目监理机构签发质量合格证书，拥有质量合格证书的工程才能予以计量。

③ 设计图纸。工程计量的几何尺寸应以设计图纸为依据。对于施工承包单位超出设计图纸要求增加的工程量和由于自身原因造成返工的工程量，将不予计量。

（3）工程计量方法

① 图纸法。根据工程施工图纸的几何尺寸进行计量。尽管工程计量最终所确认的数量是根据图纸提供的数据或图纸显示的几何尺寸计算得到的，但仍需对工程进行详细计量，以保证几何尺寸是在技术标准要求的误差范围内。

② 均摊法。对工程量清单中每月均发生的项目，可按合同工期平均计量。

③ 凭据法。按照施工承包单位提供的凭据进行计量，如建筑工程保险费、第三方责任险保险费等。

④ 断面法。主要用于取土坑或填筑路堤土方的计量等。

⑤ 分解计量法。根据工序或部位将一个项目分解为若干子项目，对完成的各子项目进行计量。

3. 工程价款结算与支付

项目监理机构根据核实的工程量编制工程计量表，作为施工承包单位向建设单位申请支付工程进度款的依据。

施工承包单位根据合同约定的时间、方式和工程计量表，按照构成合同价款相应项目的单价和取费标准提出工程进度款支付申请（包括对所完成的工程付款及工程变更费用、索赔、价格调整等），由项目监理机构审核签字后，由建设单位予以支付。

（1）工程价款结算方式

根据工程实际情况不同，工程价款结算可采取不同方式。

① 按月结算。将已完分部分项工程视同“成品”，每月末按照实际完成的分部分项工程结算工程价款。

② 分段结算。对于不能在当年竣工的单项工程或单位工程，可按照工程形象进度划分为不同阶段进行结算。如基础工程完成结算一次、每一楼层主体结构完工后结算一次等。

③ 竣工后一次结算。工程工期较短且工程合同价款较小的，可采用每月预支，竣工后一次结算方式。

（2）工程进度款支付

建设单位应按合同约定的时间、程序和方法，根据工程计量结果，在项目监理机构审查施工承包单位提交的工程价款结算申请的基础上，支付工程进度款。

每期应支付的工程进度款可分为已完工程结算价款和价款调整两大部分。

① 已完工程结算价款：对于已标价工程量清单中的单价项目，应按工程计量确认的工程量与综合单价计算；综合单价发生调整的，以施工合同双方确认调整的综合单价计算进度款；对于已标价工程量清单中的总价项目，应按合同中约定的进度款支付分解，分别列入进度款支付申请中的安全文明施工费和本期应支付的总价项目金额中。

② 价款调整。按照国际通行做法，建设单位和施工承包单位应在施工合同中明确工程价款调整方法或调值公式。

（3）工程保修金预留

为确保施工承包单位在工程保修期内履行工程质量保修义务，建设单位在支付工程进度款时可按施工合同约定扣留不超过工程结算价款的 3%作为工程质量保修金，待工程竣工后保修期届满，再将工程质量保修金返还施工承包单位。当然，施工承包单位已向建设单位出具工程质量保函或有其他保证的，可以不扣留工程质量保证金。

10.3.3　工程变更与索赔控制

1. 工程变更控制

工程变更是指合同文件任何部分的变更，其中最多的是施工条件变更和设计变更。

（1）工程变更控制原则

① 无论是建设单位、施工单位或项目监理机构提出工程变更，无论变更内容如何，工程变更指令均需由项目监理机构向施工承包单位发出，并由其协调确定工程变更价款和条件。

② 要建立严格的工程变更审批制度，切实把工程造价控制在合理范围之内。

③ 对于工程设计变更，应通过建设单位向设计单位提出。设计变更必须进行工程量及造价增减分析。设计变更经项目监理机构会签后交施工单位实施。

④ 在工程施工合同中应包括工程变更条款，项目监理机构有权向施工承包单位发布指令，要求对工程进行变更。

⑤ 由于工程变更所引起的工程量变化，都有可能使工程造价超出原预算。为此，需严格控制工程变更，并分析工程变更对工程造价及工期的影响。

⑥ 在工程施工中实际遇到的现场条件与招标文件中描述的现场条件有本质差异时，施工承包单位会向建设单位提出索赔，要求变更工程价款和工期。

工程变更会对工程质量、进度、造价产生影响，为此，应做好工程变更审批工作，合理确定变更工程价款和工程延期时间，并由项目监理机构下达工程变更指令。

（2）工程变更程序

工程变更控制工作主要包括：提出工程变更、审查工程变更、编制工程变更文件及下达变更指令。工程变更程序如图 10－9 所示。

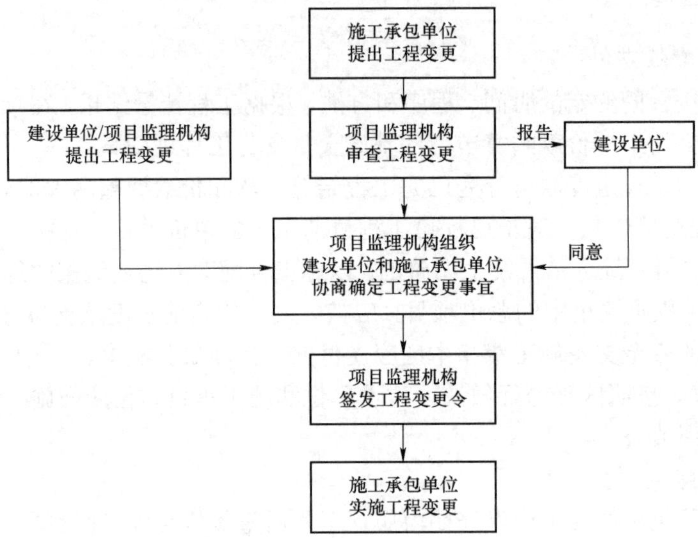

图 10－9　工程变更程序

（3）工程变更价款确定

对于工程变更项目，一种情形是不需要确定新的单价，仍按原投标单价计付；但在下列情形下需要确定新的单价，包括：变更项目及数量超过合同规定范围；虽属原工程量清单中的项目，但其数量超过规定范围。变更单价及价款应由施工合同双方当事人协商确定。

合同价款变更应由施工承包单位在双方约定的时间内向项目监理机构提出。项目监理机构在审核施工承包单位提出的变更价款是否合理时，可考虑以下原则。

① 合同中有适用于变更工程的价格，按合同已有的价格计算变更合同价款。

② 合同中只有类似变更情况的价格，可以此作为基础，确定变更价格，变更合同价款。

③ 合同中没有适用和类似的价格，由施工承包单位提出适当的变更价格，项目监理机构批准执行。项目监理机构批准变更价格，应在建设单位同意的基础上与施工承包单位达成一致。

经施工合同双方协商同意的工程变更，应有书面材料并由合同双方代表签字；涉及设计变更的，还必须有设计单位代表签字，作为日后进行工程价款结算的依据。

2. 工程索赔控制

索赔是指在施工合同履行过程中，当事人一方因对方不履行或不完全履行既定义务，或者由于对方行为使权利人受到损失时，要求对方补偿其损失的行为。由于施工现场条件、气候条件变化，施工进度、物价变化，以及合同条款、工程建设标准变更、差异和施工图纸提供延误等因素影响，经常会使工程施工中不可避免地出现索赔。

（1）工程索赔分类

工程索赔可从不同角度进行分类。

① 按索赔涉及的当事人不同，索赔可分为：施工承包单位与建设单位之间的索赔；施工承包单位与分包单位之间的索赔；施工承包单位与供货单位之间的索赔；施工承包单位向保险公司的索赔等。

在工程实践中，施工承包单位向建设单位提出的索赔称为施工索赔。建设单位向施工承包单位提出的索赔称为反索赔。

② 按索赔发生的原因不同，索赔可分为：地质条件变化引起的索赔；在施工中人为障碍引起的索赔；工程变更指令引起的索赔；合同条款模糊和错误引起的索赔；工程延期引起的索赔；加速施工引起的索赔；设计图纸错误引起的索赔；施工图纸延期提供引起的索赔；增减工程量引起的索赔；建设单位拖延付款引起的索赔；货币贬值导致的索赔；价格调整引起的索赔；建设单位风险引起的索赔；不可抗拒的自然灾害引起的索赔；暂停施工引起的索赔；终止合同引起的索赔等。上述原因在工程实践中较为常见。

③ 按索赔目的不同，索赔可分为工期索赔（工程延期）和费用索赔。有时，施工承包单位的索赔是二者兼而有之。

（2）施工索赔常见内容

① 不利自然条件与人为障碍引起的索赔。不利自然条件是指在工程施工中所遇到的实际自然条件，比在招标文件中所描述的更为困难和恶劣。由于不利自然条件和人为障碍增加了施工难度，导致施工承包单位必须花费更多的时间和费用。因此，施工承包单位可通过项目监理机构向建设单位提出索赔要求。

● 地质条件变化引起的索赔。施工承包单位在工程施工中所遇到的水文、地质条件等比建设单位在招标文件中所描述的条件要恶劣得多，或者是一个有经验的施工承包单位无法预见的恶劣气候条件，施工承包单位可就此向项目监理机构提出索赔。在项目监理机构收到索赔通知后，认为这类条件确实是一个有经验的施工承包单位无法合理预见到的，在与建设单位和施工承包单位协商后，应给予施工承包单位延长工期和（或）费用补偿。

● 人为障碍引起的索赔。在工程施工过程中，施工承包单位遇到地下构筑物或文物（如地下电缆、管道和各种装置等），只要是图纸上并未说明的，应立即通知项目监理机构，并共同讨论处理方案。如果导致工程费用增加（如原计划是机械挖土，现在不得不改为人工挖土），施工承包单位即可提出索赔。在一般情况下，因遭遇人为障碍而要求索赔的数额并不太大，但闲置机械而引起的费用损失是索赔的主要部分。当无法预知的情况所产生的影响不可避免时，项目监理机构应立即与施工承包单位就解决问题的办法和有关费用达成协议。

② 工程变更引起的索赔。在国际咨询工程师联合会（FIDIC）施工合同条件下，由于施工现场出现不可预见的情况、环境改变等，咨询工程师（相当于国内项目监理机构）认为必要时，可以对工程或其他任何部分的外形、质量或数量作出变更。咨询工程师有以下变更权力：

● 增加或减少合同中所包括的任何工作的工作量；
● 取消某一工作项目；
● 更改合同中任何工作项目的性质、质量和种类；
● 更改工程任何部分的标高、基线、位置和尺寸；
● 实施工程所必要的各种附加工作；
● 改变工程任何部分任何规定的施工顺序或时间安排。

在发生上述任何变更时，施工承包单位均不应以任何方式使合同作废或无效，但施工承包单位有权对这些变更所引起的费用增加进行索赔。

按照 FIDIC 施工合同条件规定，一切根据咨询工程师指令完成的额外工作、附加工作，或加以取消的工作，应以合同中规定的费率和价格确定其费用。如果合同中没有可适用于该项额外或附加工作的费率或价格，则应由咨询工程师和施工承包单位共同商定适用的费率和价格。如果双方不能取得一致意见，则由咨询工程师单方面确定其认为合理恰当的费率和价格。如果施工承包单位不同意这些价格时，可以将反对意见书面通知咨询工程师，并提出其要求的价格。咨询工程师一般是通过详细估算实际成本来确定单价的，或通过比照工程量清单中同类工程的单价来确定。

③ 工程延期及其费用索赔。在一般情况下，工期索赔和费用索赔的报告应分别编制。因为工期索赔和费用索赔并不一定同时成立。例如，由于特殊气候、工人罢工等原因，施工承包单位可以要求工程延期，但不能要求费用补偿；由于建设单位原因使某些工程部位实际进度拖后，但并未影响到合同工期时，项目监理机构也不会批准工程延期。但是，如果施工承包单位能提出证据说明其实际进度拖后造成的损失，就有可能获得这些损失的补偿。有时，工期索赔和费用索赔可能会综合在一起，施工承包单位既可要求延长工期，又可获得损失补偿。

④ 加速施工引起的费用索赔。一项工程可能遇到各种意外的情况或由于工程变更而必须延长工期，但由于建设单位原因（如该工程已出售，需按议定时间移交给买主），坚持不能延期，而迫使施工承包单位采取措施赶工来完成工程，从而导致工程成本增加。为此，施工承包单位可提出索赔，要求补偿其加速施工所增加的费用。

⑤ 建设单位终止工程不当而引起的索赔。由于建设单位终止工程不当，施工承包单位有权要求补偿损失，并有权要求补偿其盈利损失。

⑥ 物价上涨引起的索赔。由于物价上涨，使人工费和材料费不断增长，引起工程成本增加，也会造成施工承包单位提出索赔。除对采用固定总价形式承包工程的合同价不予调整外，处理物价上涨引起的合同价款调整通常有以下两种方法：

a）按价差调整合同价。在工程结算时，对人工费及材料费价差（现行价格与基准价格的差值）由建设单位给予施工承包单位补偿。即：

● 材料价调整数=（现行价－基准价）×材料数量；

● 人工费调整数=（现行工资－基准工资）×（实际工作小时数+加班工作小时数×加班工资增加率）；

b）用调价公式调整合同价。在每月结算工程进度款时，利用合同文件中的调价公式，计算人工、材料等费用调整数。

⑦ 法规、货币及汇率变化引起的索赔。

● 法规变化引起的索赔。在投标截止日期前一定时间内，由于国家或地方的任何法规、法令、政令或其他法律或规章发生变更，而导致施工承包单位的成本增加，建设单位应负责补偿施工承包单位所增加的成本。

● 货币及汇率变化引起的索赔。在投标截止日期前一定时间内，工程所在国政府或其授权机构对支付合同价款的货币实行货币限制或货币汇兑限制而导致施工承包单位有损失时，建设单位应补偿施工承包单位因此而受到的损失。

⑧ 拖延支付工程款的索赔。如果建设单位未按时支付工程进度款，施工承包单位可在提前通知建设单位的情况下，暂停工作或减缓工作速度，并有权获得任何误期补偿和其他额外费用补偿，如利息等。

⑨ 特殊风险事件的索赔。许多合同对特殊风险都有明确规定，一般是指战争、敌对行动、入侵、外敌行动；工程所在国叛乱、革命、暴动、军事政变或篡夺政权、内战、核燃料或核燃料燃烧后的核废物、放射性毒气爆炸等。由于特殊风险产生的后果可能是非常严重的，许多合同都规定：施工承包单位不仅对由此造成工程、建设单位或第三方财产的破坏和损失及人身伤亡不承担责任，而且建设单位应保护和保障施工承包单位不受上述特殊风险后果的损害，并免于承担由此而引起的与之有关的一切索赔、诉讼及其费用。相反，施工承包单位还可得到由此损害引起的任何永久性工程及其材料付款及合理利润，以及一切修复费用及重建费用。这些费用还可包括由上述特殊风险而导致的费用增加。如果由于特殊风险而导致合同终止，施工承包单位除可获得应付的一切工程款和上述损失费用外，还可获得施工机具设备撤离费用和人员遣返费用等。

3. 施工索赔处理原则和程序

（1）施工索赔处理原则

项目监理机构处理施工索赔应遵循以下原则。

① 必须以合同为依据。尽管项目监理机构受托于建设单位，但当其遇到索赔事件时，则必须以完全独立的身份，站在客观、公平立场上审查索赔要求的正当性。项目监理机构必须详细了解合同条件、协议条款等，以合同为依据来公平处理合同双方利益纠纷。

② 必须注重资料积累。项目监理机构应积累一切可能涉及索赔的证明资料，与施工承包单位、建设单位研究技术、进度及其他重大问题的会议应做好文字记录，并争取会议参加者签字，作为正式文档资料。同时，应建立详细的监理日志，记录施工承包单位对项目监理机构指令的执行情况及每天发生的可能影响到合同的事件具体情况，保存好抽查试验记录、工序验收记录、计量记录、日进度记录等。同时，还应建立业务往来的文件档案管理制度，做到在处理施工索赔时以事实和数据为依据。

③ 及时合理地处理索赔。当索赔事件发生后，项目监理机构必须依据合同，对施工索赔进行及时处理。将问题搁置下来、留待以后处理的想法将会带来意想不到的后果。如果施工承包单位的合理索赔要求长时间得不到解决，单项施工索赔积累下来，有时可能会影响施工承包单位的资金周转，使其不得不放缓施工速度，从而影响整个工程进度。此外，在施工索赔初期和中期，可能只是普通信件往来，拖到后期进行综合索赔，可能会使矛盾进一步复杂化，往往还牵涉利息、预期利润补偿、工程结算及责任划分、质量问题处置等。索赔文件及其根据和说明材料大幅增加，将会大大增加处理施工索赔的难度。因此，项目监理机构应尽量将单项施工索赔解决在合同履行过程中。这样不仅能维护建设单位利益，同时可顾及施工承包单位的实际情况。

项目监理机构处理索赔必须注意索赔计算的合理性。如因建设单位原因造成工程停工，施工承包单位提出索赔时，机械闲置损失按机械台班单价计算、人员窝工按日工资单价计算显然是不合理的。机械在闲置时，由于不发生运行费用，应按折旧费或租赁费加以补偿；同样，对于人员窝工，施工承包单位可以考虑将工人调到别的工作岗位，实际补偿的应是工人由于更换工作地点及工种造成的工作效率降低而发生的费用。

④ 加强主动控制。在工程施工过程中，项目监理机构要做好预测分析，将可能发生的问题告知施工承包单位，使施工承包单位能主动采取措施应对变化，避免通过索赔途径弥补

工程成本上升而造成利润损失。同时，项目监理机构应对可能引起的索赔进行预测，尽量采取有效措施预防索赔事件的发生。

（2）施工索赔处理程序

施工索赔一般要经过以下步骤。

① 施工承包单位提出索赔要求。当索赔事件发生后，施工承包单位根据合同条件的任何条款或其他有关规定，希望建设单位追加付款，都应在索赔事件发生的一定时间内将索赔意向通知项目监理机构，同时将一份副本呈交建设单位。

在提出索赔意向通知（书面形式）后，施工承包单位应抓紧时间准备索赔证据资料，以及计算索赔的可能款项，并在索赔意向通知发出后一定时间内正式提交索赔报告。如果索赔事件的影响继续存在，不断发生成本支出，在规定的时间内不可能算出可能的索赔款额时，经项目监理机构同意，可定期陆续报送索赔证据资料和索赔款项。然后在该索赔事件影响结束后的一定时间内，提出最终索赔论证资料和累计索赔款项，报送项目监理机构并抄送建设单位。

一般来说，施工承包单位向项目监理机构提交的索赔报告应包括以下 3 项内容：

a）索赔理由和依据。施工承包单位必须说明索赔理由和依据。

b）索赔费用。施工承包单位必须说明根据索赔理由和依据计算的索赔费用。

c）记录和证据。施工承包单位必须摘要和附上以下文件复印件作为索赔证据：

- 索赔意向通知书；
- 有关信件、图纸、计划表、报告、工程照片、会议记录、价格分析结果和试验室计算结果及工程计量结果等。

② 项目监理机构审查索赔报告及资料。项目监理机构在接到施工承包单位的正式索赔报告后，应立即研究施工承包单位的索赔资料。在没有确认责任承担者的情况下，应重温有关合同条款，分析施工承包单位的索赔原因，并与建设单位进行协商。同时，对施工承包单位的索赔要求及时作出答复。如果对索赔款额一时难以表态，也应通知施工承包单位，告知其日后处理。

项目监理机构应在接到索赔报告后的一定时间内提出自己的意见，连同施工承包单位的索赔报告一并报送建设单位。如建设单位认为索赔成立，则应通过项目监理机构告知施工承包单位并付款。

③ 会议协商解决索赔争议。当施工索赔要求不能由施工合同双方及时解决时，可采取会议协商办法。第一次协商会一般采取非正式形式，由项目监理机构出面，与施工承包单位交换意见。双方代表在会前均应做好准备，提出资料及论证根据，明确需要协商的问题，以及可以接受的协商结果。

在初次会谈结束时，如争议问题没有得到解决，则可商定正式会谈的时间和地点，以便继续讨论确定索赔结论。对于一个复杂的索赔争议，一次正式会谈难以达成协议时，往往要经过多次谈判最终达成协议。

④ 邀请中间人调解索赔争议。如果争议双方的直接会谈没有结果，还可由双方协商邀请一至数名中间人进行调解，促进双方索赔争议矛盾的解决。中间人调解工作是施工合同双方当事人在自愿的基础上进行的，如果任何一方对中间人的工作不满意，或难以达成调解协议时，即可结束调解工作。

⑤ 提交仲裁或诉讼。当施工索赔争议经会谈协商和中间人调解得不到解决时，任何一方有权要求将此争议提交仲裁机关公断或提交人民法院裁决。仲裁机关或法院作出的决定具有同样的最终裁决权威，施工合同双方当事人必须遵照执行。

4. 反索赔

反索赔是指施工承包单位不履行或不完全履行约定的义务，或者由于施工承包单位的行为使建设单位受到损失时，建设单位向施工承包单位提出的索赔。

（1）工期延误反索赔

在工程施工过程中，因多方面原因，往往使工程竣工日期拖后，影响建设单位对该工程的使用，给建设单位带来经济损失。为此，建设单位有权对施工承包单位进行索赔，即由施工承包单位支付误期违约金。误期违约金通常是由建设单位在招标文件中确定的。建设单位在确定误期违约金费率时，一般要考虑以下因素：

① 建设单位盈利损失；

② 由于工期延长而引起的贷款利息增加；

③ 工期延误带来的附加监理费；

④ 由于工程竣工拖期不能使用，租用其他建筑物时的租赁费。

误期违约金的计算方法在每项合同文件中均有具体规定。一般按每延误一天赔偿一定的款额计算，累计赔偿额一般不超过合同总额的 10%。

（2）施工缺陷反索赔

当施工承包单位的施工质量不符合施工技术规程要求，或在保修期满前未完成应负责修补的工程时，建设单位有权向施工承包单位追究责任。如果施工承包单位未在规定的期限内完成修补工作，建设单位有权雇用他人来完成工作，发生的费用由施工承包单位负担。

（3）施工承包单位不履行投保义务的索赔

如果施工承包单位未能按照合同约定的项目进行投保并保证保险有效，建设单位可以投保并保证保险有效，建设单位所支付的必要保险费可在应支付施工承包单位的款项中扣回。

（4）对超额利润的索赔

如果工程量增加很多（超过有效合同价的 15%），使施工承包单位的预期收入增加，而工程量增加后，施工承包单位并未增加任何固定成本，因而可减少部分超额利润。此外，由于法规变化导致施工承包单位在工程实施中降低成本，也会产生超额利润时，也应调整合同价格，减少部分超额利润。在工程实践中，为避免此类情况发生，通常会在施工合同条款中予以约定。

（5）对指定分包商的付款索赔

在 FIDIC 施工合同条件下，施工承包单位未能提供已向指定分包商付款的合理证明时，建设单位可以直接按照项目监理机构的证明书，将施工承包单位未付给指定分包商的所有款项（扣除保留金）付给该分包商，并从应支付施工承包单位的任何款项中如数扣回。

（6）建设单位合理终止施工合同或施工承包单位放弃工程不当的索赔

当建设单位合理终止施工合同或施工承包单位放弃工程不当时，建设单位有权从施工承包单位手中收回由新的施工承包单位完成工程所需的工程款与原合同未付部分的差额。

复习思考题

1. 建设项目施工质量形成过程可从哪几个方面理解？
2. 影响建设项目施工质量的因素有哪些？
3. 建设单位的质量责任和义务有哪些？
4. 工程监理单位的质量责任和义务有哪些？
5. 项目监理机构监控施工质量的程序和内容有哪些？
6. 影响建设项目施工进度的因素有哪些？
7. 建设项目施工进度计划类型及其表达形式是什么？
8. 项目监理机构控制施工进度的工作内容有哪些？
9. 项目监理机构审批工程延期的程序和原则是什么？
10. 建设项目施工造价偏差分析方法及纠偏措施有哪些？
11. 工程计量程序和方法是什么？
12. 工程价款结算方式有哪些？
13. 工程变更控制原则及程序是什么？工程变更价款确定原则是什么？
14. 常见施工索赔内容有哪些？施工索赔处理原则和程序是什么？

案例分析题

某建设项目施工招标采用公开招标方式，投标单位向建设单位领取了招标文件及全套施工图设计文件，中标后与建设单位按固定总价方式签订了施工合同。在工程施工过程中，因建设单位原因停工1个月，后经施工单位赶工，最终使工程按期完工。项目监理机构在组织工程预验收时发现工程质量存在问题，要求施工承包单位进行返工处理。

试分析本项目施工合同采用固定总价方式是否合理，建设单位、施工承包单位在施工合同履行中的责任。

知识拓展题

分析FIDIC施工合同条件下（咨询）工程师的主要职责。

第 11 章　建设项目竣工验收及保修

建设项目施工达到竣工条件后进行验收，是建设项目施工阶段的最后一个环节，也是建设成果转入生产使用的必经环节。工程竣工验收合格，标志着施工承包单位已全面履行施工合同，是施工合同双方进行工程竣工结算的必备条件。

11.1　竣工验收

11.1.1　竣工验收目的、条件和依据

1. 竣工验收目的

国家有关法规规定，建设项目未经竣工验收不得投入使用。竣工验收主要有以下目的。

（1）全面考察施工质量

通过对已完工程的检查和试验，考核施工承包单位施工成果是否达到设计要求而可以正式转入生产运行。通过竣工验收及时发现和解决影响生产和使用存在的问题，以保证建设项目按照设计要求的各项技术经济指标正常投入运行。

（2）明确施工合同责任

能否顺利通过竣工验收，是判别施工承包单位是否按施工合同约定的职责范围履行义务的标志。当竣工验收合格后，施工承包单位即可与建设单位办理竣工结算手续，将所建工程移交给建设单位使用和照管，并获得其应获得的工程价款。

（3）确认项目投资效益

竣工验收是全面考核项目建设成果，检验项目决策、设计、施工、设备制造和管理水平，以及总结工程建设经验的重要环节。当工程建成投产交付使用后，能否取得预想的投资效益，需要按照工程建设标准组织验收确认。

2. 竣工验收条件

工程竣工验收、交付生产使用，应满足以下条件：

① 生产性项目和辅助性公用设施，已按设计要求完成，能满足生产使用；

② 主要工艺设备配套设施经联动负荷试车合格，形成生产能力，能够生产出设计文件所规定的产品；

③ 必要的生产设施，已按设计要求建成；

④ 生产准备工作能适应投产需要；

⑤ 环境保护设施、劳动安全卫生设施、消防设施已按设计要求与主体工程同时建成

使用。

以上是工程竣工应达到标准的基本要求，不同类别工程竣工除应满足这些基本要求外，还需结合专业特点确定工程竣工应达到的具体条件。表 11－1 简要列出几类专业工程应达到的竣工验收条件，以供参考。

表 11－1　几类专业工程应达到的竣工验收条件

工程类别	竣工验收条件
土建工程	（1）工程内容按规定全部施工完毕 （2）工程质量符合各项要求 （3）水、电接通，使用正常，排水通畅 （4）道路、场地完成并平整，施工所造成的障碍物已清除
安装工程	（1）各项设备、电气、空调、仪表、通信等全部安装完毕 （2）工艺、物料、动力等各种管道已完成清洗、试压、吹扫、油漆、保温等工作 （3）经过单机、联动无负荷试车和投料试车，全部符合安装技术质量要求 （4）具有形成设计能力的条件
人防工程	（1）按工程等级和专业工程要求，防护密闭门安装完毕 （2）进、排风等孔口设备安装完毕 （3）内部粉刷完成，内部照明设备安装完毕，并可通电 （4）工程无漏水 （5）回填土结束，通道畅通等
大型管道工程	（1）按设计要求和施工规范全部按质、按量敷设完毕 （2）闸门、阀门、泵等符合规范要求 （3）管道内垃圾已清除 （4）管道接头衔接质量满足规范要求 （5）管道防腐处理工作已完成 （6）地下管道施工后覆盖土分层夯实完毕

对于以下特殊情况，工程施工虽未全部按设计要求完成，也应进行验收：

① 因少数非主要设备或某些特殊材料短期内不能解决，虽然工程内容尚未全部完成，但已可投产或使用的工程项目；

② 已按规定内容建完，但因外部条件制约（如流动资金不足、生产所需原材料不能满足等）而使已建成工程不能投入使用的项目；

③ 有些工程已形成部分生产能力，但近期内不能按原设计规模续建，应从实际情况出发经主管部门批准后，可缩小规模对已完成的工程和设备组织竣工验收。

3. 竣工验收依据

工程竣工验收依据主要包括以下内容。

① 项目批准文件。包括可行性研究报告、初步设计，以及与项目建设有关的各种文件。

② 工程设计文件。包括施工图纸及说明、设备技术说明书等。

③ 工程建设标准。以建筑工程为例，相关标准有：《建筑工程施工质量验收统一标准》《建筑地基基础工程施工质量验收标准》《砌体结构工程施工质量验收规范》《混凝土结构工

程施工质量验收规范》《钢结构工程施工质量验收规范》《木结构工程施工质量验收规范》《屋面工程质量验收规范》《地下防水工程质量验收规范》《建筑地面工程施工质量验收规范》《建筑装饰装修工程质量验收规范》《建筑给水排水及采暖工程施工质量验收规范》《通风与空调工程施工质量验收规范》《建筑电气工程施工质量验收规范》《电梯工程施工质量验收规范》等。

④ 合同文件。包括施工合同、施工过程中的设计变更通知书等。

11.1.2　竣工验收程序及内容

1. 施工质量验收层次

随着建设项目施工进展，施工质量验收可分为分部分项工程验收（中间验收）、单项（单位）工程验收（交工验收）和全部工程竣工验收（动用验收）3 个层次。工程竣工不同层次验收条件及组织如表 11－2 所示。规模较小、施工内容简单的建设项目，也可一次进行全部工程竣工验收。

表 11－2　工程竣工不同层次验收条件及组织

验收层次	验收条件	验收组织
分部分项工程验收（中间验收）	（1）分部分项工程施工完成 （2）隐蔽工程部位施工完成，否则覆盖后将置于无法查看状态	项目监理机构组织，施工承包单位派人参加。验收资料将作为最终验收依据
单项（单位）工程验收（交工验收）	（1）建设项目中某合同工程已全部完成 （2）按施工合同约定，有达到竣工标准，可移交给建设单位投入使用的工程	项目监理机构组织预验收，施工承包单位参加；建设单位组织初验或验收，工程监理单位、施工承包单位、设计单位及使用单位等参加
全部工程竣工验收（动用验收）	（1）建设项目按设计规定全部建成，达到竣工验收条件 （2）建设单位初验结果全部合格 （3）竣工验收所需资料准备齐全	政府投资主管部门或其委托的单位组织验收，建设单位、工程监理单位、施工单位、设计单位及使用单位等参加

虽然中间验收也是施工质量验收的组成部分，但其属于施工过程管理内容。因此，这里仅讨论竣工验收（交工验收和动用验收）有关内容。

2. 竣工验收程序

建设项目竣工验收可分为单项（单位）工程交工验收和全部工程竣工验收两大阶段，竣工验收程序如图 11－1 所示。

（1）施工承包单位申请交工验收

整个建设项目若分为若干合同包交由不同施工承包单位实施，施工承包单位已完成合同工程或按合同约定可分步移交工程的，均可申请交工验收。交工验收一般为单项工程，但在某些情况下也可以是单位工程施工内容，如特殊基础处理工程、发电站单台机组等。当施工承包单位完工后，首先应进行自检，修补有缺陷的工程部位。设备安装工程还应进行无负荷单机和联动试车。施工承包单位在完成上述工作和准备好竣工资料后，即可向项目监理机构提交竣工验收申请报告。

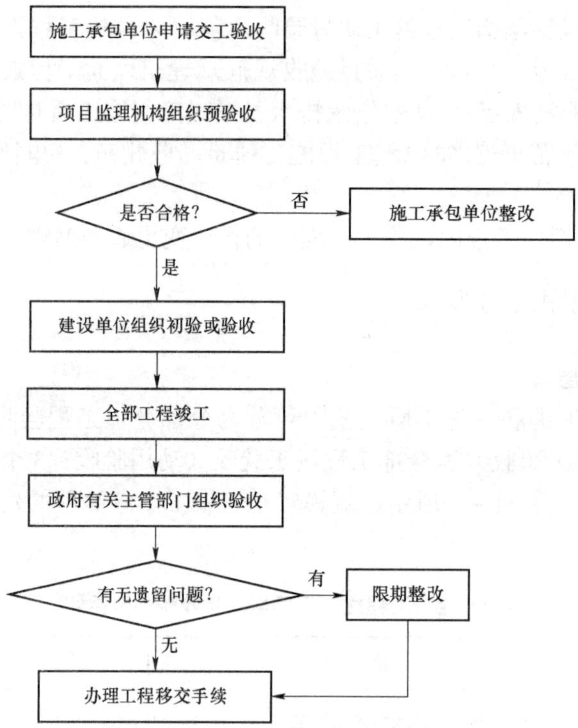

图 11－1　建设项目竣工验收程序

（2）项目监理机构组织预验收

项目监理机构应依据有关法律法规、工程建设标准、设计文件及施工合同，对施工承包单位报送的竣工资料进行审查，并对工程实体质量组织竣工预验收。发现存在质量问题的，应及时要求施工承包单位整改。当整改完毕后，由项目监理机构编写工程质量评估报告，连同施工承包单位竣工验收申请报告一并报送建设单位。

（3）建设单位组织初验或验收

对于政府投资工程，建设单位只是组织初验。政府主管部门还未进行最终的验收认可，只是工程施工涉及的有关各方进行验收。而对于非政府投资工程（如房地产开发项目），建设单位组织验收合格后即可交付使用，并在政府部门备案。

建设单位组织验收，主要是依据国家有关工程建设标准和施工合同，检查或检验以下几方面内容：

① 检查核实准备移交给建设单位的所有技术资料的完整性、准确性；

② 按照设计文件和施工合同检查已完工程是否有漏项；

③ 检查工程质量、隐蔽工程验收资料，关键部位施工记录等，考察施工质量是否达到合同要求；

④ 检查试车记录及试车中所发现的问题是否得到改正；

⑤ 其他有关工程质量问题。

在验收中发现需要返工、修补的工程，应明确规定完成期限。当验收合格后，建设单位、施工承包单位、工程监理单位共同签署工程交工验收证书。验收合格的单项工程，在全部工程验收时，原则上不再办理验收手续。

（4）全部工程竣工验收

当全部工程竣工（如铁路工程还需要投入运营一段时间）后，由政府有关主管部门组织竣工验收，又称为国家验收。

全部工程竣工验收的主要工作内容如下：① 听取建设单位的建设工作报告；② 审查竣工项目移交生产使用的各种档案资料；③ 评审项目质量，对主要工程部位的施工质量进行复验、鉴定，对工程设计的先进性、合理性、经济性进行鉴定和评审；④ 审查试车规程，检查投产试车情况；⑤ 核定收尾项目，对遗留问题提出处理意见；⑥ 审查竣工初验报告，签署国家验收证书，对整个项目作出总的验收鉴定，对项目动用的可靠性作出结论。

当全部工程竣工验收后，建设单位应及时办理工程移交手续，尽早将建设项目投入使用。

3. 竣工验收中遗留问题的处理

对于大型建设项目，在竣工验收时不可能所有问题都已解决，不留尾巴。因此，即使是办理验收和移交手续的建设项目，也可能还存在某些影响生产和使用的遗留问题。根据国家关于竣工验收相关规定，不合格的工程不予验收，对遗留问题应提出具体的解决意见，限期落实完成。常见的遗留问题主要有以下几方面。

（1）遗留的收尾工程

遗留的收尾工程分以下 3 种情况：

① 属于施工合同范围内遗留的收尾工程，要求施工承包单位在限定时间内扫尾完成；

② 属于各施工合同范围外的少量收尾工程，建设单位可以一次或分期划给生产单位实施；

③ 分期建设分期投产的建设项目，前一期工程验收时遗留的少量收尾工程，可与后一期工程一并组织实施。

（2）协作配套问题

协作配套问题应考虑以下两种情况：

① 投产后原材料、协作配套供应的物资等外部条件不落实或发生变化，在验收交付使用后由运营单位和有关主管部门落实解决；

② 由于产品成本高、价格低，或产品销路不畅，验收投产后要发生亏损的工业项目，仍应按时组织验收。在交付生产后，运营单位应抓好经营管理、提高生产技术水平、采取增收节支等措施解决亏损。

（3）节能环保工程

节能环保工程必须严格按照规定，与主体工程同时建成交付使用。对于不符合要求的情况，验收委员会应根据不同情况予以区别对待：

① 危害很严重的，环保治理未解决前不允许投料试车，否则要追究责任；

② 危害后果不很严重，为了迅速发挥投资效益，可以同意办理固定资产移交手续，但要安排足够的投资、材料，限期完成治理工程。

（4）劳保安全措施

劳动保护措施必须严格按照规定与主体工程同时建成、同时交付使用。对竣工时遗留或在试车中发现必须新增的劳动安全保护设施，要安排投资和材料限期完成。

（5）工艺技术和设备缺陷

对于工艺技术有问题、设备有缺陷的项目，除应追究有关方经济责任和索赔外，可根据不同情况区别对待：

① 经过投料试车考核，证明设备性能确实达不到设计能力的项目，在索赔之后征得原批准单位同意，可在验收中根据实际情况重新核定设计能力；

② 经主管部门审查同意，继续作为投资项目调整、攻关，以期达到预期生产能力，或另行调整用途。

4. 建设项目文件资料验收

建设项目文件资料是建设项目竣工验收和质量保证的重要依据，施工承包单位应按合同要求提供整套竣工验收所必需的建设项目文件资料，经项目监理机构、建设单位审核确认无误后，才能同意验收。

（1）建设项目竣工验收文件资料内容

建设项目竣工验收文件资料主要包括以下内容：

① 建设项目开工报告；

② 建设项目竣工报告；

③ 分项、分部工程和单位工程技术人员名单；

④ 图纸会审和设计交底记录；

⑤ 设计变更通知单；

⑥ 技术变更核实单；

⑦ 工程质量事故调查和处理资料；

⑧ 水准点位置、定位测量记录、沉降及位移观测记录；

⑨ 材料、设备、构件质量合格证明资料；

⑩ 试验、检验报告；

⑪ 隐蔽工程验收记录及施工日志；

⑫ 竣工图；

⑬ 质量检验评估资料；

⑭ 工程竣工验收及资料。

（2）建设项目竣工验收文件资料审核

项目监理机构应审核以下文件资料：

① 材料、设备、构件质量合格证明材料；

② 试验、检验资料；

③ 隐蔽工程验收记录及施工记录；

④ 竣工图。建设项目竣工图是真实记录各种地下、地上建筑物等详细情况的技术文件，是对工程进行交工验收、维护、扩建、改建的依据，同时也是使用单位长期保存的技术资料。项目监理机构应根据国家有关规定对竣工图进行审核，以考察施工承包单位提交的竣工图是否符合要求。关于竣工图的规定如下。

● 凡按图施工没有变动的，由施工承包单位（包括总包单位和分包单位）在原施工图上加盖“竣工图”标志后，即作为竣工图。

● 凡在施工中有一般性设计变更，但能将原施工图加以修改补充作为竣工图的，可由施工承包单位负责在原施工图上注明修改部分，并附以设计变更通知单和施工说明，加盖“竣工图”标志后，即作为竣工图。

● 凡结构形式改变、工艺改变、平面布置改变、项目改变及有其他重大改变，不宜再在原施工图上修改补充的，应重新绘制改变后的竣工图。由于设计原因造成的，由设计单位负责重新绘图；由于施工原因造成的，由施工承包单位负责重新绘图；由于其他原因造成的，由建设单位自行绘图或委托设计单位绘图，施工承包单位负责在新图上加盖“竣工图”标志，并附以有关记录和说明，作为竣工图。

项目监理机构在审查竣工图时，应注意审查施工承包单位提交的竣工图是否与实际情况相符；竣工图图面是否整洁，字迹是否清楚。当发现竣工图不准确或短缺时，应及时通知有关单位采取措施修改和补充。

11.2 竣工结算与决算

11.2.1 竣工结算

竣工结算是指施工承包单位按照合同约定全部完成所承包工程，并经质量验收合格后，向建设单位办理工程价款结算的过程。

竣工结算文件是施工承包单位与建设单位办理工程价款最终结算的依据，也是工程竣工验收后编制竣工决算、核定新增资产价值的依据。因此，工程竣工结算应充分、合理地反映承包工程的实际价值。

1. 竣工结算依据

竣工结算依据主要有：

① 工程竣工报告和工程验收证书；

② 工程施工合同、工程竣工图；

③ 设计变更通知单和工程变更签证；

④ 预算定额、工程量清单、材料价格、费用标准等资料；

⑤ 预算书和报价单；

⑥ 其他有关资料及现场记录等。

2. 竣工结算审查内容

项目监理机构、建设单位收到施工承包单位报送的竣工结算文件后，应审查以下内容。

（1）审查工程竣工结算的递交程序和资料的完备性

① 结算资料递交程序的合法性，以及结算资料具有的法律效力；

② 结算资料的完整性、真实性和相符性。

（2）审查与工程竣工结算有关的各项内容

① 工程施工合同的合法性和有效性；

② 工程施工合同范围以外调整的工程价款；

③ 分部分项工程、措施项目、其他项目的工程量及单价；

④ 建设单位单独分包工程项目的界面划分和总承包单位的配合费用；

⑤ 工程变更、索赔、奖励及违约费用；

⑥ 取费、税金、政策性调整及材料价差计算；

⑦ 实际施工工期与合同工期产生差异的原因和责任，以及对工程造价的影响程度；

⑧ 其他涉及工程造价的内容。

3. 竣工结算审查时限

根据《财政部、建设部关于印发〈建设工程价款结算暂行办法〉的通知》（财建〔2004〕369 号），在单项工程竣工后，施工承包单位应按规定程序向建设单位递交竣工结算报告及完整的结算资料，建设单位应按表 11－3 规定的时限进行核对、审查，并提出审查意见。

表 11－3　工程竣工结算审查时限

工程竣工结算报告金额	审查时限（从接到竣工结算报告和完整的竣工结算资料之日起）
500 万元以下	20 天
500 万～2 000 万元	30 天
2 000 万～5 000 万元	45 天
5 000 万元以上	60 天

工程竣工总结算在最后一个单项工程竣工结算审查确认后 15 天内汇总，送建设单位后 30 天内审查完成。

11.2.2　竣工决算

竣工决算是指建设项目全部竣工后，建设单位按照国家有关规定编制反映建设项目实际造价和投资效果文件的过程。竣工决算是正确核定新增固定资产价值、考核分析投资效果的依据。通过竣工决算与概算、预算对比分析，可以考核工程造价控制工作成效，总结经验教训，积累技术经济方面基础资料，提高未来建设工程投资效益。

1. 竣工决算依据

竣工决算依据主要包括：

① 经批准的可行性研究报告及投资估算；

② 经批准的初步设计及工程概算；

③ 经审查的施工图设计文件及施工图预算；

④ 设计交底或图纸会审纪要；

⑤ 工程施工合同及工程结算资料；

⑥ 设计变更记录、施工记录或施工签证单，以及其他在施工过程中发生的费用记录；

⑦ 竣工图及各种竣工验收资料；

⑧ 历年财务决算及批复文件；

⑨ 设备、材料调价文件和调价记录；

⑩ 有关财务决算制度、办法和其他有关资料、文件等。

2. 竣工决算内容

竣工决算文件通常包括竣工决算报告说明书和竣工财务决算报表。除上述报表外，还可根据需要编制结余设备材料明细表，应收、应付款明细表，结余资金明细表等，并作为竣工决算报表的附件。

（1）竣工决算报告说明书

竣工决算报告说明书主要反映竣工工程建设成果和经验，是对竣工财务决算报表进行分析和说明的文件，也是考核工程投资与造价的书面总结。其主要内容包括：

① 工程项目概况，即对工程总的评价，一般从进度、质量、安全、环保等方面进行分析说明；

② 工程建设过程和管理中的重大事件、经验教训；

③ 会计账务处理、财产物资情况及债权债务清偿情况；

④ 资金节余、基本建设节余资金、基本建设收入等上交分配情况；

⑤ 主要技术经济指标分析、计算情况及工程遗留问题等；

⑥ 工程项目管理及决算中存在的问题、建议；

⑦ 需说明的其他事项。

（2）竣工财务决算报表

竣工财务决算报表按大中型项目和小型项目分别编制。报表结构如下：

大中型项目竣工财务决算报表

- ① 工程项目竣工财务决算审批表
- ② 大中型工程项目概况表
- ③ 大中型工程项目竣工财务决算
- ④ 大中型工程项目交付使用资产总表
- ⑤ 工程项目交付使用资产明细表

小型项目竣工财务决算报表

- ① 工程项目竣工财务决算审批表
- ② 工程项目交付使用资产明细表
- ③ 小型工程项目竣工财务决算总表

3. 竣工决算文件编制程序

竣工决算文件编制程序如下：

① 从工程开工就按编制要求，收集、整理、分析有关资料；

② 对各种设备、材料、工具、器具等要逐项盘点核实并填列清单，妥善保管，或按有关规定处理，不得任意侵占和挪用；

③ 对照、核实工程变动情况，重新核实各单位工程、单项工程造价，将竣工资料与原设计图纸进行查对、核实，在必要时可进行实地测量，确认实际变更情况；

④ 根据审定的施工单位竣工结算等原始资料，按有关规定对原概预算进行增减调整，重新核实工程造价；

⑤ 严格划分和核定各类投资，将审定后的待摊费用、设备工器具费用、建筑安装工程费用、工程建设其他费用分别计入相应的建设成本栏目中；

⑥ 编制竣工决算财务说明书，填报竣工财务决算报表；

⑦ 进行工程造价对比分析，侧重分析主要实物工程量、主要材料消耗量、建设单位管理费、建筑安装工程其他直接费和间接费等内容；

⑧ 整理、装订工程竣工图；

⑨ 按有关规定上报审批存档。

4. 新增资产价值确定

工程竣工投入运营后所花费的总投资应按会计制度和税法规定，形成相应资产，这些新增资产分为固定资产、无形资产、流动资产和其他资产四大类。新增资产价值的确定是由建设单位核算的。资产性质不同，其核算方法也不同。

1）新增固定资产价值构成及确定

（1）新增固定资产价值构成

① 工程费用。包括设备及工器具购置费用、建筑工程费、安装工程费。

② 固定资产其他费用。主要有建设单位管理费、勘察设计费、研究试验费、工程监理费、工程保险费、联合试运转费、办公和生活家具购置费及引进技术和进口设备的其他费用。

③ 预备费。

④ 融资费用。包括建设期贷款利息和其他融资费用等。

（2）新增固定资产价值确定

新增固定资产价值确定是以独立发挥生产能力的单项工程为对象的。当单项工程建成经有关部门验收合格，正式移交生产或使用，即应计算新增固定资产价值。一次交付生产或使用的工程，一次计算新增固定资产价值；分期分批交付生产或使用的工程，应分期分批计算新增固定资产价值。

在确定新增固定资产价值时，应注意以下几种情况。

① 对于为提高产品质量、改善劳动条件、节约材料消耗、保护环境而建设的附属辅助工程，只要全部建成，在正式验收交付使用后就要计入新增固定资产价值。

② 对于单项工程中不构成生产系统，但能独立发挥效益的非生产性项目，如住宅、食堂、医务所、幼儿园、生活服务网点等，在建成并交付使用后，也要计算新增固定资产价值。

③ 凡购置达到固定资产标准无须安装的设备、工具、器具，应在交付使用后计入新增固定资产价值。

④ 属于新增固定资产价值的其他投资，应随同受益工程交付使用一并计入。

⑤ 交付使用资产的成本，应按以下内容计算：

- 房屋、建筑物、管道、线路等固定资产成本包括建筑工程成本和应分摊的待摊投资；
- 动力设备和生产设备等固定资产成本包括需要安装设备的采购成本、安装工程成本、设备基础支柱等建筑工程成本或砌筑锅炉及各种特殊炉的建筑工程成本、应分摊的待摊投资；
- 运输设备及其他不需要安装的设备、工具、器具、家具等固定资产一般仅计算采购成本，不计“待摊投资”。

⑥ 共同费用的分摊方法。新增固定资产的其他费用，属于整个建筑工程项目或两个以

上单项工程的，在计算新增固定资产价值时，应在各单项工程中按比例分摊。在一般情况下，建设单位管理费按建筑工程、安装工程、需安装设备价值总额按比例分摊，而土地征用费、勘察设计费等费用则按建筑工程造价分摊。

2）新增无形资产确定

无形资产是指能使企业拥有某种权利，能为企业带来长期经济效益，但没有实物形态的资产。无形资产包括专利权、商标权、专有技术、著作权、土地使用权、商誉等。

新增无形资产计价原则：

① 投资者将无形资产作为资本金或者合作条件投入的，按照评估确认或合同协议约定的金额计价；

② 购入的无形资产，按照实际支付价款计价；

③ 企业自创并依法确认的无形资产，按开发过程中的实际支出计价；

④ 企业接受捐赠的无形资产，按照发票凭证所载金额或者无形资产市场价计价等。

当无形资产计价入账后，其价值从受益之日起，在有效使用期内分期摊销。

3）新增流动资产确定

流动资产是指可以在一年或超过一年的营业周期内变现或者耗用的资产。按流动资产占用形态可分为现金、存货、银行存款、短期投资、应收账款及预付账款等。

依据投资概算核拨的项目铺底流动资金，由建设单位直接移交使用单位。

4）新增其他资产确定

其他资产是指除固定资产、无形资产、流动资产以外的资产。形成其他资产原值的费用主要是生产准备费（含职工提前进厂费和培训费），样品样机购置费等。其他资产按实际入账面价值核算。

11.3　工程保修与回访

11.3.1　工程保修

在建设项目竣工验收后，虽已通过交工前各种检验，但仍可能存在质量问题或隐患，直至在使用过程中才会逐步暴露出来。例如：建筑工程屋面是否漏雨，建筑物、构筑物基础是否产生超过规定的不均匀沉降等，均需要在使用过程中检查和观测。实行工程保修制度，是施工承包单位对建设项目正常发挥其功能负责的具体体现。

根据《建设工程质量管理条例》，施工承包单位在向建设单位提交工程竣工验收报告时，应当向建设单位出具工程质量保修书，明确工程保修范围、保修期限和保修责任等。

1. 工程保修期限

根据《建设工程质量管理条例》，在正常使用条件下，建设工程的最低保修期限为：

① 基础设施工程、房屋建筑的地基基础工程和主体结构工程，为设计文件规定的该工程的合理使用年限；

② 屋面防水工程、有防水要求的卫生间、房间和外墙面的防渗漏，为 5 年；

③ 供热与供冷系统，为 2 个采暖期、供冷期；

④ 电气管线、给排水管道、设备安装和装修工程，为2年。

其他工程的保修期限由建设单位和施工承包单位约定。

建设工程在超过合理使用年限后需要继续使用的，产权所有人应委托具有相应资质等级的勘察、设计单位鉴定，并根据鉴定结果采取加固、维修等措施，重新界定使用期。

2. 工程保修做法

① 发送工程质量保修书。施工承包单位向建设单位提交竣工验收报告时，应同时发送工程质量保修书。工程质量保修书的主要内容包括：工程简况、工程使用管理要求；保修范围和内容；保修时间；保修说明；保修情况记录。此外，工程质量保修书还附有保修单位（即施工承包单位）的名称、详细地址、电话、联系接待部门（如科、室）和联系人，以便于建设单位联系。

② 要求检查修理。在工程保修期内，建设单位或用户发现工程使用功能不良，且因施工质量影响使用的，可以口头或书面方式通知施工承包单位有关保修部门，说明情况，要求派人前来检查修理。属于施工承包单位责任的，施工承包单位未能在规定时间内进行检查修理的，建设单位有权自行返修，所发生的费用由原施工承包单位承担。不属于施工承包单位责任的，建设单位应与施工承包单位联系，商议维修的具体期限。

③ 工程维修质量验收。工程质量维修完毕，要在工程质量保修书的“保修记录”栏内做好记录，并经建设单位验收签认，以表示修理工作完结。

3. 工程维修的经济责任

① 施工承包单位未按有关工程建设标准和设计要求施工，造成质量缺陷的，由施工承包单位负责返修并承担经济责任。

② 因工程设计原因造成质量缺陷的，由设计单位承担经济责任，施工承包单位负责维修，其费用按有关规定通过建设单位向设计单位索赔，不足部分由建设单位负责。

③ 因建筑材料、构配件和设备质量不合格引起的质量缺陷，属于施工承包单位采购的或经其验收同意的，由施工承包单位承担经济责任；属于建设单位采购的，由建设单位承担经济责任。

④ 因使用单位使用不当造成的质量缺陷，由使用单位自行负责。

⑤ 因地震、洪水、台风等不可抗拒原因造成的质量问题，施工承包单位、设计单位不承担经济责任。

4. 返还工程质量保证金

当工程保修期（缺陷责任期）届满时，施工承包单位未履行缺陷修补责任的，建设单位有权扣留与未履行责任剩余工作所需金额相应的工程质量保证金，并有权根据合同约定要求延长缺陷责任期，直至完成剩余工作为止。施工承包单位已履行缺陷修补责任的，建设单位应按照合同约定将工程质量保证金返还给施工承包单位。逾期未返还的，建设单位依法承担违约责任。

11.3.2 工程回访

在工程保修期内，施工承包单位应回访使用单位。通过回访，可以听取和了解使用单位对工程施工质量的评价和改进意见，维护自身信誉，不断提高管理水平。

1. 回访类别

工程回访一般有以下 3 种。

（1）季节性回访

大多数是雨季回访屋面、墙面防水情况，夏季回访通风空调工程，冬季回访采暖系统运行情况，发现问题采取有效措施，及时加以解决。

（2）技术性回访

主要了解在工程施工过程中所采用的新材料、新技术、新工艺、新设备等的技术性能和使用效果，发现问题及时加以补救和解决。同时，也便于总结经验，获取科学依据，不断改进和完善，为进一步推广创造条件。这类回访既可定期进行，也可不定期进行。

（3）保修期满前回访

这种回访一般是在工程保修期即将届满时进行回访，既可解决保修期出现的问题，又标志着保修期即将结束，以便为厘清工程保修责任、返还工程质量保证金创造条件。

2. 回访方式

施工承包单位项目主要负责人应组织生产、技术、质量、合同等有关方面人员进行回访，在必要时还可邀请科研方面人员参加。在回访时，由建设单位组织座谈会或意见听取会，并察看建筑物和设备运转情况等。回访必须认真，必须解决问题，并应做好回访记录，在必要时应有回访纪要。

复习思考题

1. 建设项目竣工验收的目的和依据有哪些？
2. 建设项目竣工验收的条件和程序是什么？
3. 建设项目竣工验收中遗留的问题如何处理？
4. 对工程竣工图有何要求？
5. 建设单位审查竣工结算包括哪些内容？
6. 竣工决算文件包括哪些内容？
7. 在《建设工程质量管理条例》中关于工程质量保修期限有哪些规定？
8. 工程回访方式有哪些？

知识拓展题

分析铁路工程项目、地铁工程项目与建筑工程项目竣工验收程序的异同。

第 12 章　建设项目后评价

建设项目后评价是指建设项目竣工投产、生产运营一段时间后，对项目立项决策、设计施工、竣工投产、生产运营等全过程进行系统评价的一种技术经济活动。建设项目后评价是固定资产投资管理的一项重要内容，同时也是固定资产投资管理的最后一个环节。

12.1　建设项目后评价概述

12.1.1　建设项目后评价的范围和作用

1. 建设项目后评价的范围

建设项目后评价既包括基本建设项目，又包括更新改造项目；既包括大中型项目，又包括小型建设项目。也就是说，所有建设项目都可包括在项目后评价范围内。但在通常情况下，不会对所有建设项目进行后评价。选择进行后评价的建设项目大体可分为以下 4 类：

① 为总结经验，可选择立项正确、设计水平高、工程质量优、经济效益好的项目进行后评价；

② 为吸取教训，应主要选择立项决策有明显失误，设计水平不高，建设工期长，施工质量差，技术经济指标远低于同行业水平，经营亏损严重的项目进行后评价；

③ 为满足研究投资方向、制定投资政策需要，可选择一些投资额特别大或跨地区、跨行业，对国民经济有重大影响的项目进行后评价；

④ 选择一些新产品开发项目或技术引进项目进行后评价，以促进技术水平和引进项目成功率的提高。

2. 建设项目后评价的作用

通过建设项目后评价，可以达到肯定成绩，总结经验，研究问题，吸取教训，提出建议，改进工作，不断提高项目决策水平和投资效果的目的。建设项目后评价的作用体现在以下几方面。

（1）有利于提高项目决策水平

建设项目成功与否，主要取决于立项决策是否正确。在我国工程实践中，大部分建设项目立项决策是正确的，但也不乏立项决策明显失误的项目。例如，曾有工厂在建设时，贪大求洋，市场预测不准，建设规模过大。在建成投产后，原料靠国外，产品成本高，产品销路不畅，长期亏损，甚至被迫停产或部分停产。通过项目后评价，将教训提供给项目决策者，这对于控制和调整同类建设项目具有重要的作用。

（2）有利于提高设计施工水平

通过建设项目后评价，可以总结工程设计施工过程中的经验教训，从而有利于提高工程设计施工水平。例如，有一煤矿建成投产后，运输巷道地鼓变形严重，虽经多方抢修仍不能使用。在建设项目后评价过程中，聘请了高水平专家进行“会诊”后认为，运输巷道置于三灰岩层是一个失误，在施工中虽已发现该问题，但仍按原设计进行锚喷支护，待地鼓变形后再用 U 型钢支护抢修，已收不到预期效果。若工程设计单位和施工承包单位能从中吸取教训，这无疑会对提高工程设计施工水平起到积极的促进作用。

（3）有利于提高生产能力和经济效益

在建设项目投产后，经济效益好坏、何时能达到生产能力（或产生效益）等问题是后评价十分关心的问题。如果项目在达产期不能达产，或虽已达产但效益差，在后评价时就要认真分析原因，提出改进措施，促其尽快达产，努力提高经济效益。

（4）有利于提高技术和装备引进的成功率

通过项目后评价，总结技术和装备引进过程中的成功经验和失误教训，可提高技术和装备引进的成功率。

（5）有利于控制工程造价

大中型建设项目投资额，少则几亿元，多则十几亿元、几十亿元，甚至几百亿元、上千亿元，工程造价稍加控制就可节约一笔可观投资。目前，在建设项目前期决策阶段通过咨询评估，在建设过程中通过招投标等都是控制工程造价行之有效的方法，通过项目后评价总结经验教训，对于控制工程造价也将会起到积极的作用。

12.1.2　建设项目后评价组织和内容

1. 建设项目后评价组织

建设项目后评价一般可包括两个层次，即建设单位自我评价、政府投资主管部门评价。

（1）建设单位自我评价

当所有建设项目竣工投产一段时间后，都应进行自我评价（或繁或简）。

（2）政府投资主管部门评价

政府投资主管部门为分析总结建设项目投资效益，可选择部分建设项目实施后评价。具体评价工作可委托专业咨询公司实施。

2. 建设项目后评价内容和方法

建设项目后评价内容主要可分为过程后评价和效益后评价。通过对比分析方法，将项目建成投产后所取得的实际效果、经济效益和社会效益、环境保护等情况与前期决策阶段的预测情况相对比，从中发现问题，总结经验和教训。

（1）过程后评价

对建设项目的立项决策、设计施工、竣工投产、生产运营等全过程进行系统分析，找出项目后评价与原预期效益之间的差异及其产生原因，使后评价结论有根有据，同时针对问题提出解决办法。要通过项目竣工投产（运营、使用）后对社会、经济、政治、技术和环境等方面所产生的影响来评价项目决策的正确性。如果项目建成后达到原来的预期效果，对国民经济发展、产业结构调整、生产力布局、人民生活水平提高、节能环保等方面都带来有益影响，说明项目决策是正确的；如果背离既定决策目标，就应具体分析，找出原因，引以为戒。

（2）效益后评价

通过项目竣工投产后所产生的实际效益与可行性研究时所预测的效益相比较，对项目进行评价。对生产性建设项目而言，要运用投产运营后的实际资料计算财务内部收益率、财务净现值、财务净现值率、投资利润率、投资利税率、贷款偿还期、国民经济内部收益率、经济净现值、经济净现值率等一系列后评价指标，然后与可行性研究阶段所预测的相应指标进行对比，从经济上分析项目投产运营后是否达到预期效果。没有达到预期效果的，应分析原因，采取措施，提高投资效益。

建设项目过程后评价和效益后评价有密切的联系，而且效益也不只是经济效益，应是包含经济效益、社会效益和环境效益的综合效益，必须全面理解和综合考虑，才能对后评价项目作出客观、公正、科学的结论。

12.2 建设项目过程后评价

项目立项决策和建设实施过程是固定资产逐步形成的过程，对项目最终能否发挥投资效益有十分重要的作用。建设项目过程后评价的目的在于评价建设项目立项决策和建设实施绩效，分析和总结立项决策及在建设实施中的经验教训，为今后投资决策和建设实施积累经验。

12.2.1 建设项目立项决策后评价

根据已建项目实际情况，主要从以下几方面对建设项目立项决策进行后评价。

（1）决策依据

根据工程实际资料，论证立项条件的正确程度。要对建设项目建议书和可行性研究报告中有关工业布局、资源、厂址、生产规模、工艺设备、产品性能等方面的预测和项目评估资料进行比较和评价。

（2）投资方向

根据国情国力现状，分析投资方向的适应程度。要从产业政策、城乡建设和社会经济发展前景，评价建设项目对提高行业生产能力和技术水平，以及对繁荣区域经济和文化生活的促进作用。

（3）建设方案

对项目原建设方案进行分析，并与最终实施方案进行比较，评价重大修改变更情况。

（4）技术水平

分析建设项目技术状况，与国家技术经济政策和国内外同类项目的技术水平相比，评价其先进、合理、经济、适用、高效、可靠、耐久程度，以及所采用的工艺、设备标准等的成熟度。

（5）引进效果

对于涉外建设项目，还应对引进技术、引进设备的必要性和消化吸收情况、签约程序、合同条款变更、索赔事项、外资筹措和支付等方面的情况进行评价。

（6）协作条件

评价建设项目所在地外部协作配合条件，包括供电、供热、供气、供水、排水、防洪、通信、交通等方面的落实程度。

（7）土地使用

对土地占用情况进行评价。主要评价是否遵守有关国土规划、城市规划，以及文物保护、环境保护、资源保护等方面的法规政策，说明土地征用、建筑物拆迁、人员安置情况。

（8）咨询意见

对前期咨询评估报告内容和意见的评价。主要评价咨询单位的评估内容和意见是否具有公正性、可靠性和科学性，评估意见是否发挥重要作用。

（9）决策程序

评价决策效率和决策科学化、民主化程度。按照建设项目管理要求，评价项目筹建机构组织指挥能力。

（10）效益评价

对可行性研究报告预测的经济效益、社会效益、环境效益和市场预测深度进行评价。

12.2.2 勘察设计与采购工作后评价

1. 勘察设计后评价

（1）勘察设计单位选择方式评价

主要评价是否通过招标方式选择勘察设计单位，效果如何。同时，还要对勘察设计单位的能力及资信情况进行评价。

（2）勘察工作质量评价

应结合工程实践说明以下问题：

① 地形地貌测绘图纸对工程总平面图布置的满足程度，特别是防止洪涝灾害、减少土石方工程量、清除施工障碍等方面的精确程度；

② 水文地质和工程地质等方面的勘察工作深度，根据实际情况，对钻孔布置、勘察精度等与工程实际状况进行对比；

③ 结合资源勘探结论，根据实际投产后的数据分析，对原来提供的资源分布情况、储量、开采年限、采掘条件等进行评价；

④ 对特殊项目，要说明所提供的气象勘察资料在建设过程中的验证情况。

（3）设计方案评价

设计方案评价要从总体设计上说明：

① 设计指导思想是否充分体现了技术先进、经济合理、方案可行、规模适度的要求；

② 设计方案优选是经过设计招标或多方案评比优化，还是套用国内外同类项目模式；

③ 最终确定的设计方案在工程实践中的修改和变更情况。

（4）设计水平评价

设计水平评价主要包括以下内容：

① 总体设计规划和总图质量水平，主要设计技术指标的先进程度和达标要求，工程总

概算的控制能力；

② 设计采用的新工艺、新技术、新材料、新结构情况，安装设备和建筑设备的选型定型情况和国产化程度；

③ 设计图纸和预算质量，包括出图计划执行情况，图纸差错、设计变更、预算漏项等，以及由此造成的投资增减、工期调整、环境影响等情况；

④ 设计单位服务质量，主要评价是否能节约投资，全面安排好配套设施和预留发展或技术改造条件，同时评价设计人员深入工程现场进行技术交底和提供咨询服务、指导施工的情况。

2. 采购工作后评价

采购工作后评价主要包括以下内容：

① 材料、设备采购是否通过招标方式；招投标文件和有关证明文件是否规范和满足要求；对于参加投标及中标的供货商是否进行过资信调查。

② 采购的材料、设备是否符合国家技术政策，是否先进、适用、可靠；采用的国内科研成果是否经过工业试验和技术鉴定。

③ 引进的国外设备和技术是否符合国家有关规定和国情，是否成熟，有无盲目、重复引进现象，消化吸收如何；引进专利技术制造的设备是否具有先进性和适用性。

④ 材料、设备采购合同是否完善，设备到场后保管是否妥善，检验手续是否完备。

⑤ 设备运行情况是否达到设计能力要求。

12.2.3　建设项目施工后评价

1. 工程监理及施工招标后评价

① 是否通过招标方式选择工程监理单位，效果如何。此外还要对工程监理单位的能力及资信情况进行评价。

② 是否通过招标方式选择施工承包单位，效果如何。此外还要对施工承包单位的能力及资信情况进行评价。

2. 施工准备工作评价

① 是否及时办理施工许可手续。在工程开工时，建设单位、工程监理单位、施工承包单位等是否已做好各项准备工作。

② 建设单位、工程监理单位、施工承包单位的组织管理机构设置是否完备、管理人员素质和技术装备等是否达到规定要求，施工质量、安全及环境管理体系是否健全。

③ 项目监理规划、施工组织设计等是否按规定进行编制和审查，相关技术交底工作是否规范等。

3. 施工过程管理后评价

主要评价施工过程中工期目标、质量目标、造价目标完成情况和特点。

（1）工期目标后评价

主要评价各单项（单位）工程进度计划执行情况；核实单项工程实际开、竣工日期，计算实际建设工期和实际建设工期变化率；分析施工进度提前或拖后原因。

（2）质量目标后评价

主要评价单位工程合格率和综合质量情况：

① 将实际工程质量指标与合同文件或设计规定或其他同类工程的质量状况进行比较，分析变化原因；

② 评价设备质量，分析设备及其安装工程质量能否保证投产后正常生产需要；

③ 分析工程质量事故（若有）产生的影响，包括影响范围和影响程度；

④ 评价工程施工安全情况，分析重大安全事故（若有）发生的原因和所带来的实际影响。

（3）造价目标后评价

评价建设项目造价控制方法是否科学合理，分析实际造价高于或低于目标造价的原因：

① 主要实物工程量变化及其范围；

② 主要材料消耗变化情况，分析造成超耗的原因；

③ 各项费用支出是否符合有关规定。

4. 竣工验收后评价

评价建设项目竣工验收程序是否符合要求，竣工验收组织情况及竣工验收质量，竣工验收遗留问题的处置情况等。

12.2.4　建设项目生产运营后评价

建设项目生产运营后评价是将项目实际经营状况、投资效果与预测情况或其他同类项目的经营状况相比较，分析和研究偏离程度及其原因，系统地总结项目投资经验教训，为进一步提高项目实际运营效益提供参考。

1. 生产运行准备工作评价

建设项目生产运行准备工作是充分发挥投资效益的重要组成部分，在后评价时要分析以下内容：

① 原设计方案的定员标准和实有职工人数情况，机构设置是否科学合理；

② 生产和管理人员的熟练程度，培训和考核上岗情况；

③ 生产性项目的产、供、销渠道和生产资金的准备情况；

④ 生产运行的外部条件调整和改善措施。

2. 生产管理系统评价

大型建设项目应建立相应的现代化管理系统，在后评价时要根据项目性质和特点，分析管理系统的完善程度：

① 为保证产品质量和提高经济效益的生产技术和经营管理系统的完善程度；

② 交通运输，邮电通信，输电、输油、输气项目进入局域网后运行管理系统的完善程度；

③ 农林水利、环保项目涉及社会效益、环境效益的综合管理系统的完善程度；

④ 城市公用事业和教育、科学、文化、卫生、体育项目的服务和维护管理系统的完善程度；

⑤ 国防军工项目的安全保证和管理系统的完善程度。

3. 项目使用功能评价

项目建成投产后的使用功能评价包括:

① 生产性项目的达产达标情况;

② 非生产性项目的使用效果;

③ 原材料消耗和能源消耗与国内外同类项目的水平对比;

④ 对可靠性、耐久性的分析和长期使用效果的预测。

12.3 建设项目效益后评价

12.3.1 建设项目效益后评价的主要内容

建设项目效益后评价是指以项目投产后实际取得的经济效益、社会效益和环境效益为基础,重新测算项目计算期内各主要投资效益指标与项目前期决策指标或行业基准判据参数进行比较,在分析比较中发现问题,找出原因和改进措施,总结经验教训,为提高投资决策水平和投资效益服务。

建设项目效益后评价有别于可行性研究中的效益评估。它不是以预期效益目标为基础的预测分析,而是在对已投产项目所取得的实际效益进行统计分析的基础上所进行的一种重新测算分析。建设项目效益后评价也不同于企业日常经营活动的盈亏平衡分析。它是对项目整个计算期进行的长期分析,是从项目总投入和总产出角度考察其盈利能力和借款偿还能力。

建设项目建成投产后,对社会、经济、政治、技术、环境等各方面必然产生不同程度的影响。凡是有利影响的,都可视为项目产生的一种效益。建设项目效益后评价包括以下主要内容。

1. 项目投资和执行情况后评价

① 复核项目竣工决算的正确性。将项目实际固定资产总投资额与项目可行性研究报告中固定资产总投资额估算数和最初批准的概算总投资额进行比较,计算出项目实际建设成本的变化率,分析偏差产生的原因。

② 评价固定资产实际投资范围、构成比例是否合理,工程概预算是否准确,分析引起超概算的原因。如因价格、汇率、利率、税目、税率和费用标准的变化对总投资的影响;因设计方案变更、设计漏项、自行改变建设规模、提高建设标准、预留投资缺口、损失浪费等对总投资的影响。计算各类因素引起超支占总超支额的比例。

③ 认真总结超概算、无效投资和损失浪费的教训及降低费用和节约投资的成功经验。

④ 对建设资金的实际来源渠道、数额、到位时间和对工程进度的满足程度进行分析,同时要分析流动资金实际占用是否合理,总结项目融资经验。

⑤ 利用外资项目时还应评价外资利用方向、范围、规模及内外资比例是否合理;在前期工作中对国际金融市场变化趋势、利率、汇率和通货膨胀等风险因素预测是否准确;总结不同外贷类型、外贷方式的利弊和争取优惠贷款的经验。

2. 项目经营达产和实际效益后评价

① 计算项目从投产至后评价时点的各年销售额利润率和销售额利税率，结合当年生产负荷情况，考察项目生产效益状况。

② 分析产品生产成本、销售收入、利润水平与前期决策阶段预测值相比的变化率及产生原因，对企业管理费和主要产品能源及原材料消耗的超标原因进行深入分析，并提出改进措施。

③ 对未能如期达到生产能力的项目，要分别从产品销售市场、工艺技术及设备、原材料、燃料、动力、资金供应及管理等方面分析影响和制约生产能力的原因，并提出相应对策。

生产能力和实际效益状况是项目立项决策及建设实施效果的综合反映，也是重新测算后评价时点后计算期剩余年份内各项经济数据的基础和依据，是项目效益后评价的关键环节。为此，要求各项实际数据翔实可靠，分析判断真实准确。

3. 项目财务效益后评价

① 在对项目投产后的产品市场、成本、价格和利税进行统计分析的基础上，以后评价时间为起始点，预测项目计算期内未来时间将要发生的投入和产出，重新测算财务后评价的主要效益指标和变化率，据以考察整个项目的财务盈利能力、清偿能力及外汇效果等财务状况。

② 编制基本财务报告，将后评价时点前的统计数字和后评价时点后的预测数字填入表中，据此计算项目效益后评价的各项财务评价指标。

③ 通过后评价计算出的各项财务评价指标，与可行性研究报告预测值或行业基准判据参数进行对比分析，着重从项目固定资产投资、流动资金、建设工期、达产年限、达产率、产品销售量、销售价格、产品成本、汇率、利率等方面分析变化原因和产生的影响，抓住主要影响因素和深层次诱因，提出进一步改进和提高项目财务效益的主要对策和措施。

④ 通过“财务后评价外汇流量表”与可行性研究时所编制的外汇流量表对比、分析变化原因，对外汇平衡、节汇创汇和外贷偿还的现状、前景及改善措施进行评价。

⑤ 总结如何提高项目财务分析、经营管理和投资决策水平的规律和经验。

4. 项目国民经济效益后评价

① 编制国民经济后评价基本报表，计算整个项目的国民经济后评价指标。从国民经济整体角度考察项目的效益和费用，在计算时要采用不同时期的影子价格、影子工资、影子汇率和社会折现率等国家参数，对后评价时点前的各年项目实际发生的和计算期未来时间各年预测的财务费用、效益进行调整。

② 在确定投入产出物的影子价格时，外贸货物、非外贸货物、特殊投入物的划分原则和影子价格的计算方法，可参照《建设项目经济评价方法与参数》。

③ 通过国民经济的评价指标与可行性研究预测的相关指标对比，对项目进行评价。例如，将国民经济后评价内部收益率分别与国家最新发布的社会折现率和可行性研究确定的经济内部收益率进行比较，分析产生的差异及其原因。

④ 从国家整体角度评价项目经济效益决策的正确性，并在改善项目投资环境、优化产

业产品结构、指定倾斜政策、合理调整价格、深化体制改革等方面，提出以提高经济效益为重点的政策性建议或具体措施。

5. 项目社会效益和环境效益后评价

① 评价项目建成投产后在就业、居民生活条件改善，收入和生活水平提高，文教卫生、体育、商业等公用设施增加和质量提高等方面带来的影响。

② 评价项目建成后为本地区经济发展、社会繁荣和城市建设、交通便利等方面产生的实际影响，以及对改善生态平衡、环境保护、节能减排、促进水矿产资源综合利用、开发自然风光、名胜古迹等旅游事业方面所产生的影响。

③ 评价在产业结构增量或存量调整和改善生产力布局、资源优化配置等方面产生的作用和影响。

④ 将项目投产后所产生的效果与可行性研究预期达到的社会效益目标进行对比，分析项目投产后是否产生负效果或公害，提出具体的解决措施、办法和期限。

6. 技术进步和规模效益后评价

① 对项目采用先进技术的含量，以及由于推进科技进步、增加科技投入或智力投资而产生的技术进步效益，采用“有无对比”的方法进行评价。

② 评价项目引进的技术、设备或标准对行业技术进步、国产化、推广应用和提高国家的科技水平、装备水平所产生的实际影响。

③ 大中型项目尤其是国家重点建设项目，应根据达产后实际效益状况，对比国内中小型项目或参照国外同等规模项目，评价其是否达到应有的规模经济效益水平。

④ 通过与可行性研究预期效益的对比，提出成功的经验和不足的教训，进一步向技术进步和规模经济要效益。

7. 可行性研究深度后评价

① 评价项目在立项决策阶段对项目效益预期目标的论证及可行性研究工作是否科学严谨，对项目内部收益率或其他主要效益指标的确定是否有高估冒算的情况。

② 综合计算项目后评价效益指标与投资决策阶段预期效益指标的变化率大小，考核对项目效益进行可行性研究工作的深度。

当综合效益变化率＜±15%时，视为深度合格；

当综合效益变化率＞±35%时，视为深度不合格；

当±15%≤综合效益变化率≤±35%时，视为相当于初步可行性研究水平。

在实际评价工作中，由于计算后评价综合效益的权数不易确定，常用内部收益率的变化率指标从效益角度对可行性研究工作深度进行评定。

12.3.2　建设项目效益后评价指标体系

1. 经济指标体系

建设项目效益后评价主要经济指标如下：

建设项目效益后评价指标

- 财务后评价指标
  - 静态指标
    - 后评价投资利润率
    - 后评价投资利税率
    - 后评价投资回收期
    - 后评价贷款偿还期
  - 动态指标
    - 后评价财务内部收益率
    - 后评价财务净现值
    - 后评价财务净现值率
    - 后评价财务外汇净现值
    - 后评价财务换汇成本
    - 后评价财务节汇成本
    - 后评价动态投资回收期
- 国民经济后评价指标
  - 静态指标——后评价投资净效益率
  - 动态指标
    - 后评价经济内部收益率
    - 后评价经济净现值
    - 后评价经济净现值率
    - 后评价经济外汇净现值
    - 后评价财务换汇或节汇成本

上述指标计算方法与项目可行性研究报告中相应指标的计算方法相同。区别仅在于后评价采用的数值是项目投产后实际发生数或以实际数值为基础的重新测算数。

2. 评价指标变化率计算方法

为了便于定量分析项目效益指标前后偏差程度，在后评价时应设置变化率指标。例如，利用内部收益率的变化率指标来衡量项目后评价内部收益率与预期内部收益率的偏差程度，其计算公式为：

$$\text{内部收益率变化率}=\frac{\text{后评价内部收益率}-\text{预期内部收益率}}{\text{预期内部收益率}}\times 100\%$$

用同样方式，亦可计算出其他效益指标变化率。

3. 主要判据参数

进行建设项目效益后评价，不仅需要有科学的方法和完整的指标体系，而且还必须设定一整套考核项目实际效益的评判基准。

评价项目效益指标是否实现预期只能是根据立项决策阶段所确定的效益预期值进行判别。但由于各种原因，如建设期过长，物价指数、市场供求关系、利率、汇率、税目、税率等发生变化等，原决策效益目标难免失实。因此，在不同时期由国家或行业发布的各项基准判据将在项目效益后评价中发挥重要作用。这些判据主要有：

① 财务基准收益率是项目后评价财务内部收益率的判据，当后评价财务内部收益率超

过财务基准收益率时，认为项目财务盈利能力满足最低要求；

② 按行业测算的基准投资利润率和基准投资利税率是项目后评价投资利润率和投资利税率的判据；

③ 不同行业的基准投资回收期是项目后评价投资回收期的判据；

④ 项目借款偿还期一般以项目贷款银行与建设单位签订的贷款合同所规定的偿还期限作为判据；

⑤ 后评价财务换汇成本的基准判据是中国银行发布的现行外汇汇率；

⑥ 社会折现率是各类建设项目国民经济评价都应采用的国家统一折现率，也是项目后评价经济内部收益率和投资净效益的基准判据。

以上判据参数只是项目后评价可以接受的下限基准，在实际评价时应以更高的效益目标作为努力提高的方向。

复习思考题

1. 建设项目后评价的概念和作用是什么？
2. 建设项目后评价的内容和方法是什么？
3. 建设项目过程后评价包括哪些内容？
4. 建设项目效益后评价包括哪些内容？
5. 建设项目效益后评价指标体系及判据参数有哪些？

知识拓展题

了解铁路建设项目后评价内容，如京沪高铁、京九铁路、青藏铁路等。

第 13 章　建设项目管理发展趋势

随着建设项目日趋大型化和国际化、科技含量不断增大、投资方需求改变及项目管理技术迅速发展，建设项目管理呈现出集成化、数智化发展趋势。

13.1　建设项目管理集成化

为了适应工程建设各参与方需要，实现工程建设增值，集成化已成为现代建设项目管理发展趋势。所谓集成化管理，是指运用集成思想，通过保证管理对象和管理系统完整的内部联系，提高系统的整体协调程度，最终实现提高管理效益、创造项目价值的目的。

建设项目管理集成化可概括为以下 3 方面：纵向管理集成——建设工程全寿命期管理、横向管理集成——建设工程全要素造价管理、管理环境集成——建设工程全面一体化管理体系。

13.1.1　建设工程全寿命期管理

1. 建设工程全寿命期集成化管理概念

建设工程全寿命期是指建设项目从开始策划至使用报废为止所经历的各阶段全过程，包括策划决策阶段（项目策划、可行性研究）、建设实施阶段（项目设计、施工及竣工验收）和运营维护或使用阶段。

建设工程全寿命期集成化管理是指从建设工程全寿命期视角，运用集成化管理思想，将传统管理模式下相对分离的策划决策阶段、建设实施阶段和运营维护（或使用）阶段在管理目标、管理组织、管理手段等方面进行有机集成，建立项目策划决策、建设实施、运营维护（或使用）的集成化管理系统，实现建设工程整体功能优化和整体价值提升。

建设工程价值是通过建成后的运营或使用来实现的，建设工程全寿命期集成化管理要求项目策划决策、建设实施要面向运营或使用，即在项目策划决策和建设实施过程中要充分考虑运营或使用需求，通过策划决策、建设实施、运营维护或使用等环节的有机结合，创造最大的经济效益、社会效益和环境效益。

2. 建设工程全寿命期集成化管理起因

由于以下原因使得建设工程全寿命期管理的重要性日益凸显。

（1）投资者需求改变需要工程咨询单位/承包商提供建设工程全寿命期管理服务

国际上越来越多的投资者要求建筑业也能像其他工业生产部门一样，提供以最终使用功能为目标的一条龙服务，要求一家或较少的工程咨询单位/承包商提供从项目策划至运营维护的全寿命期管理服务，以降低建设工程全寿命期成本、缩短建设工期、减少投资风险。

（2）工程咨询单位/承包商经营业务的拓展使得建设工程全寿命期管理成为可能

近年来，工程建设领域流行一些集成化咨询模式和承包模式。工程咨询单位通过提供全过程工程咨询，为委托方创造更大价值。承包商通过实施 DB/EPC 总承包，在承担更多承包风险的同时，可增加获得更大利润的机会。

（3）现代建设项目高科技含量促进了建设工程全寿命期管理的实施

现代建设项目日趋庞大、技术含量越来越高，已成为研究、开发、建设和运营的结合体。由于工程设计、施工技术在不断进步，工程建设过程特别是施工过程的重要性、难度相对降低，而项目投资管理、经营管理、资产管理的任务和风险日益加大，从而使项目从策划、可行性研究、设计、施工直至运营维护的全过程一体化管理要求增加。

（4）建设项目法人责任制的实行为建设工程全寿命期管理提供了制度保障

建设项目法人责任制的实行，既是顺应建设工程全寿命期管理的需求，同时也为建设工程全寿命期管理提供了制度保障。

3. 建设工程全寿命期集成化管理的主要内容

建设工程全寿命期集成化管理的主要内容包括目标系统、组织系统和信息系统。

（1）目标系统

① 建设工程全寿命期目标系统的基本要求包括以下几方面。

- 整体性。应反映建设工程全寿命期要求，既包括建设期目标，更要注重运营期目标。
- 包容性。既要注重投资方和用户需求，也要考虑其他相关方需求。
- 社会性。应体现对社会的贡献，反映社会环境、可持续发展对建设项目的要求。项目利益相关者应就建设工程全寿命期目标达成共识，这是建设项目管理成功的重要前提条件。

② 建设工程全寿命期目标系统的主要内容是指工程建设目标与运营目标的整合。其中，工程建设目标主要是指工程质量目标、建设工期目标和建设投资目标；运营目标主要是指服务质量目标、运营成本目标和经济收益目标。上述目标属于工程建设基本目标，除此之外，工程建设目标与运营目标还应包括：使项目利益相关者（项目投资者、建设单位、用户、承包商、供应商、政府、所在地周边组织等）满意；与自然、社会、经济、法律等环境相协调；满足项目所在地区、城市可持续发展要求。总之，建设工程全寿命期目标系统应着重体现功能目标、费用目标、时间目标和社会目标的统一，后者反映工程建设的社会责任和历史责任。

（2）组织系统

建设工程全寿命期集成化管理组织系统不仅是指建设单位全寿命期管理组织的一体化考虑，而且还应考虑建设单位与工程参建各方之间的相互关系。

① 建设单位全寿命期集成化管理组织系统的一体化应考虑的主要因素包括：

- 项目策划决策、建设实施及运营维护或使用的不同阶段，管理组织形式的选择；
- 项目策划决策、建设实施及运营维护或使用的不同阶段之间，管理界面的协调性。

② 建设单位与工程参建各方之间的相互关系。应从传统意义上的企业间合作模式，向动态联盟模式发展。所谓动态联盟，是以信息技术为基础，为适应全球化市场环境，由多个各有专长的敏捷型企业组成的临时性组织。联盟内企业各自承担其义务，共担风险并共享成

果。建设单位作为动态联盟的盟主，通过招标等方式选择合作单位（盟员）并与其签订合作协议。盟员与盟主之间以信任为合作基础，以合同为法律依据，在信息技术基础上实现组织集成，形成一个虚拟企业。盟员按盟主所规定的技术规范和数据完成任务，项目成功和增值成为其共同目标，只有实现共同目标，才能实现各自利益最大化。

建设工程全寿命期动态联盟的管理模式如图 13－1 所示，通过建立和实施建设工程全寿命期动态联盟管理模式，可使盟主的管理核心由工程建设目标转移至建设工程全寿命期目标，能够使工程参建各方及用户尽早地介入项目，使项目策划决策能够面向其实施和运营。随着工程进展，由首先得到机会并具有工程建设特定阶段所需核心资源的企业作为盟主，与盟员企业派出的动态组织一起组建项目各阶段动态联盟功能组，能够较好地解决传统管理模式下各阶段相互分离和信息共享困难等问题。

采用建设工程全寿命期动态联盟管理模式的优越性在于以下几方面。

● 作为企业群体的动态联盟组织，由于采用项目团队组织形态，其组织结构是柔性和动态的，可以适应建设工程全寿命期管理目标的变化，从而提高管理绩效。

● 动态联盟的扁平化和网络化组织结构有利于建设工程全寿命期各组织之间的沟通与合作，既可加快信息请求—反馈节奏，也可减少信息传递过程中的扭曲和失真，同时还能降低信息获取成本。

● 由于项目成功和增值成为动态联盟中各组织的共同目标，有利于盟主和盟员将优势资源集中于项目，以降低项目风险，保障项目总体目标的实现。

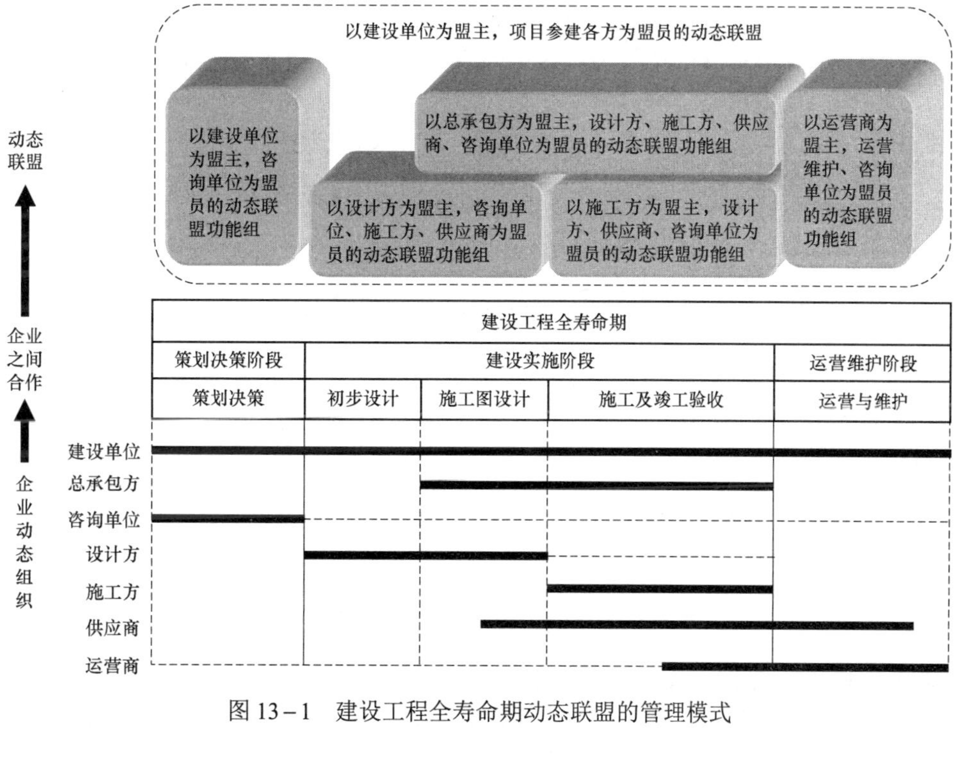

图 13－1　建设工程全寿命期动态联盟的管理模式

（3）信息系统

实施建设工程全寿命期集成化管理，需要有一个使项目策划决策、建设实施、运营维护各阶段所有参与方实现信息共享的平台——建设工程全寿命期集成化管理信息系统。该系统应是一个利用现代计算机和信息处理技术，在建设工程全寿命期中进行信息处理，为项目所有参与方提供信息服务，辅助其进行决策、实施和控制的集成化人机系统。

建设工程全寿命期集成化管理信息系统的构建应在科学规划的基础上由业主推动，系统的成功实施，将会为建设工程全寿命期集成化管理目标的实现提供有力支持，同时也能提高项目管理效率，促进项目管理现代化。随着大数据、云计算、物联网、区块链、人工智能及建筑信息模型（BIM）等新兴信息技术的快速发展，建设工程全寿命期集成化管理信息系统的可视化、数字化、智能化程度将会日益增强。

13.1.2 建设工程全要素造价管理

尽管建设工程本身的建造成本是形成建设工程造价的主要组成部分，但建设工程造价管理不能仅考虑建设工程本身的建造成本，因为工期、质量、安全、环保等因素均会对工程造价产生影响。为此，建设工程造价管理不仅应考虑建设工程本身的建造成本，而且应同时考虑工期成本、质量成本、安全成本、环保成本等方面的控制，从而实现建造成本、工期成本、质量成本、社会成本（考虑安全和绿色环保）的集成管理。

1. 工期成本

建设工程本身的建造成本可分为直接成本和间接成本两部分。直接成本会随着工期的缩短而增加，间接成本会随着工期的缩短而减少。在考虑工程总成本时，还应考虑工期变化带来的其他损益，包括效益增量和资金的时间价值等。进度计划方案不同，所对应的总工期和总成本也就不同。工程成本与工期的关系如图 13-2 所示。为了控制工期成本，需要从多种进度计划方案中寻求工程总成本最低时的工期安排（T_O）。

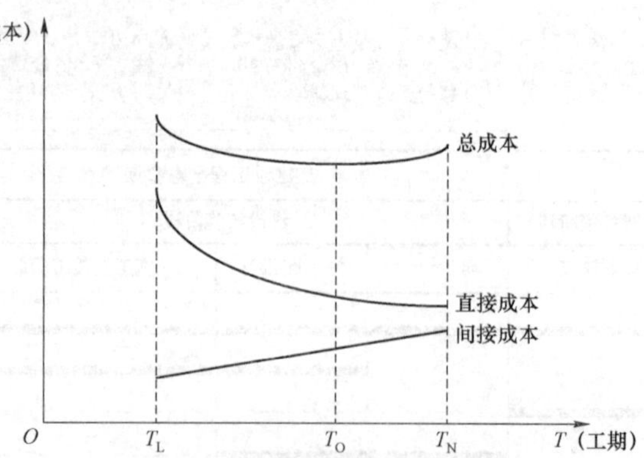

T_L—最短工期；T_O—最优工期；T_N—正常工期

图 13-2 工程成本与工期的关系

寻求工程总成本最低时的工期安排是建设单位和施工承包单位共同追求的目标。对建设单位而言，在进行建设项目目标策划与论证时，需要确定使工程总成本最低的合理工期。对施工承包单位而言，在合同价格固定的前提下，通过寻求工程总成本最低时的工期安排，可以使其利润最大化。

2. 质量成本

在建设项目实施过程中，为弥补不合格项引起的返工返修损失和为减少损失而加强预防控制，便会产生质量成本。所谓质量成本，是指在建设工程设计、施工和使用阶段为达到规定的质量水平而支出的一切费用，以及因未达到规定的质量水平而造成的损失费用之和。

（1）质量成本构成

质量成本由控制成本、损失成本及特定情况下的外部质量保证成本组成。

① 控制成本。控制成本包括预防成本和鉴定成本。预防成本是指为防止工程质量缺陷和偏差出现，保证工程质量达到质量标准所采取的各项预防措施而发生的费用，具体包括：质量规划费；工序控制费；新工艺鉴定费；质量培训费；质量信息费等。鉴定成本是指为确保工程质量达到质量标准而对工程本身以及对材料、构配件、设备等进行质量鉴别所需的一切费用，具体包括：设计文件审查费；施工文件审查费；原材料、外购件试验、检验费；工序检验费；工程质量验收评审费等。

② 损失成本。损失成本包括内部损失成本和外部损失成本。对施工承包单位而言，内部损失成本是指在施工生产过程中，因施工指挥决策失误、施工中违反操作规程、施工成品保护不善，以及由于施工工具、机械保养不善引起工程质量缺陷而造成的损失，还包括为处理质量缺陷而发生的费用，具体包括返工损失、返修损失、停工损失、事故处理费用等。外部损失成本是指工程交工后，在工程使用过程中出现质量缺陷而应由施工承包单位负责的一切费用总和，具体包括保修费、损失索赔费等。

③ 外部质量保证成本。外部质量保证成本是指在合同环境下，施工承包单位根据建设单位要求而提供客观证据的演示和证明所支付的费用。具体包括：为提供特殊和附加的质量保证措施等支付的费用；产品的证实试验和评定费用；为满足建设单位要求进行质量管理体系认证所支付的费用等。

在质量成本中，预防成本和鉴定成本是先期投入的控制成本，而内部损失成本、外部损失成本则是结果成本。就其性质而言，内部损失成本、外部损失成本是真正的损失。由于受科学技术水平的限制及质量管理存在不完善之处，要完全避免损失是很难的。然而，在一定的科学技术水平条件下，通过采取有效管理措施，可以使质量损失成本大大下降。为此，必须加强预防措施和质量鉴定活动，也即必须付出相应代价（预防成本和鉴定成本）。控制成本与损失成本之间存在着此消彼长的关系。预防成本的增加将会使内部损失成本减少，鉴定成本的增加将会使外部损失成本减少。把握质量成本各构成要素之间的相关性变动趋势，可以为优化质量成本结构、降低质量总成本提供可能。

（2）质量成本分析

质量成本中的控制成本和损失成本与质量水平之间存在一定的关系。当工程质量水平较低时，预防成本和鉴定成本也较低。随着工程质量水平的提高，预防成本和鉴定成本就会逐渐增加，当工程质量达到一定水平后再需提高时，这两项成本将急剧上升。内部损失成本和外部损失成本的情况则正好相反。当工程质量水平较低时，内部损失成本、外部损失成本较高。随着工程质量水平的提高，内部损失成本、外部损失成本将会逐步下降。当工程质量达到一定水平后，即使大幅度地增加质量控制成本，但内部损失成本、外部损失成本下降的速度将会逐渐减慢。工程质量成本与质量水平之间的关系如图 13–3 所示。

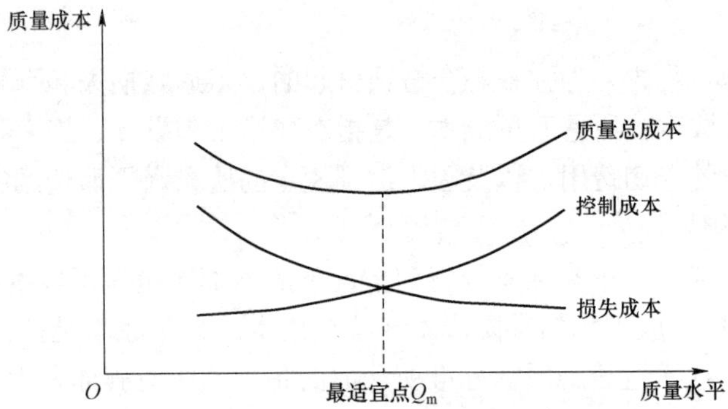

图 13－3 工程质量成本与质量水平之间的关系

从图 13－3 可以看出，工程质量水平的提高需要采取更多的预防控制措施与检验手段，这样会使控制成本增加；与此同时，工程质量水平的提高却能够减少内外部损失，从而会降低损失成本。于是，便存在一个最佳质量水平点，使得预防成本、鉴定成本、内部损失成本和外部损失成本 4 项费用之和所构成的质量总成本最小。此时的质量总成本即为最佳质量成本。

对工程质量进行控制，并不是要求工程质量越高越好。质量水平过高，会导致质量成本增加；反之，质量水平过低，也将会导致质量成本增加。从经济角度看，应将质量水平控制在最适宜点 Q_m 附近。

3. 社会成本

随着经济发展和社会进步，社会责任日益受到广泛关注。社会责任包括绿色建造、环境保护、安全生产、社会道德及公共利益等。施工承包单位要承担社会责任，必然会加大工程施工成本。社会成本虽然不会在建设单位招标时的工程量清单中列出，但通常会在招标文件中有所说明。施工承包单位在报价时会根据招标文件的要求考虑社会成本，建设单位在投标文件的评审、合同签订及履行过程中均应注意对社会成本的控制。

13.1.3 建设工程全面一体化管理体系

1. 国际通用管理体系标准

建立标准化管理体系是现代化管理发展的必然趋势。质量、环境、职业健康安全三大管理体系标准涵盖了现代管理最重要的内容，被认为是 21 世纪人类社会生产实现可持续发展的三大基石。质量、环境、职业健康安全三大管理体系的普遍推行，对于提升我国各类组织管理水平和竞争能力，尽快走向国际化发挥了重要作用。此外，卓越绩效管理标准反映了当今世界现代管理的理念和方法，已成为激励和引导人们追求卓越的指南。

（1）质量管理体系标准

国际标准化组织（International Organization for Standardization，ISO）于 1987 年发布了 ISO 9000 质量管理体系标准，之后又不断修订和完善。我国等同采用该标准，发布了 GB/T 19000 质量管理体系标准。

ISO 9000 系列标准采用以“过程”为基础的质量管理体系模型，认为所有工作都要通过“过程”来完成，因而要控制所有“过程”的质量。ISO 9000 系列标准强调：质量管理应以顾客为关注焦点，确保产品及服务质量满足顾客要求并争取超越顾客期望；质量管理的关键在领导，领导应确立组织统一的宗旨和方向，为组织中所有员工充分参与组织目标的实现创造良好的内部环境；质量管理的中心任务是建立并实施文件化质量体系；控制过程的出发点是预防不合格；为此应系统地识别和管理组织所应用的过程及其相互作用；持续的质量改进（包括产品质量改进和工作质量改进）是各级管理者追求的永恒目标。

（2）环境管理体系标准

国际标准化组织（ISO）于 1996 年发布了 ISO 14000 环境管理体系标准，之后又不断修订和完善。我国等同采用该标准，发布了 GB/T 24001 环境管理体系标准。

ISO 14000 环境管理体系标准是为促进全球环境质量的改善而制定的。通过一套环境管理框架文件来加强组织的环境意识、管理能力和保障措施，从而达到改善环境质量的目的。环境管理体系由“策划—支持和运行—绩效评价—改进”构成一个动态循环过程，这与戴明的 PDCA 循环模式相一致，为环境管理提供了一套系统化方法，指导组织合理有效地推行环境管理工作。组织通过建立完善的环境管理体系，不仅有助于组织推行清洁生产，实现污染预防，降低环境事故风险，而且有利于降低生产成本与能耗。

（3）职业健康安全管理体系标准

职业健康安全管理体系是从 20 世纪 80 年代后期兴起。自 1996 年起，英国、美国、澳大利亚、新西兰、日本、挪威等国家先后制定了职业健康安全管理体系。英国标准协会（British Standard Institute，BSI）等 13 个国家的相关组织于 1999 年提出了《职业健康安全管理体系　规范》（OHSAS 18001）和《职业健康安全管理体系　实施指南》（OHSAS 18002）。我国以此为蓝本，曾先后发布了《职业健康安全管理体系　要求》（GB/T 28001—2011）和《职业健康安全管理体系　实施指南》（GB/T 28002—2011）。2018 年 3 月，国际标准化组织（ISO ）发布了《职业健康安全管理体系　要求及使用指南》（ISO 45001：2018），用于取代 OHSAS 18001 标准。相应地，我国等同采用国际标准并于 2020 年发布《职业健康安全管理体系　要求及使用指南》（GB/T 45001—2020），替代了《职业健康安全管理体系　要求》（GB/T 28001—2011）和《职业健康安全管理体系　实施指南》（GB/T 28002—2011）。

ISO 45001 职业健康安全管理体系秉承 ISO 14000 环境管理体系标准成功的思维及管理模式，运用系统工程原理，体现“预防为主”的方针，将管理过程和控制措施建立在科学的危险辨识和风险评价基础之上。通过科学的职业健康安全管理体系策划，形成职业健康安全管理体系作业文件，并通过实施过程中的动态跟踪和持续改进，不断提高组织的职业健康安全管理水平。

组织通过建立完善的职业健康安全管理体系，不仅有利于提高组织全员的安全生产意识，降低组织职业健康安全风险及相关费用，而且可以使组织管理模式符合国际通行惯例，进而增强国际竞争力。

（4）卓越绩效管理标准

为应对日益激烈的国内外市场竞争，引导和帮助企业提高竞争力，许多国家设立了质量奖。美国在 1987 年设立了国家质量奖——波多里奇质量奖，同时制定了卓越绩效评奖标准。在此之后，卓越绩效评奖标准在世界各国广泛流行，不仅成为世界主要国家及地区质量组织评审质量奖的标准，而且其科学的管理理念及评价体系成为一种独特的管理模式——卓越绩效管理模式。我国在 2004 年发布了《卓越绩效评价准则》（GB/T 19580）和《卓越绩效评价准则实施指南》（GB/T 19579），标志着我国质量管理进入一个新的发展阶段。

① 卓越绩效标准的特点。卓越绩效标准以顾客为导向，其核心是强化组织的顾客满意

意识和创新活动，追求卓越绩效的管理。该标准强调战略、绩效结果和社会责任，为组织提供了追求卓越绩效的经营管理模式。卓越绩效标准具有以下特点：

● 卓越绩效标准是对质量管理的创新和发展。卓越绩效标准体现了全面质量管理从指导思想到技术方法的变革与发展，融合了世界最有影响的三大质量奖（美国的“波多里奇质量奖”、日本的“戴明质量奖”和欧洲的“欧洲质量奖”）的基本要求。虽然其源自全面质量管理的基本思想和方法，但在价值观、顾客与市场、社会责任、过程管理、以人为本、经营绩效等方面有许多创新，是质量管理发展的新篇章。

● 卓越绩效标准反映了现代质量经营的先进理念和方法。由于当今质量概念的变化，质量已成为企业创造价值的核心。企业只有实施竞争性质量管理、战略性质量管理，才能实现企业经营绩效的持续提升。

● 卓越绩效标准更加强调质量对组织绩效的增值和贡献。质量和绩效、质量管理和质量经营的系统整合将以追求组织效率的最大化和顾客价值的最大化为目标，从而引导企业追求卓越的经营质量。

● 卓越绩效标准更加重视以顾客为中心的理念。卓越绩效标准将“以顾客和市场为中心”作为组织质量管理的首要原则，组织卓越绩效将顾客满意和忠诚（顾客感知价值）作为关注焦点，反映了当今全球化市场的必然要求。

● 卓越绩效标准进一步强调可持续发展原则。在制定战略时，将可持续发展的要求和相关因素作为关键因素加以考虑，要求组织在长短期目标和方向中加以实施。通过长短期目标绩效的评审，对企业实施可持续发展战略相关因素的结果加以确认，并要求为此提供相应的资源保证。

● 卓越绩效标准扩展了组织的社会责任。卓越绩效标准不仅要求企业阐述履行公共责任、公民义务及恪守道德规范的做法，而且强调组织应确保符合诚信准则，并要求提供评价指标和测量方法。

② 《卓越绩效评价准则》的主要内容。《卓越绩效评价准则》（GB/T 19580—2012）是在结合我国质量管理实际情况的基础上，充分融合世界最有影响的三大质量奖的基本要求而制定的。该准则从领导，战略，顾客与市场，资源，过程管理，测量、分析与改进，经营结果7个方面规定了组织卓越绩效的评价要求。《卓越绩效评价准则》框架结构如图13-4所示。

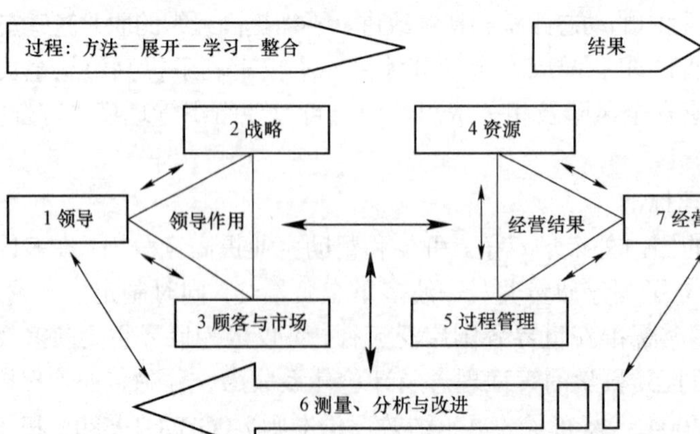

图13-4 《卓越绩效评价准则》框架结构

《卓越绩效评价准则》的核心是通过质量管理来实现企业经营的卓越管理。虽然与 ISO 9000 质量管理体系同属于质量管理标准，都是帮助组织提高质量管理水平、增强竞争能力，但二者之间存在较大差异。ISO 9000 质量管理体系属于“符合性评价”标准，重在发现与规定要求的“偏差”，进而达到持续改进的目的；而《卓越绩效评价准则》属于“成熟度评价”标准，是从企业管理的“效率”与“效果”着手，旨在发现组织当前最迫切、最需要改进的地方，从而使组织不断追求卓越。《卓越绩效评价准则》将所关注的质量管理上升为经营管理的“大质量”管理，强调组织的战略策划、经营结果和社会责任，体现了现代质量管理的最新理念和方法。

《卓越绩效评价准则》不仅为组织的经营质量提供了评价标准，而且为组织不断追求卓越绩效提供了动力和方法论。

2. 全面一体化管理体系

（1）全面一体化管理

由于各个管理标准的问世时间不同，组织最初总是分别采用这些标准建立各自的管理体系。但是，由于这些标准都属于管理性标准，而且又有许多交叉重叠之处，这就难免给组织带来工作重复、资源浪费，并使管理效率、效益受到影响。解决这一问题的最佳途径，就是实施全面一体化管理。

所谓全面一体化管理，是指组织（企业）在其所有领域内以质量、环境、职业健康安全为核心，以全面质量管理理论为基础，依据国际管理性标准框架，融合其他管理要求，通过建立一体化管理体系，优化整合协调一致管理，其目的是使顾客满意及员工、相关方受益而达到长期成功。

（2）全面一体化管理体系的含义

一体化管理体系可分为两种，即：狭义的一体化管理体系和广义的一体化管理体系。

① 狭义的一体化管理体系。又称为“三标一体化管理体系”。它是组织依据三大标准建立的质量、环境、职业健康安全的一体化管理体系，其目的是满足顾客、社会、员工及组织的相关方要求，用于第二方评价认定（如建设单位）或第三方审核认证注册，这是对组织管理体系的最基本要求。

② 广义的一体化管理体系。亦称全面一体化管理体系。它是在狭义一体化管理体系基础上的发展，其目的在于组织绩效改进，追求卓越，满足顾客、社会、员工及组织相关方的期望。广义的一体化管理体系是对组织一体化管理的较高要求。

（3）全面一体化管理体系的建立

尽管质量、环境、职业健康安全管理体系标准及卓越绩效管理标准的目的、对象、适用范围及要求各不相同，但由于这些标准的内容具有相容性，在结构、实施原则和方法等方面具有一致性，而且都要求遵守“领导作用、全员参与、过程方法、管理的系统方法、持续改进、基于事实的决策方法”等管理原则，因而使全面一体化管理体系的建立成为可能。

全面一体化管理体系文件的编制可按以下程序进行。

① 准备工作。组织编制全面一体化管理体系文件至少应具备以下条件：

- 初步确定组织的方针目标；

- 基本确定管理体系的主要过程及其需要开展的主要活动；
- 明确组织结构设置或调整的方案；
- 已完成组织职能的再分配。

② 正式编制。全面一体化管理体系文件的编制应在体系分析的基础上进行。管理体系的分析可以看作是管理体系的方案设计，而管理体系文件的编制则相当于管理体系的详细设计。

- 建立管理体系时的文件编制。在组织新建全面一体化管理体系时，管理体系文件一般按管理手册（含管理方针）、程序文件、工作指导书和记录的顺序进行编制。也可在分析管理体系的基础上，列出体系文件总表，然后根据实际需要，先编制急用的程序文件和工作指导书，然后再完善管理手册及其他文件。实际上，管理体系文件的编制顺序不是一成不变的，在必要时可同步交替编制管理体系文件。
- 整合管理体系时的文件编制。多数组织是在原有管理体系文件的基础上，编制全面一体化管理体系文件。因此，在着手编制一体化管理体系文件之前，首先应完成两项工作：一是在调查现行管理体系文件的基础上，制订全面一体化管理体系文件的编制计划；二是制定全面一体化管理体系文件的编写指南或范例，规定管理体系文件的体例及格式。

13.2 建设项目管理数智化

建设项目管理涉及建设单位、勘察设计单位、施工承包单位及工程咨询监理单位等多方主体参与，随着建设项目日趋大型化、复杂化及国际化，信息交流量大且传递频繁，传统的信息管理模式及手段难以满足项目管理需要。新兴信息技术的快速发展，为实现建设项目管理数智化创造了良好条件。

13.2.1 建设项目管理数智化的意义和实施策略

1. 建设项目管理数智化的意义

随着数字化、智能化技术的飞速发展，建设项目管理数智化应运而生。所谓建设项目管理数智化，是指在建设项目管理涉及的各方主体及各个阶段广泛应用数字化、智能化技术，不断开发和利用信息资源，促进建设项目管理水平不断提高的过程。建设项目管理数智化是先进数智化技术与建设项目管理科学深度融合的产物，是建设项目管理信息化的升级和发展。通过将数字化、智能化技术深入应用于建设项目管理，可创新项目管理理念，突破传统项目管理瓶颈，充分发挥技术要素、数据要素的使能作用和乘数效应，实现建设项目管理可视化、精细化和智能化，不仅有利于提升工程建设管理水平，而且为建设工程运营管理精益化、智能化提供有力支撑。

建设项目管理数智化的意义主要体现在以下几方面。

（1）有利于实现科学决策和精细化管理

建设项目管理数智化需要夯实数据基础，优化管理流程，实现数据共享。不仅要以数据流动打通端到端流程，消灭数据“孤岛”，而且要结合人工智能技术，通过深度学习和大数据智能化分析，实现智能辅助决策。同时，通过构建完善的数智化项目管理体系，结合项目特点和不同管理环节，针对建设工程质量、进度和造价进行定制化、智能化管控，可以大幅提升集中化管理精准度和效能。

（2）有利于实现信息共享和组织协同

建设项目管理数智化需要有基于互联网、物联网的数智化管理平台，这样不仅有利于建设单位及工程参建各方主体之间的跨地域信息共享和及时沟通，而且有利于建设单位及工程参建各方主体内部各部门、各层级之间的信息沟通和协调，提高项目管理工作效率。同时，有利于实现建设单位与工程参建各方主体之间的协同工作，还便于实现建设工程全寿命期闭环管理。

（3）有利于实现可视化管理和运维管理智能化

建设项目管理数智化将会全面推动项目管理流程数智化、在线化转型。通过项目管理流程再造和"数字孪生"技术应用，不仅可以避免传统管理流程中的低效环节，而且通过应用大数据、人工智能等技术建立项目管理模型，实现智能预警。同时，通过应用BIM、物联网等技术建立建设工程虚拟模型，不仅有利于提升工程建设过程中的可视化管理水平，而且有利于实现"数字交付"，为建设工程运营维护的智能化管理提供有力支撑。

2. 建设项目管理数智化的实施策略

建设项目管理数智化的实施离不开成熟的数智化管理平台软件和稳定的硬件运行环境，更需要一整套科学合理的建设项目组织及数据管理体系。数智化管理平台软件通常可通过自行开发、直接购买和租用服务等方式予以解决，但在组织及数据管理等方面应重点做好以下几方面工作。

（1）强化建设单位作用，强调全员参与

建设单位不同于一般的工程建设参与者，建设单位是建设项目生产过程的总集成者，是推动建设项目管理数智化的"发动机"，是建设项目管理数智化的关键。同时，信息交流是一个双向或多向过程，只有强调全员参与，才能使信息交流顺畅，产生应有的效果。

（2）编制信息管理手册，建立健全信息管理制度

信息管理制度是建设项目数智化管理平台得以正常运行的基础，建立制度的目的是规范信息管理工作，规范和统一信息编码体系，规范和统一信息的输入和输出报表，规范建设项目信息流，促进建设项目管理工作的规范化、程序化和科学化。

（3）明确信息管理工作流程，充分利用信息资源

为应用信息技术，达到充分利用信息资源的目的，应编制信息管理手册编制和修订的工作流程，收集、录入、审核、加工、传输和发布信息的工作流程，工程档案管理的工作流程，信息技术二次开发应用的工作流程等。

（4）建立完善网络化数智化管理平台，实现项目信息共享

建设项目具有跨地域、参与单位多、单件生产和生产过程组织复杂等特性，信息技术的广泛应用，极大地促进了建设项目管理变革。基于移动互联网、物联网建立建设项目数智化管理平台，是实现建设项目管理数智化的核心内容。通过建设项目数智化管理平台，可以实

现计算资源、存储资源、通信、软件、信息、知识的全面共享，进一步促进工程参建各方的协同工作。

13.2.2　BIM 技术及其在建设项目管理中的应用

BIM 是以多种数字技术为依托，可以实现建设工程全寿命期集成管理的新技术。在建设工程实施阶段，借助于 BIM 技术，可以进行设计方案比选，实际施工模拟，在施工之前就能发现施工阶段会出现的各种问题，以便能提前处理，从而可提供合理的施工方案，合理配置人员、材料和设备，在最大范围内实现资源的合理运用。

1. BIM 技术特点

BIM 技术具有可视化、协调性、模拟性、优化性、可出图性等特点。

（1）可视化

可视化即"所见即所得"。对于建设项目管理而言，可视化的作用非常大。目前，在工程建设中所用的施工图纸只是将各个构件信息用线条来表达，其真正的构造形式需要工程建设参与人员去自行想象。但对于现代建筑而言，形式各异、造型复杂，光凭人脑去想象，不太现实。BIM 技术可将以往的线条式构件形成一种三维的立体实物图形展示在人们面前，如图 13－5 所示。

图 13－5　3D 结构模型

应用 BIM 技术，不仅可以用来展示效果，还可以生成所需要的各种报表。更重要的是在工程设计、建造、运营过程中的沟通、讨论、决策都能在可视化状态下进行。

（2）协调性

协调是工程建设实施过程中的重要工作。通常情况下，在工程实施过程中一旦遇到问题，就需将各有关人员组织起来召开协调会，找出问题发生的原因及解决办法，然后采取相应补救措施。应用 BIM 技术，可将事后协调转变为事先协调。如在工程设计阶段，可应用 BIM 技术协调解决施工过程中建筑物内设施的碰撞问题。在工程施工阶段，可以通过模拟施工，事先发现在施工过程中存在的问题。此外，还可对空间布置、防火分区、管道布置等问题进行协调处理。

（3）模拟性

应用 BIM 技术，在工程设计阶段可对节能、紧急疏散、日照、热能传导等进行模拟；在工程施工阶段可根据施工组织设计将 3D 模型加施工进度（4D）模拟实际施工，从而通过确定合理的施工方案指导实际施工，还可进行 5D 模拟（基于 3D 模型的造价控制），实现造价控制（通常被称为“虚拟施工”）；在运营阶段，可对日常紧急情况的处理进行模拟，如地震人员逃生模拟及消防人员疏散模拟等。

（4）优化性

应用 BIM 技术，可提供建筑物实际存在的信息，包括几何信息、物理信息、规则信息等，并能在建筑物变化后自动修改和调整这些信息。现代建筑物越来越复杂，在优化过程中需处理的信息量已远远超出人脑的能力极限，需借助其他手段和工具来完成，BIM 技术与其配套的各种优化工具为复杂工程项目进行优化提供了可能。目前，基于 BIM 技术的优化可完成以下工作：

① 设计方案优化。将工程设计与投资回报分析结合起来，可以实时计算设计变化对投资回报的影响。这样，建设单位对设计方案的选择就不会仅仅停留在对形状的评价上，可以知道哪种设计方案更适合自身需求。

② 特殊项目的设计优化。有些工程部位往往存在不规则设计，如裙楼、幕墙、屋顶、大空间等。这些工程部位通常也是施工难度较大、施工问题比较多的地方，对这些部位的设计和施工方案进行优化，可以缩短施工工期、降低工程造价。

（5）可出图性

应用 BIM 技术对建筑物进行可视化展示、协调、模拟、优化后，还可输出有关图纸或报告：

① 综合管线图（经过碰撞检查和设计修改，消除了相应错误）；

② 综合结构留洞图（预埋套管图）；

③ 碰撞检查侦错报告和建议改进方案。

2. BIM 技术在建设项目管理中的应用

（1）应用目标

应用 BIM 的主要任务是通过借助 BIM 理念及其相关技术搭建统一的数字化工程信息平台，实现工程建设过程中各阶段数据信息的整合及其应用，进而更好地为建设单位创造价值，提高工程建设效率和质量。目前，在建设项目管理过程中应用 BIM 技术期望实现如下目标：

① 可视化展示。应用 BIM 技术可实现建设工程完工前的可视化展示，与传统单一的设计效果图等表现方式相比，由于数字化工程信息平台包含了工程建设各阶段所有的数据信息，基于这些数据信息制作的各种可视化展示将更准确、更灵活地表现工程项目，并辅助各专业、各行业之间的沟通交流。

② 提高工程设计和项目管理质量。BIM 技术可帮助工程项目各参建方在工程建设全过程中更好地沟通协调，为做好设计管理工作，进行工程项目技术、经济可行性论证，提供更为先进的手段和方法，从而可提升工程项目管理的质量和效率。

③ 控制工程造价。通过数字化工程信息模型，确保工程项目各阶段数据信息的准确性

和唯一性，进而在工程建设早期发现问题并予以解决，减少施工过程中的工程变更，大大提高对工程造价的控制力。

④ 缩短工程施工周期。借助BIM技术，实现对各重要施工工序的可视化整合，协助建设单位、设计单位、施工单位更好地沟通协调与论证，合理优化施工工序。

（2）应用范围

目前，运用BIM技术提升服务价值，仍处于初级阶段，其应用范围主要包括以下几方面：

① 可视化模型建立。可视化模型的建立是应用BIM的基础，包括建筑、结构、设备等各专业工种。BIM模型在工程建设中的衍生路线就像一棵大树，其源头是设计单位在设计阶段培育的种子模型；其生长过程伴随着工程进展，由施工单位进行二次设计和重塑，以及建设单位、工程监理单位等多方审核。后端衍生的各层级应用如同果实一样，它们之间相互维系，而维系的血脉就是带有种子模型基因的数据信息，数据信息如同新陈代谢般随着工程进展不断进行更新维护。

② 管线综合。随着建筑业快速发展，对协同设计与管线综合的要求愈加强烈。但是，由于缺乏有效的技术手段，不少设计单位都没有能够很好地解决管线综合问题，各专业设计结果之间的冲突严重影响了工程质量、造价、进度等。BIM技术的出现，可以很好地实现碰撞检查，尤其对于建筑形体复杂或管线约束多的情况是一种很好的解决方案。

③ 4D虚拟施工。当前，绝大部分工程项目仍采用横道图进度计划，用直方图表示资源计划，无法清晰描述施工进度及各种复杂关系，难以准确表达工程施工的动态变化过程，更不能动态地优化分配所需要的各种资源和施工场地。将BIM技术与进度计划软件（如MS Project，P6等）数据进行集成，可以按月、按周、按天看到工程施工进度并根据现场情况进行实时调整，分析不同施工方案的优劣，从而得到最佳施工方案。此外，还可对工程项目的重点或难点部分进行可施工性模拟。通过对施工进度和资源的动态管理及优化控制，以及施工过程的模拟，可以更好地提高工程项目的资源利用率。

④ 成本核算。对于建设项目而言，预算超支现象是极其普遍的。而缺乏可靠的成本数据是造成工程造价超支的重要原因。BIM是一个包含丰富数据、面向对象、具有智能和参数特点的建筑数字化标识。借助这些信息，计算机可以快速对各种构件进行统计分析，完成成本核算。通过将工程设计和投资回报分析相结合，实时计算设计变更对投资回报的影响，合理控制工程总造价。

由于建设项目本身的特殊性，在工程建设过程中随时都可能出现无法预计的各类问题，而BIM技术本身也是一项全新技术，何况单独应用难以发挥其最大价值。因此，在建设项目管理过程中，使用BIM技术具有开拓性意义，同时，也对建设项目管理团队带来极大挑战，不仅要求建设项目管理团队具备优秀的技术能力，还需要强大的资源整合能力。

复习思考题

1. 建设工程全寿命期管理内容有哪些？
2. 建设工程全要素造价管理的含义是什么？什么是工期成本、质量成本、安全成本和环保成本？
3. 质量、环境、职业健康安全管理体系的核心内容分别是什么？
4. 卓越绩效管理的核心内容是什么？
5. 建设工程全面一体化管理的含义是什么？全面一体化管理体系包含什么内容？
6. 建设项目管理数智化意义有哪些？
7. 建设项目管理数智化实施策略有哪些？
8. BIM 技术在建设项目管理中的应用有哪些？

知识拓展题

理解智慧工地与建设项目管理的关系。